Genie Z. Laborde

Kompetenz und Integrität

Die Kommunikationskunst des NLP

Reihe
Pragmatismus & Tradition
Band 14
Herausgegeben von
Thies Stahl

Genie Z. Laborde

KOMPETENZ UND INTEGRITÄT

DIE KOMMUNIKATIONSKUNST DES NLP

Aus dem Amerikanischen von Isolde Kirchner

Junfermann Verlag · Paderborn
1991

Originaltitel: Fine Tune Your Brain; erschienen bei SYNTONY Inc. Publishing, Palo Alto
Übersetzung aus dem Amerikanischen: Isolde Kirchner

Bei der Vermittlung dieses Buches in den deutschen Sprachraum sowie der Durchsicht der Übersetzung haben mitgewirkt: Marie Antoinette Scholer und Siegfried H. Preuß.

Satz: adrupa Paderborn
Druck: PDC – Paderborner Druck Centrum

CIP-Titelaufnahme der Deutschen Bibliothek
Laborde, Genie Z.:
Kompetenz und Integrität: Die Kommunikationskunst des NLP / Genie Z. Laborde.
Aus dem Amerikan. von Isolde Kirchner. – Paderborn: Junfermann, 1991
(Reihe Pragmatismus & [und] Tradition; Bd. 14)
Einheitssacht.: Fine Tune Your Brain <dt.>
ISBN 3-87387-032-0

ISBN 3-87387-032-0

Für John Tracy Laborde,

meinem Erstgeborenen und Bankier,

der mich und dieses Buch unterstützt hat, während er selbst den Schritt von „Sicherheit über alles" zur „Freude am unternehmerischen Risiko" vollzog

und

für Agnes Walters, meiner „Humor"-Beraterin, ohne die ich meinen Sinn für denselben verloren hätte.

Inhalt

Vorwort xiii

1 Kommunikation: eine erlernte Fertigkeit . . 1
Ein Set von Fertigkeiten 4
Fortgeschrittene Fertigkeiten in Kommunikation und Selbsterkenntnis 17

2 Drei Blitzfertigkeiten 19
Veränderung innerer Zustände 21
Überprüfen Sie Ihren Zustand 22
Blitzfertigkeit 1:
Wie negative Tonbänder zu kontrollieren Sind 23
Überprüfen Sie Ihr Energieniveau 26
Blitzfertigkeit 2: Wie Kommunikation zu „mischen" ist, um die Energie zu steigern . . 28
Pauls „Mischung" 32
Blitzfertigkeit 3: Wie Sie Ihre Reaktion in einem kritischen Moment schnell verbessern können 36

3 Die Zielkombination 39
Der Dovetailing-Kreis 40
Wenn Sie die Zielkombination vergessen . . . 43
Antworten auf Fragen 47
Die Zielkombination führt zu einem Geschäftsabschluß 54

4 Negative Kommunikationsmuster 57
Überlegenheit 59

Unterlegenheit 60
Tadeln 62
Klagen 64
Schuld 68
Entschuldigen 71
Muster-Unterbrechung:
eine wirkungsvolle Intervention 76

5 Kommunikation mit Hilfe von Metaphern . 81
Einfache Metaphern 83
Standpunkt-Metaphern 84
Komplexe Metaphern 85
Schaffung einer komplexen Metapher 85
Gegenwärtiger Zustand 86
Erwünschter Zustand 86

6 Kongruent kommunizieren 95
Unsere zwei Gehirnhälften 99
Teilpersönlichkeiten beeinflussen
das Verhalten 101
Identifikation und Introjektion 104
Kongruenz: die Integration von Teilen 109

7 Ein neuer Rahmen 117
Reframing 121
Rogers Reframe 125
Die Absicht hinter der Krankheit 128

8 Erkenntnisse über das Lernen:
Eine Feier für das Gehirn 133
Kurzzeitgedächtnis 136
Langzeitgedächtnis 137
Stimulus-Response (Gewohnheitslernen) . . . 139
Kognitives Gedächtnislernen
(Stimulus-Response plus Assoziationen) . . . 140
Verhaltenspsychologie versus
kognitive Psychologie 144
Eine neue Theorie über Verhaltensänderungen 145
September-Einschreibung! 154
Engramme 156
Bewußtwerdung von Mustern 158

9 Der Ressource-Zustand 163
Das Gehirn als Leuchtanzeige 164
Schlüsselhinweis: ein geplanter Stimulus . . . 166
Ressource-Zustand: eine geplante Reaktion . 166
Rückschau auf Stimulus-Response-Muster . . 167
Aufbau eines Ressource-Zustandes 167
Sehen, hören, fühlen Sie das Erlebnis 168
Ein Kreis in Aktion 172
Ein Blumen-Kreis 176
Generalisieren Sie die Reaktion 182

10 Das Stapeln von Ressource-Zuständen 185
Stapeln Sie Ihre Ressourcen 186
Exzellenz kann zur Gewohnheit werden . . . 189

Ein Wort für Skeptiker 189
Wenn Sie eine Niete ziehen 192
Neue Richtungen 195

11 Switching Marquees 203
Veränderung einer Reaktion 204
Dem Gehirn eine Wahl bieten 212
Change History 217

12 Verlernen von Furcht 223
Verlernen einer Angstreaktion 226
Ängste auslöschen (erase fears) 227
Ein Wort für die Berater 233
Paul und die Bären 236
Nahe beim Wasser 238

Schlußbemerkung 241
Nachwort 245
Anhang: Eine Parts Party 249
Anmerkungen 255
Glossar 257
Bibliographie 263
Sachwortregister 273

Vorwort

Jeder und jede von uns kennt Momente, in denen alles „wie am Schnürchen" lief. Diese Momente haben sich vielleicht zu Stunden ausgedehnt – womöglich sogar zu Tagen. Dann änderte sich irgend etwas und wir waren wieder am kämpfen – nicht erhaltene Telefonate, kein Parkplatz, Abwärtstrend, Mißverständnisse, Frustration, Streß. Die Erinnerung an die Zeit, als die Dinge gut liefen, verblaßt und wird beinahe unwirklich.

„Wenn alles wie am Schnürchen läuft" ist ein Phänomen, das mich Zeit meines Lebens fasziniert hat. Ich habe festgestellt, daß Menschen mit viel Energie, mit persönlicher Power, solche Momente öfter anzogen als jene mit wenig Energie, mit mangelnder Präsenz. Daher fing ich an, charismatische, powervolle Menschen und die Art und Weise, wie sie tätig waren, zu studieren.

Ein chinesischer Philosoph des sechsten Jahrhunderts vor Christus, *Lao Tze*, schrieb über solche persönliche Power im klassischen *Tao Te King*. Er beschrieb *Te* als die potentielle Energie, die daraus resultiert, zur richtigen Zeit in der richtigen geistigen Verfassung und am richtigen Platz zu sein. *R. L. Wing* berichtet uns in seiner Übersetzung des *Tao*: „Die frühen Chinesen betrachteten das Anpflanzen von Samen als *Te*, und *Te* bekam die Bedeutung von gespeicherter Energie oder Potentialität." Die in diesem Buch präsentierten Fertigkeiten werden Ihnen helfen, diese Energie, diese Power freizusetzen.

Als ich das Verhalten starker Persönlichkeiten studierte, begann ich auch zu beobachten, wie oft Individuen persönliche Macht, Stärke und Kraft verschenkten, ihre eigenen Bemühungen sabotierten und anscheinend besser darüber informiert waren, was sie nicht wollten, als über das, was sie wollten.

Menschen sind oft durch energieraubende Verhaltensmuster blockiert. Positive Kommunikation verleiht Energie; Sie können Menschen mit positiver Energie an ihrem Schwung erkennen. Menschen mit negativer Energie sacken am Ende eines Arbeitstages, wenn sie den Aufzug ansteuern, in sich zusammen. *Te* ist kein Teil ihrer Realität. *Die* Gelegenheit ihres Lebens könnte mit ihnen in den Aufzug steigen, und sie würden die Stockwerksanzeigen betrachten.

Um die gewaltigen Fertigkeiten von *Te* zu erlangen, werden die meisten Menschen alte Gewohnheitsmuster durch neue Muster ersetzen müssen. Um das neue Muster *Te* zu nutzen und um fähig zu sein, im Bruchteil einer Sekunde richtig zu reagieren, sind drei Schritte erforderlich:

ETAGE
17
ETAGE
10,000
100,000
10,000

1. Erkennen Sie Ihre Sabotage-Schemata
2. Erschließen Sie sich neue Optionen
3. Wählen Sie in jedem Moment die „richtige" Reaktion

Diese drei Schritte erfordern, daß Sie in etwa wissen, wer Sie sind; sie erfordern Ehrlichkeit mit sich selbst; und in den meisten Fällen erfordern sie Veränderung. Viele Menschen sehen Veränderungen als harte Arbeit und Mühsal an. So erlebe ich das nicht. Ich finde Veränderungen belebend, Energie bringend und erfreulich.

Momente zu kreieren, wo alles wie am Schnürchen läuft, ist fast unvermeidbar, wenn Sie erst einmal zufällige Reaktionen durch optimale innere Zustände Ihrer Wahl ersetzt haben. Dieses Buch wird Ihnen zeigen, wie. Es ist nicht einfach, macht aber Spaß. Genießen Sie die Reise und laden Sie Freunde ein, diese neuen positiven Techniken auszuprobieren. Wenn Sie sie erst einmal verschenken, gehören sie Ihnen.

Da wir fortgeschrittene Veränderungstechniken und ihre Resultate untersuchen, werden wir mit einer kurzen Wiederholung der Fertigkeiten anfangen, die ich ausführlich in meinem früheren Buch *Influencing with Integrity* beschrieben habe. Die Zusammenfassung in Kapitel 1 wird den Lesern, die *Influencing with Integrity* nicht gelesen haben, die Möglichkeit bieten, ohne Mühe durch *Kompetenz und Integrität* zu kommen, und zugleich anderen Lesern einen raschen Auffrischungskurs bieten.

Ich möchte Brian Berger meinen Dank aussprechen für die Idee zum Cartoon auf Seite 78; ebenso Brownie Grey, der mir die Geschichte erzählte, die die Inspiration zur Illustration auf Seite 120 lieferte, und auch George Flury, dessen Zeichnung einer Nervenzelle mit sowohl einem Axon als auch mit Dendriten die Anregung zu der Illustration auf Seite 132 gab. Besonderer Dank gilt meinen Seminarleitern und Kollegen in New York, London, Ottawa, Paris, Mailand, Rom, Amsterdam, Johannesburg, Buenos Aires, Melbourne, Stockholm und Neuseeland für ihre kritischen Anmerkungen, die mich fordern und damit in Bewegung halten und mir immer wieder Lernmöglichkeiten bieten.

Und ganz besonderer Dank geht an meinen Mann George, der mich inspiriert weiterzumachen, um diese Kommunikationstechniken zu vervollkommnen, so daß ein visuell-kinästhetischer Mensch mit einem auditiven Menschen kommunizieren kann.

Wie ein Meister kommunizieren zu lernen ist wie Fahrradfahren zu lernen. Es erfordert Zeit und Übung, bis die Fertigkeiten automatisch werden.

1 Kommunikation: eine erlernte Fertigkeit

Ich habe die Vorstellung, daß ich eines Tages fähig sein werde, mein Dreitages-Seminar auf eine Länge von 30 Sekunden zusammenzufassen. In diesen 30 Sekunden würde ich sagen: „Es gibt drei Schritte zur erfolgreichen Kommunikation. Der erste Schritt ist, zu wissen, was Sie wollen. Der zweite Schritt ist, herauszufinden, was die andere Person will. Der dritte Schritt ist, festzustellen, wie Sie beide gewinnen können. Die meisten von Ihnen haben die Fertigkeiten schon. Alles was Sie tun müssen, ist, Ihre Worte und Ihr Verhalten zu verändern, um diese Philosophie auszustrahlen. Ach ja, und genießen Sie Ihre Interaktionen." Ende des Seminars.

In 30 Sekunden hätte das Seminar seinen Zweck erfüllt: die Fähigkeit des Teilnehmers zu steigern, Akzeptanz für seine/ihre Ideen, Standpunkte, Positionen zu erreichen. Und ich hätte den Ruf, das schnellste erfolgreiche Seminar in der Stadt anzubieten.

Angenommen, Sie würden die „drei Schritte zur erfolgreichen Kommunikation" verwenden, um jemandem eine Idee zu verkaufen. Die drei Schritte würden folgendermaßen aussehen:

Schritt 1. Sie wissen, welche Idee Sie verkaufen wollen. Sie sind sich dessen bewußt, bevor die Kommunikation beginnt.

Schritt 2. Sie finden heraus, wie Ihre Idee, falls sie von dem anderen akzeptiert wird, diesem nutzen würde. Eventuell müssen Sie feststellen, welches Bedürfnis der anderen Person durch Ihre Idee befriedigt werden könnte.

Schritt 3. Falls die andere Person ein Bedürfnis hat und Ihre Idee helfen wird, es zu befriedigen, dann ist ein genaues Ineinanderpassen – eine exakte Verzahnung[1] wie beim Ineinandergreifen der Räder eines Zahnrades, d.h. eine Anpassung Ihres Zieles und das Ihres Partners aneinander – nahezu sicher. Wenn es noch nicht ganz exakt paßt, müssen Sie vielleicht Ihre Idee während der Interaktion umgestalten, bis Sie eine genauere Übereinstimmung erzielen.

Nehmen wir beispielsweise an, Sie hätten eine Idee für eine Maschine, die durch Sonnenenergie angetrieben wird. Sie präsentieren diese Idee einem Kapitalanleger, Herrn Geldprotz, der Extra-Geld als Risikokapital hat. Sie brauchen dieses Kapital, um einen Prototyp Ihrer Maschine bauen zu können.

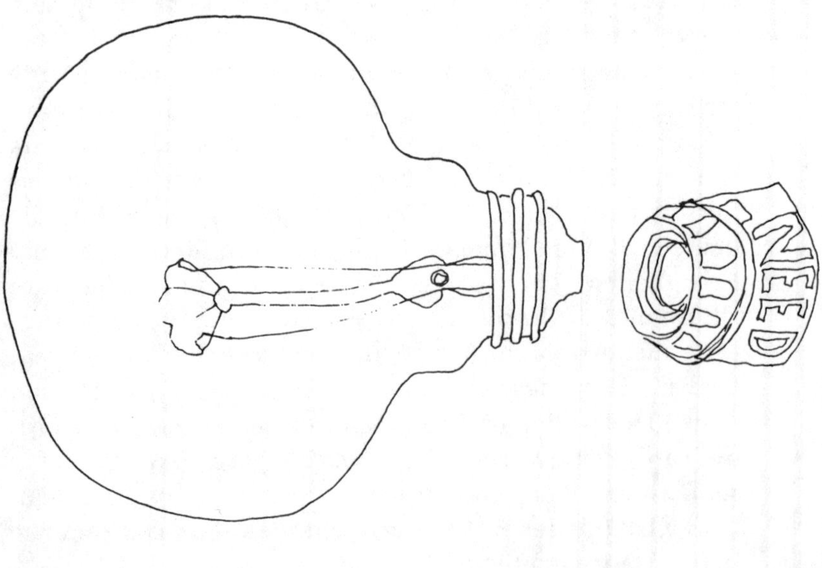

Zielkombination (Dovetailing) – eine win/win-Vereinbarung aufzubauen

Ihr erster Ansatz könnte sein, Herrn Geldprotz zu demonstrieren, wieviel Geld Ihre Maschinenkonzeption bringen wird. Wenn er ein Bedürfnis nach Geld hat und Sie aufgrund Ihrer Glaubwürdigkeit Rapport haben, sind Sie auf Ihrem Weg zu einer Übereinkunft schon weit vorangekommen. Ihr Ziel und das des Kapitalanlegers sind verzahnt.

Was ist jedoch, wenn Herr Geldprotz so viel Geld hat, daß er gar nicht mehr davon haben mag? Sind Sie dann blockiert? Sind Sie aus dem Rennen? Was ist, wenn Sie die Tatsache entdecken, daß er ökologisch denkt und über Autoabgase und Luftverschmutzung beunruhigt ist? Dann können Sie anfangen, die Teile passend zu machen.

Oder was ist, wenn Herrn Geldprotz Geld oder die Umwelt egal sind, er aber technische Spielereien liebt? Angenommen, er wollte schon immer ein neues Produkt auf den Markt bringen, das eine weltweite Wirkung hätte? Sie sind bereit, die Teile passend zu machen.

Hier noch ein anderes Beispiel. Was wäre, wenn Sie Ihrer Chefin, Frau Geizkragen, die Idee einer Gehaltserhöhung schmackhaft machen möchten? Falls Ihre Chefin ihr primäres Bedürfnis darin sieht, die Ausgaben gering zu halten, haben Sie damit kein leichtes Spiel. Sie sollten vielleicht darauf hinweisen, wie Sie die Büroausgaben verringern könnten: durch den Wechsel von Verkäufern, steigende Arbeitsleistung oder Überstunden. Vielleicht erhalten Sie und andere Arbeitnehmer eine Firmenvergünstigung, die Sie nicht brauchen, und Sie hätten lieber den gleichen Betrag als Gehalt. Vielleicht könnten Sie einige Aufgaben übernehmen, die Frau Geizkragen ungern macht, wie z. B. einen monatlichen Budgetbericht vorbereiten. Tun Sie etwas, um Ihre Chefin wissen zu lassen, welcher Nutzen aus Ihrer Gehaltserhöhung resultieren wird. Eventuell müssen Sie kreativ sein, um die Bedürfnisse einer geizigen Chefin zu erkennen.

Die Idee und das Bedürfnis in Übereinstimmung zu bringen, mag der schwierigste Teil der Kommunikation sein; er ist jedoch besonders wichtig. Wenn das Bedürfnis und die Idee erst einmal zusammentreffen, geht die Kombination normalerweise sehr schnell und sehr glatt vor sich, wie Sie in Kapitel 3 sehen werden.

Falls Sie sich nicht vorstellen können, welchen Nutzen Ihre Gehaltserhöhung für Ihre Chefin haben kann, empfehle ich Ihnen, im Moment noch nicht um eine zu bitten. Laden Sie ein paar Freunde ein, berichten Sie ihnen von der Situation, und machen Sie ein Brainstorming, um Möglichkeiten zu finden, Ihre Idee so zu präsentieren, daß Ihre Chefin sowohl den persönlichen als auch den geschäftlichen Nutzen erkennen wird.

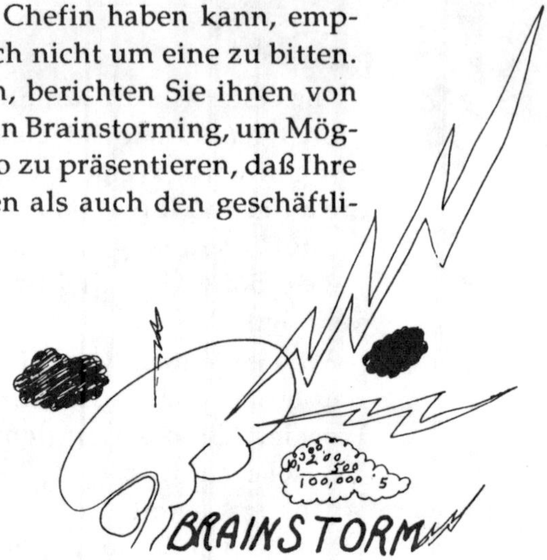

> Brainstorming macht Spaß. Stellen Sie einfach Ihr logisches Denken und Ihr beurteilendes Selbst ins Regal, während Sie sich alle Arten von Lösungen einfallen lassen. Tun Sie so, als ob Sie einen Zauberstab hätten, der Beschränkungen ausradiert. Nachdem Sie 20 oder 100 weit hergeholte Ideen gesammelt haben, holen Sie Ihr logisches Selbst zurück und stufen Sie die Ideen nach ihrer Machbarkeit ein.
>
> Nehmen Sie die drei besten Ideen, und arbeiten Sie einen Plan aus, mit schrittweisen Maßnahmen und Terminvorgaben, um jede Idee zu vervollkommnen. Packen Sie's dann an!

EIN SET VON FERTIGKEITEN

Die elementaren und fortgeschrittenen Fertigkeiten, die Sie in diesem Buch lernen werden, entstanden aus einer Disziplin, die „Paralinguistik", „Neurolinguistik" oder „Syntonic" genannt wird und das Studium aller Bestandteile der Kommunikation, nicht nur der Sprache, zum Ziel hat. Diese Disziplin wird an Universitäten gelehrt (z. B. an der Stanford Graduate School of Business, UCLA, an der Vanderbilt University und an der John F. Kennedy University) und gewinnt nun auch in der Wirtschaft an Einfluß, in Bereichen wie Bankwesen (Chase Manhattan) und Telekommunikation (AT&T), bei Versorgungsbetrieben (Florida Power & Light Co.) und in Computerfirmen (IBM).

SynTonics

ist Paralinguistik oder Neurolinguistik, auf das Geschäftsleben übertragen.

Die meisten von uns beherrschen die Kommunikationsfertigkeiten der linken Gehirnhälfte – Verständnis des gesprochenen Wortes –, aber viele sind sich der Fertigkeiten der rechten Gehirnhälfte nicht bewußt; ihnen fehlt die Fähigkeit, die vollständige Kommunikation zu verstehen, die durch den Wechsel des Gesichtsausdrucks, Gesten, Veränderungen der Hautfarbe, den Tonfall und Körperhaltungen übermittelt wird. Kommunikationsexperten haben gezeigt, daß diese Aspekte der Kommunikation mindestens genauso wichtig – wenn nicht noch wichtiger – sind wie die Worte, die gewechselt werden. Für Menschen, die gelernt haben, ihre Wahrnehmung darauf einzustimmen (fine-tune), diese reichhaltige andere „Sprache" aufzunehmen, enthält die ganze Gestalt (das Muster) der Kommunikation bedeutsame zusätzliche Information.

Die Kommunikationsfähigkeiten, die in diesem Buch vorgestellt werden, wurden aus Untersuchungen über die Art und Weise, wie sensorische Daten in unseren Gedächtnisbanken angeordnet werden, gewonnen. Während Sie immer mehr Erfahrung bekommen, was die Benutzung Ihrer fünf Sinne anbelangt, tauchen neue und nützliche Denkfähigkeiten auf, und Sie werden erfolgreicher bei der Kontrolle des Kommunikationsprozesses. Es folgen zehn Fertigkeiten, die zu einer Feinabstimmung (fine-tuning) Ihrer kommunikativen Interaktionen führen werden.

Fertigkeit 1: Wissen, was Sie wollen

Bevor Sie zu kommunizieren beginnen, müssen Sie entscheiden, was Sie erreichen wollen. Was Sie wollen, das Ziel Ihrer Kommunikation, ist Ihr Resultat. Aus einem Ziel ein Resultat zu machen, erfordert eine bestimmte Art von Denken – ein Denken, das auf sensorischen Daten basierende Informationen nutzt.

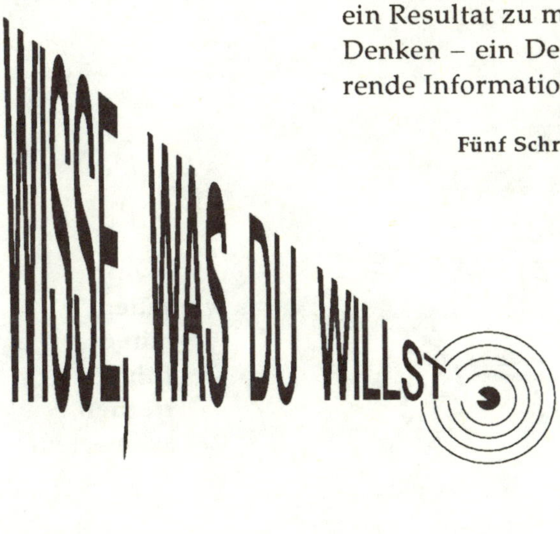

Fünf Schritte, um aus einem Ziel ein Resultat zu machen:

A Anvisierung – Zielen Sie auf ein bestimmtes Resultat;

B Bilden Sie einen positiven Begriff – Formulieren Sie Ziele eher in Begriffen des *Tuns* als in denen des *Nicht-Tuns*;

C Check – *Sehen, hören* und *fühlen* Sie – nutzen Sie sensorische Daten;

D Dovetailing – Sorgen Sie für eine Kombination Ihrer Wünsche mit denen Ihres Kommunikationspartners;

E Erwägung – Ziehen Sie kurz- und langfristige Ziele in Betracht.

Fertigkeit 2: Ihr bevorzugtes Sinnessystem kennen und das Ihres Partners kennenlernen

Unsere fünf Sinne sammeln „sensorische" Daten – sie sehen, hören, fühlen, riechen und schmecken, während sie Informationen aus unserer Umwelt sammeln. Diese Sinne und ihre Daten starten den Kommunikationsprozeß, sie steuern ihn und bestimmen, wie wir uns verhalten. Jeder von uns vertraut den Daten eines Sinnes mehr als denjenigen der anderen Sinne, schätzt sie höher ein und nutzt sie intensiver. Wir bevorzugen alle jeweils ein Sinnessystem und dessen Informationen bei unserer Wahrnehmung, unserem Denken und bei der Auswahl unserer Worte. Dies bedeutet, daß einige von uns Bilder bevorzugen, andere Klänge, und wieder andere Gefühle und Empfindungen, um der Welt, in der wir leben, „einen Sinn zu geben". (Da Gerüche und Geschmacksempfindungen in der Kommunikation weniger wichtig sind als der Input in den anderen Sinnessystemen, werden sie in diesem Buch zum kinästhetischen oder „fühlenden" Sinn gerechnet.)

Infolgedessen kennen wir drei Kategorien von Menschen, die verschiedene Sprachen sprechen, auch wenn sie alle deutsch sprechen. Visuelle Menschen verwenden viele Ausdrücke des Sehens, wie z. B. „Ich sehe es deutlich vor mir", „Ich sehe, was du meinst", oder sogar „Ich sehe, was du sagst". Auditive Menschen sagen womöglich, „Das klingt gut" oder „Plong! Jetzt ist der Groschen gefallen!". Kinästhetische Menschen mögen Worte wie „fühlen", „begreifen" oder „handhaben". Sie könnten sagen „Ich habe das Gefühl, daß wir auf dem richtigen Weg sind" oder „Ich habe das in den Griff bekommen".

was wir sehen,
hören,
fühlen,
riechen,
schmecken

Visuelle Menschen

Auditive Menschen

Kinästhetische Menschen

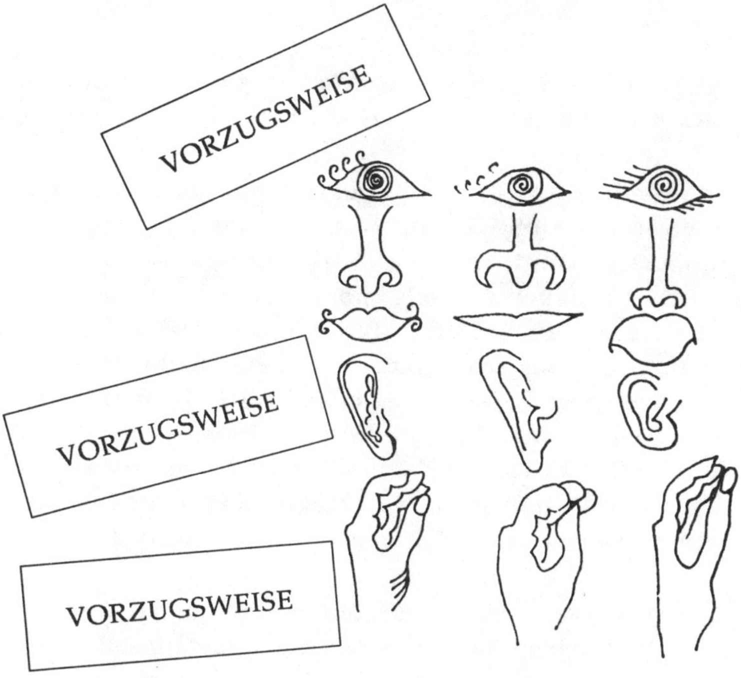

Menschen, die die meisten ihrer Informationen im Gedächtnis bildhaft speichern, werden visuell genannt.	Menschen, die Klangerinnerungen bevorzugen, werden auditiv genannt.	Menschen, die Erinnerungen an Gefühle, Gerüche und Geschmacksempfindungen bevorzugen, werden kinästhetisch genannt.

Dies ist wichtiger als Sie glauben.

Ein guter Kommunikator muß, um besser verstanden zu werden, erkennen, welche Sprache gesprochen wird und diese Sprache übernehmen. Wenn Sie jemand anderem gegenüber den Inhalt nicht „übersetzen", riskieren Sie Rapportverlust und eine falsche Übermittlung. Sie können das Verständnis vertiefen, indem Sie sich die Zeit nehmen, auf die sinnesspezifischen Worte zu achten, die Ihr Partner verwendet. Dann können Sie für Ihre Antwort Worte aus seinem/ihrem bevorzugten Wahrnehmungssystem auswählen. Dies erfordert einige Übung, aber die Zeit lohnt sich.

Sie werden Ihr Verständnis für andere verbessern, wenn Sie anfangen zu übersetzen; außerdem wird Ihre eigene Sprache abwechslungsreicher werden. Sie werden auch einige überraschende Veränderungen hinsichtlich Ihrer Fähigkeit bemerken, die Kommunikation Ihres Partners zu verstehen.

Fertigkeit 3: Den Rapport durch Matching der Stimme und des Atemmusters Ihres Partners steigern

Bevor Sie mit irgend jemand effektiv kommunizieren können, müssen Sie ein Gefühl von Vertrauen aufbauen, auch Rapport genannt. Im Geschäftsleben basiert Rapport auf dem Vertrauen in die Kompetenz für die Aufgabe, mit der Sie beide beschäftigt sind. Rapport tritt in der Regel dann auf, wenn zwei Menschen eine gemeinsame Basis finden. Während Sie diese gemeinsame Basis ausfindig machen, ist das Matching der Stimme Ihres Partners ein Weg, um die Entwicklung von Rapport zu beschleunigen. Die Übereinstimmung (matching) muß nicht ganz exakt sein; es ist nur eine leichte Veränderung erforderlich.

Wir sprechen alle in einer bestimmten habituellen Art und Weise. Wir haben eine laute Stimme, eine langsame Stimme, eine schnelle Stimme, eine sanfte Stimme, die wir über Jahre hinweg beim Kommunizieren erworben haben. Unser Sprachmuster ist uns meistens nicht bewußt. Wenn Sie jedoch auf das Sprachmuster Ihres Kommunikationspartners achten, besonders auf den Rhythmus, können Sie sich an seine/ihre Stimme ganz subtil angleichen, und dies wird oftmals den Rapport etablieren. Die andere Person wird sich in Ihrer Gegenwart immer wohler fühlen. Die gemeinsame Basis, die Sie etabliert haben, ist das Matching der Stimme, welches wiederum ein Matching des Atemmusters bewirkt. Atem- und Stimmrhythmus sind miteinander verflochten. Wenn Menschen Atemrhythmen übernehmen, tritt oft wie von selbst das Gefühl einer gemeinsamen Basis auf, und dies reicht in der Regel aus, um Rapport zu etablieren.

Was den Rapport stören wird, ist, wenn einer von beiden vorhat, sich „einen Vorteil zu verschaffen". Manipulation kommt in vielen Formen vor, und manipulatives Denken wird den Rapport blockieren. Es fördert den Rapport, wenn Sie mit der Idee in eine Interaktion gehen, eine win/win-Lösung für Sie beide zu finden, während Sie eine gemeinsame Basis suchen.

Einige Menschen finden es schwierig, Atemmuster zu identifizieren und zu spiegeln. Falls es Ihnen auch so geht, versuchen Sie, sich in der Stimme anzugleichen, und Sie werden feststellen, daß Sie wahrscheinlich auch das Atemmuster übernehmen.

Fertigkeit 4: Das bevorzugte Sinnessystem Ihres Partners durch die Beobachtung der Augenbewegungen überprüfen

Vielen von Ihnen ist bekannt, wie Augenbewegungen das primäre Sinnessystem einer Person anzeigen: visuelle Menschen neigen dazu, nach oben auf gespeicherte Bilder zu schauen; auditive Menschen bewegen ihre Augen ungefähr in Höhe der Mittellinie nach links und rechts, und nach links unten; kinästhetische Menschen schauen nach rechts unten. Wenn Sie sich des primären Sinnessystems Ihres Partners bewußt werden, können Sie Ihre Sprache darauf abstimmen, um geeignetere und bedeutungsvollere Worte zu wählen. Falls Ihr Kommunikationspartner beispielsweise viel nach oben schaut, probieren Sie es mit visuellen Fragen, wie z. B.: „Können Sie sich ein klares Bild machen von meinem Vorschlag?" Auditive Menschen rufen sich Erinnerungen ins Gedächtnis, die als Klänge und Worte gespeichert sind; eine dementsprechende Frage wäre: „Wie klingt das für Sie?" Und einen kinästhetischen Menschen, der vorwiegend an Empfindungen interessiert ist, sollten Sie fragen: „Was haben Sie für ein Gefühl dabei?"

Wenn Sie mit anderen kommunizieren, achten Sie darauf, wohin diese ihre Augen bewegen: nach oben oder defokussiert bedeutet, daß sie Bilder sehen; nach unten rechts ist für Gefühle; und alle anderen Augenbewegungen sind für Klänge, Geräusche oder Worte. Sie können feststellen, ob Menschen visuell, auditiv oder kinästhetisch sind, indem Sie beobachten, welche Augenbewegungen bei ihnen am häufigsten vorkommen. Menschen müssen ihre Augen bewegen, um gespeicherte Erinnerungen zu finden, und diese Augenbewegungen offenbaren ihr bevorzugtes Sinnessystem.

Fertigkeit 5: Sensorische Schärfe entwickeln – der nächste Schritt nach der sensorischen Bewußtheit

Sensorische Schärfe bringt Sie einen Schritt weiter als die Bewußtheit, so daß Sie besser sehen und hören als die meisten Kommunikatoren. Wenn zwei Menschen kommunizieren, passiert so viel, daß vieles davon nicht registriert wird. Die meisten Menschen hören einfach nur einige der Worte und bemerken einen flüchtigen Ausdruck. Sie können sich darin üben, während eines Gesprächs alle Arten unbewußter visueller Reaktionen zu beachten. Und wenn Sie dies erst einmal gemacht haben, werden Sie einen größeren Einblick in und mehr Verständnis für das haben, was der andere sagt – und nicht sagt.

Vier Reaktionen, die man in einer Kommunikation bemerken sollte, sind: subtile Veränderungen der Hautfarbe, kleine Gesichtsmuskelreaktionen, Veränderungen der Unterlippe und Schwankungen des Atemmusters. Wenn Sie diese bei anderen bemerken, achten Sie auf die Gefühle, die damit einhergehen. Denken Sie auch daran, daß eine Person womöglich schnell atmet, wenn sie aufgeregt ist, eine andere, wenn sie ärgerlich ist, und eine dritte, wenn sie ängstlich ist. Diese körperlichen Zeichen sind nur Hinweise, daß eine Veränderung stattgefunden hat. Um die Bedeutung der Reaktion zu bestimmen, werden Sie Ihre anderen Fertigkeiten nutzen müssen.

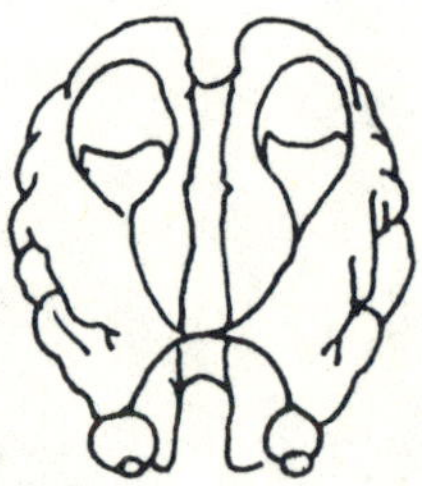

Jedes Mal, wenn Sie irgend etwas Neues lernen, verändern Sie Ihre Neurologie.

Fertigkeit 6: Fragen stellen, um vage Worte zu klären

Wir haben uns auf einige der nonverbalen Bestandteile der Kommunikation konzentriert; jetzt ist es an der Zeit, auf die Worte zu hören – hinter die oberflächlichen Bedeutungen bestimmter Wortklassen zu kommen, um die tieferen Bedeutungen kennenzulernen.

Bestimmte Wortarten signalisieren Ihnen, daß besseres Nachdenken und mehr Informationen erforderlich sind. Wenn Sie bedeutsame, aber vage Worte in einer Kommunikation erkennen und klärende Fragen stellen, werden Ihre Interaktionen kürzer und produktiver. Bedeutsame Worte sind normalerweise wichtige Substantive, Verben, Regeln und Generalisierungen. Indem Sie bezüglich dieser Worte Fragen stellen, können Sie das, was die Leute sagen, klären und vereinfachen.

Um Mißverständnisse auszuräumen, die durch vage Worte ausgelöst werden, sollten Sie anfangen, in präzisen Begriffen zu sprechen – verwenden Sie Worte, die eng mit Informationen über das Sehen, Hören und Fühlen verbunden sind. Anstatt jemandem mitzuteilen, daß Sie nächste Woche einen Bericht über ein Projekt haben wollen, könnten Sie sagen: „Ich möchte fünf oder sechs Seiten über die Handlungsschritte sehen, die Ihr Projekt bis zum 15. September durchlaufen wird. Beziehen Sie personelle Budgetkosten und einen Zeitrahmen für den Anfang mit ein." Sie könnten auch sagen: „Erstatten Sie mir nächsten Dienstag um zwei Uhr mündlich Bericht, und berücksichtigen Sie dabei mehrere Optionen, so daß wir entscheiden können, welche Alternative die geeignetste ist." Wenn Sie klare Instruktionen geben, werden Ihre Mitarbeiter wissen, was zu tun ist. Wenn Sie vage Worte verwenden, kann es sein, daß sie erfolgreich raten, was Sie wollen; wahrscheinlich ist dies aber nicht.

Wenn Sie ein wichtiges Substantiv in der Kommunikation irgendeines anderen hören, werden Sie gut daran tun, *was* und *wie*-Fragen zu stellen. Beispielsweise so:

Angestellter: „Ich mag dieses Projekt nicht."

Arbeitgeber: „*Was* für eine Art von Projekt würden Sie vorziehen?"

Angestellter: „Eines, bei dem ich das Gefühl hätte, daß es wichtig wäre."

Arbeitgeber: „*Wie* würden Sie wissen, daß ein Projekt wichtig ist?"

Vier tolle Fragen:

1. Was?
2. Wie?
3. Was würde passieren, wenn?
4. Alle?

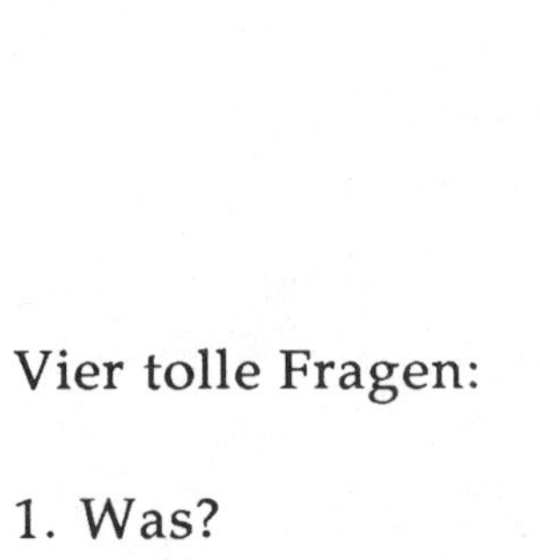

„Projekt" und „wichtig" haben viele Bedeutungen, und bevor Sie nicht die Bedeutung kennen, die die Worte für den jeweils anderen haben, kann keiner von Ihnen dem Ziel effektiv näherkommen. Wenn die andere Person Ihnen sagen kann, wie „wichtig" aussieht, sich anhört und sich anfühlt, dann sind Sie bei der Klärung der Mitteilung vorangekommen.

Ein anderes Beispiel, ein Manager könnte sagen: „Wir müssen kosteneffektiver sein." „Kosteneffektiver" kann viele unterschiedliche Dinge bedeuten. Diese Bemerkung verhilft den Mitarbeitern nicht zu der Erkenntnis, wie sie ihr Verhalten ändern sollen. Die Untergebenen oder der Chef sollten klären, wie „kosteneffektiver" aussehen, sich anhören und sich anfühlen würde.

Untergebene erhalten oftmals zu wenig Information über Projekte, die viele verschiedene Handlungsmöglichkeiten enthalten. Aufgrund dessen wählen sie womöglich genau die Möglichkeit, die für die verantwortliche Person am wenigsten nützlich ist.

Eine bestimmte Kategorie von Worten stellt Regeln auf, und die Menschen akzeptieren diese Regeln oftmals, ohne deren einschränkende Eigenschaften in Frage zu stellen. Worte wie „müssen", „nicht müssen", „nicht können" und „sollen" schließen andere Verhaltensmöglichkeiten aus, und neue Verhaltensmöglichkeiten könnten Wege für Problemlösungen sein.

Denken Sie an die Vorschrift: „Alle Angestellten müssen von 8 Uhr bis 17 Uhr arbeiten." Angenommen, Tom, ein Angestellter in der Buchhaltung, könnte sich einer Fahrgemeinschaft anschließen, wenn er um 16.30 Uhr ginge. Nachdem er Rapport hergestellt hat, könnte er fragen: „Würden Sie mir vielleicht sagen, warum wir alle von 8 Uhr bis 17 Uhr da sein sollen? Was würde passieren, wenn ich um 7.30 Uhr komme?"

Ein früheres Kommen könnte Vorteile haben, die nicht bedacht wurden, als die „8 bis 17 Uhr-Regel" aufgestellt wurde. Tom könnte Anweisungen für die Datenverarbeitungsgruppe fertigstellen oder wichtige Ferngespräche führen, wenn er jeden Tag eine halbe Stunde eher anfinge. Regeln schränken Verhaltensweisen ein, und sie tun dies oft in einer Art und Weise, die unproduktiv ist. Manchmal sind die Regeln schon so lange in Kraft, daß sich niemand an ihren ursprünglichen Zweck erinnert. Durch die Sondierung mithilfe einer „Was würde passieren, wenn ..."-Frage können Sie neue und anregende Alternativen entdecken. Denken Sie an die Wirkung, die solche Fragen in der Vergangenheit gehabt haben: „Was würde passieren, wenn wir immer weiter nach Westen segeln, bis ans Ende der Welt?" „Was würde passieren, wenn wir eine Maschine bauen, mit der man fliegen kann?"

Worte wie „immer", „alle", „niemals", „jeder" und „sie" weisen Sie deutlich darauf hin, daß eine Generalisierung im Spiel ist. Sie erkennen diese Generalisierungen womöglich schon jetzt. Der nächste wichtige Schritt ist, sie in Frage zu stellen. Wenn Sie eine Generalisierung wie „Diese Gruppe ist nie produktiv" hören, fragen Sie „Nie?".

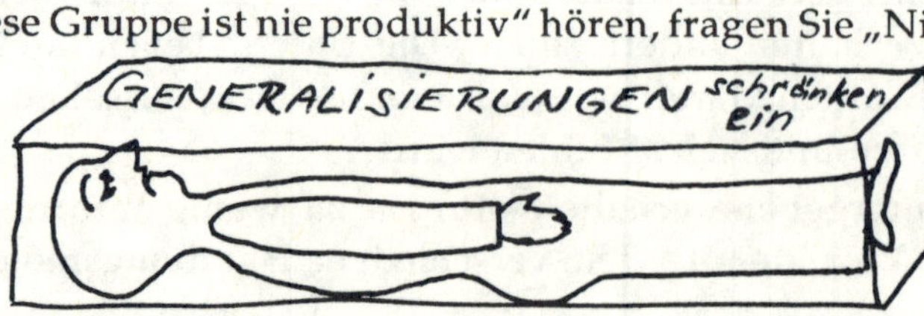

Dann werden Sie vielleicht Bedingungen entdecken, unter denen die Gruppe die Erwartungen erfüllt.

Generalisierungen offenbaren häufig nachlässiges Denken, das Geld, Zeit und Mühe kostet. Indem Sie die Generalisierungen in Ihrem eigenen Denken und in dem Ihrer Kollegen ausfindig machen, können Sie anfangen, die Sprache so zu gebrauchen, daß sie Ihnen hilft, Probleme zu lösen. In der einen Ausnahme von der Regel kann die Antwort für ein Problem liegen.

Eine andere Gruppe von vagen Worten, auf die Sie achten sollten, sind Vergleiche, denen das „Vorleben" fehlt. Menschen verwenden oft „besser", „mehr" und „am besten", um Situationen, Menschen und Dinge zu vergleichen. Wenn Sie Sätze hören wie „Er ist der Beste" oder „Diese Abteilung ist produktiver", könnten Sie es zweckmäßig finden zu fragen, „Der Beste im Vergleich mit wem?" oder „Besser, verglichen womit?". Vergleiche ohne dazugehörigen Kontext sind ein Hinweis, daß mehr Denkfähigkeiten angebracht wären.

Indem Sie sich vager Worte bewußt werden und lernen, sie zu hinterfragen, werden Sie Ihre Sprache präziser gestalten und fähig sein, die unpräzise Sprache anderer zu klären. Präzise Fragen bringen präzise Informationen hervor und räumen viele Mißverständnisse aus.

Fertigkeit 7: Kurze Konferenzen mit erstklassigen Zielen leiten

Das Konferenzgestaltungsschema PEGASUS bietet die Gelegenheit, die im Vorhergehenden genannten Fertigkeiten, und zusätzlich auch ein oder zwei neue Fertigkeiten anzuwenden. Indem Sie dieses Schema und Ihre Kommunikationsfertigkeiten verwenden, können Sie das größte Problem bei Konferenzen beseitigen: unproduktive Zeit. PEGASUS, das im Detail in *Influencing with Integrity* dargestellt wird, skizziert die Schritte für eine produktive Konferenz. An dieser Stelle hier wird eine kurze Übersicht geboten.

P Präsentieren Sie Ihr Ziel optisch
E Evidenz
G Gelangen Sie zu einer Übereinstimmung hinsichtlich der Ziele
A Abklärung mit jeder Person
S Sensorische Schärfe
U Unterstützung durch die Relevanzfrage
S Schlußpunkt

Präsentieren Sie Ihr Ziel optisch. Verwenden Sie eine Wandtafel oder einen Flipchart, so daß jeder das Ziel sehen kann.

Evidenz. Wählen Sie die Kriterien aus, die als evidentes Beweismittel dafür dienen sollen, daß das Konferenzziel erreicht worden ist.

Gelangen Sie zu einer Übereinstimmung hinsichtlich des Zieles. Es ist wichtig, jede(n) einzelne(n) zu fragen, ob er/sie einverstanden ist mit dem präsentierten Ziel und dem evidenten Beweismittel, anhand dessen entschieden wird, ob das Ziel erreicht worden ist.

Abklärung mit jeder Person. Der Leiter der Konferenz kann jede(n) einzeln fragen, ob er/sie mit dem schriftlich festgehaltenen Ziel einverstanden ist. Dieses Vorgehen stellt sicher, daß die Relevanzregel eingehalten wird.

Sensorische Schärfe. Nutzen Sie Ihre gesteigerte sensorische Bewußtheit, Ihre sensorische Schärfe, um jeden geheimen Tagesordnungspunkt zu entdecken, den die Konferenzteilnehmer im Kopf haben könnten.

Unterstützung durch die Relevanzfrage. Indem Sie irrelevante Kommentare hinterfragen, können Sie dafür sorgen, daß die Besprechung auf dem richtigen Weg bleibt, und auf diese Weise wertvolle Zeit sparen. Weil Sie schon von allen die Zustimmung zu den Zielen der Konferenz gewonnen haben, können Sie nichtzugehörige Aussagen in Frage stellen und dabei höflich bleiben. „In welcher Weise ist das relevant?" Diese Technik ist eine der effektivsten, die Sie verwenden können.

Schlußpunkt. Geben Sie eine Zusammenfassung und bestimmen Sie den nächsten Schritt. Wenn das Ziel erreicht worden ist, was durch das evidente Beweismittel demonstriert wird, ist es an der Zeit für eine abschließende Zusammenfassung und für die Benennung des nächsten Schrittes, den jede anwesende Person machen soll.

PEGASUS
wird Ihre Besprechungszeit
um 30 % verringern
und zu erstklassigen Resultaten
führen.

Fertigkeit 8: Konflikte auflösen

Verhandlungen werden blockiert, falls zwei oder mehr Menschen keine Übereinstimmung erzielen können. In dem Moment brauchen Sie einige neue Möglichkeiten, um über die Situation nachzudenken. Wenn Sie jede der Parteien nach der Absicht fragen, die hinter einer Forderung steckt, könnten neue Informationen auftauchen, die die Verhandlung wieder in Gang bringen. Falls beispielsweise zwei Kollegen in dasselbe neue Büro ziehen möchten, es aber nicht teilen wollen, sind neue Denkfertigkeiten nötig. Sie könnten als Manager sagen: „Sagen Sie, Herr X., was würde es für Sie bedeuten, dieses Büro zu haben?“

Er könnte erwidern: „Mein jetziges Büro ist so laut, daß ich es schwierig finde, mich zu konzentrieren. Ich könnte in einem ruhigen Büro besser arbeiten.“ Die Absicht, die hinter Herrn X' Forderung steckt, ist das Bedürfnis nach einem ruhigeren Arbeitsplatz.

Dann könnten Sie Herrn Z. genauer nach seinem Verlangen nach dem Büro fragen. Er könnte sagen: „Mein Büro liegt innen und hat kein Fenster. Ich werde depressiv, wenn ich den ganzen Tag unter Kunstlicht arbeiten muß.“ Die Absicht hinter Herrn Z's Forderung ist, Tageslicht an seinem Arbeitsplatz zu haben.

Nun stehen Ihnen andere Möglichkeiten offen. Das neue Büro ist vielleicht nicht die einzige mögliche Lösung. Herr Z. ist womöglich bereit, sich ein großes Büro mit jemandem zu teilen, wenn es Fenster hat, und Herr X. könnte in irgendein ruhiges Büro ziehen. Wenn Sie die Absichten herausfinden, können Sie kreative Wege entdecken, einen offenen Konflikt zu lösen.

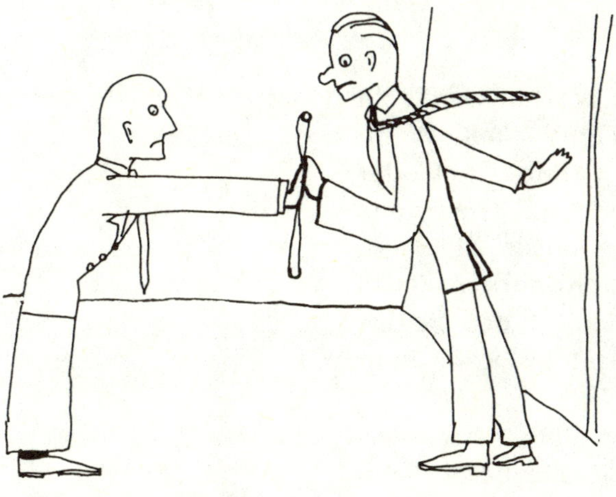

Drei Worte, um jeden Konflikt aufzulösen:

WAS

WOLLEN

SIE?

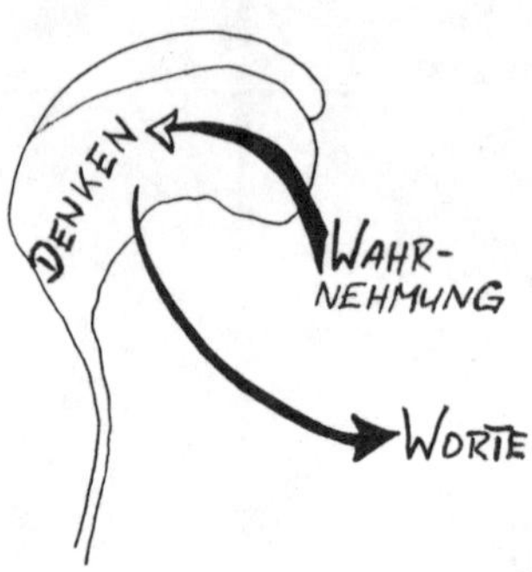

Fertigkeit 9: Flexibilität

Viele Menschen werden durch ihren „Charakter" daran gehindert, die Fähigkeit zu zeigen, flexibel zu sein. Das Wort „Charakter" hat zwei Bedeutungen: 1) Eigenschaften, durch die wir uns von anderen unterscheiden; 2) moralische Vorzüge und Stärken. Die zwei Bedeutungen überschneiden sich manchmal in unserem Denken – wir fangen an zu glauben, daß wir, wenn wir unsere Eigenschaften verändern, unsere moralischen Vorzüge preisgeben. Wenn wir die zwei Bedeutungen trennen, können wir unsere Eigenschaften ändern und flexibel sein, während wir unsere Charakterstärke behalten und Rückgrat bewahren.

In unserer Kultur werden Menschen mit „Charakter" oft als stabil, beständig und in ihren Reaktionen einschätzbar wahrgenommen, und aufgrund dieser Eigenschaften sehr geschätzt. Diejenigen, die sie schätzen, sind oftmals erfreut über die beruhigende „Gleichheit" des Verhaltens, das Menschen mit „Charakter" an den Tag legen.

Das Problem hinsichtlich der „Gleichheit" ist, daß die Ereignisse um uns herum sich verändern, und daß Flexibilität notwendig ist, um sich in einer sich verändernden Welt angemessen zu verhalten. Viele Menschen scheitern an Verhaltensweisen, mit denen ihre Ziele nicht mehr erreichbar sind.

Das Bewußtsein, daß das, was Sie tun, nicht funktioniert, ist der erste Schritt in Richtung Flexibilität. Der zweite ist, ein angemessenes alternatives Verhalten zu finden. Neue Verhaltensweisen zu finden und einzusetzen, wird Flexibilität und Kongruenz erfordern.

Fertigkeit 10: Kongruenz

Kongruenz ermöglicht Ihnen, Ihren Worten Gehör zu verschaffen, Ihre persönliche Power zu entwickeln. Wenn Sie kongruent sind, wird Ihr Klient, Kunde, Chef oder Mitarbeiter genau zuhören. Das Streben nach Kongruenz beinhaltet einige interessante innerliche Reisen, die Sie in späteren Kapiteln unternehmen werden. Kongruenz ist so wichtig für die erfolgreiche Kommunikation, daß sie das Thema eines einzelnen Kapitels ist (Kapitel 6: Kongruent kommunizieren).

Wenn Sie sich erst einmal das Set von elementaren Fertigkeiten angeeignet haben, werden Sie startbereit sein, weiterzumachen – Sie werden bereit sein für fortgeschrittene Kommunikationsfertigkeiten. Die Feinabstimmung Ihres Gehirns automatisiert sich durch diese Fertigkeiten.

FORTGESCHRITTENE FERTIGKEITEN IN KOMMUNIKATION UND SELBSTERKENNTNIS

In diesem Buch werden Sie fortgeschrittene Fertigkeiten entdecken – Fertigkeiten, die Sie in die Lage versetzen werden, effektiv zu kommunizieren, und zwar auch in schwierigen Situationen. Sie werden lernen, wie Ihr Gehirn lernt, wie es programmiert ist, und wie es neu zu programmieren und auf eine hohe Leistungsstufe einzustimmen ist. Im einzelnen lernen Sie die Zielkombination (Dovetailing, Kapitel 3), ferner, negative Kommunikationsmuster zu erkennen und mit ihnen umzugehen (Kapitel 4), Metaphern zu konstruieren, um die Kommunikation zu verbessern (Kapitel 5), ein unerwünschtes Verhalten zu verändern (Kapitel 7), einen Ressource-Zustand aufzubauen (Kapitel 9), ein „Change History" zu machen (Kapitel 11) und Ängste zu tilgen (Kapitel 12).

Wenn Sie diese Denk- und Verhaltensfertigkeiten erst einmal beherrschen, werden Sie sehr vorsichtig sein müssen in bezug darauf, welche Ansätze Sie auswählen. Ein feinabgestimmtes Gehirn ist ein eindrucksvolles Instrument.

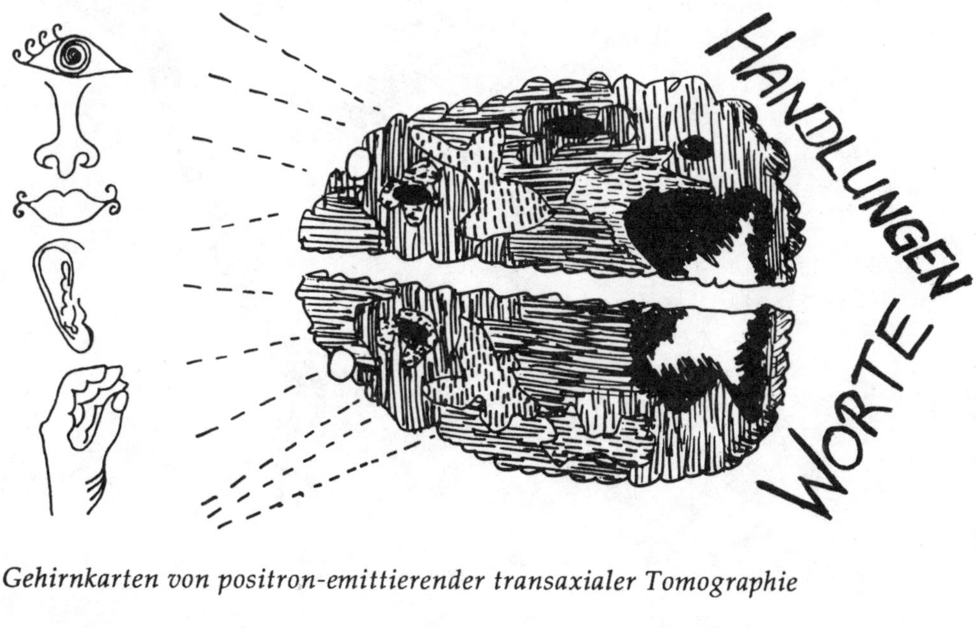

Gehirnkarten von positron-emittierender transaxialer Tomographie

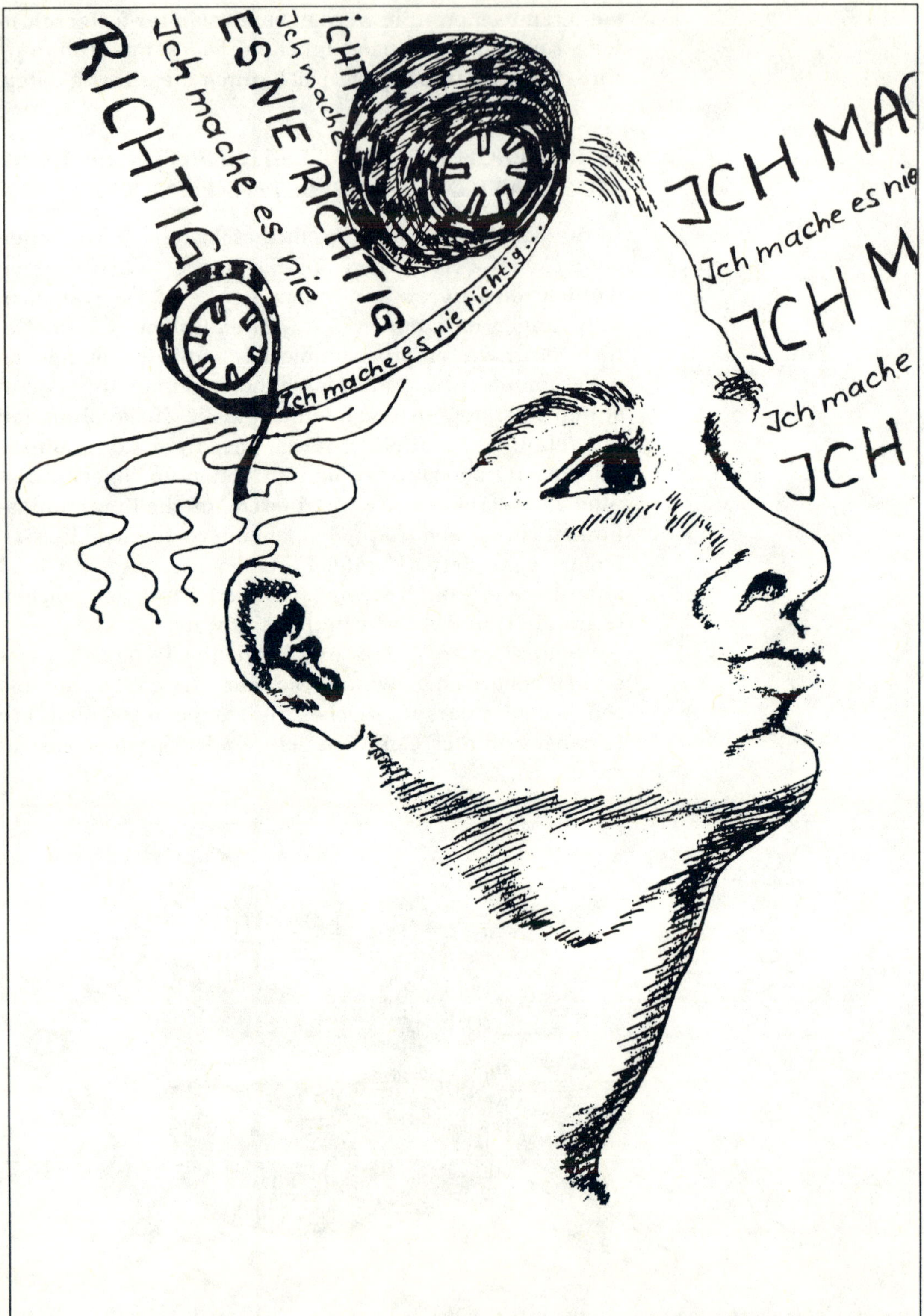
ES NIE RICHTIG
Jch mache es nie
RICHTIG
Jch mache es nie richtig...
JCH MAC
Jch mache es nie
JCH M
Jch mache
JCH

2 Drei Blitzfertigkeiten

In der richtigen geistigen Verfassung zu sein, ist in der geschäftlichen Kommunikation eine Abkürzung bezogen auf die vielen großen Straßen zum Erfolg. Normalerweise ist das, *was* Sie sagen, weniger wichtig als *die Art, wie* Sie es sagen. Das *Wie* wird durch Ihre geistige Verfassung bestimmt – durch Ihren inneren Zustand.

Sie können lernen, wie Sie sich selbst während jeder Interaktion in den, im Hinblick auf Ihr Ziel, geeignetsten inneren Zustand bringen können und, falls nötig, wie Sie innere Zustände mehrere Male wechseln können. Es ist wichtig zu wissen, daß Sie jeden inneren Zustand verändern können, wann immer Sie wollen. Jedesmal, wenn Sie sich ärgerlich, unsicher oder pessimistisch fühlen, können Sie *wählen,* sich statt dessen friedfertig, selbstsicher und optimistisch zu fühlen. Andererseits können Sie jetzt niemand anderen mehr für Ihre schlechte „Laune" verantwortlich machen.

Viele Menschen haben Schwierigkeiten zu glauben, daß ein innerer Zustand – ein Gefühl der Niedergeschlagenheit (eine „graue Wolke") oder ein Mangel an Zuversicht – mittels einer bestimmten Abfolge von Schritten in einen anderen inneren Zustand verwandelt werden kann. Sogar jene, die wissen, daß sie innere Zustände verändern können, zögern, die Fertigkeit anzuwenden: sie neigen dazu, sie für „besondere" Gelegenheiten aufzubewahren. Die Veränderung von Zuständen hat nichts Magisches oder Metaphysisches, wenn die Wirkungen auch außergewöhnlich zu sein scheinen. Viele Kulturen haben von dieser Fertigkeit gewußt, sie war jedoch oft in Ritualen versteckt, die die Einfachheit des Prozesses verschleierten.

Unsere Freuden, unsere gebrochenen Herzen, unser Ärger, unsere kreativen Impulse sind Reflektionen elektrochemischer Muster, die durch das Gehirn laufen. Als Ivan Pavlov das Stimulus-Response-Prinzip entdeckte (mit dem wir uns in Kapitel 8 ausführlicher beschäftigen werden), zeigte er, daß diese Gehirnmuster für Interventionen empfänglich sind. Sie können Ihre Muster verändern – Ihre Denkgewohnheiten. Sie können innere Zustände wechseln. Bevor Sie einen Telefonverkauf machen oder Ihren Chef um eine Gehaltserhöhung bitten, können Sie sich selbst in Ihren besten inneren Zustand versetzen.

Ich weiß nicht, warum es solange gedauert hat, bis wir das herausgefunden haben. Das Problem könnte zum Teil darin liegen, daß niemand glauben möchte, daß es dermaßen einfach ist, seine/ihre Stimmungen zu verändern. Der Gedankengang lautet folgendermaßen: „Die Stimmungen anderer Menschen mögen ‚Tricks' wie diesen unterliegen, aber meine Stimmungen haben Tiefe – wirkliche Tiefe. Bei ihnen werden keine Tricks funktionieren."

Das Gehirn errichtet jedoch seine elektrisch gebahnten Muster für positive Zustände ebenso glatt und effizient wie für die negativen. Das Gehirn wird Euphorie oder Zufriedenheit oder Stolz oder Zuversicht oder Depression oder Pessimismus, oder was auch immer Sie wollen, produzieren, entsprechend der Wahrnehmungen, die Sie ihm eingeben, und die als Stimuli für Ihre eigenen, zu Ihrer Person gehörenden Reaktionen dienen. Im Bereich dieser „ureigenen Reaktionen" haben Sie die Freiheit, Ihre inneren Zustände zu wechseln. Sie können diese Reaktionen instrumentieren. Sie haben sie ursprünglich gelernt; nun können Sie neue Reaktionen erlernen und diejenigen, die Sie nicht mögen, austauschen.

Innere Zustände

Es folgen einige Beispiele innerer Zustände, die Sie vielleicht schon erlebt oder bei anderen bemerkt haben.

nach Vorschrift / kreativ
untergeordnet / partnerschaftlich
entspannt / angespannt
unsicher / selbstsicher
zerstreut / konzentriert
verächtlich / respektvoll
teilnahmslos / hellwach
enthusiastisch / mutlos
friedlich / zornig
pessimistisch / optimistisch
aufgeschlossen / gleichgültig
spielerisch / ernst
bescheiden / stolz
unentschlossen / entschlossen
unbeteiligt / beteiligt
starr / spontan
flexibel / rigide
erregt / ruhig

Wahrnehmungen sind die gesehenen, gehörten und empfundenen sensorischen Daten, die wir aus unserer Umwelt aufnehmen.

Als ich las, was ich in diesem Kapitel geschrieben hatte, flüsterte mein skeptisches Selbst: „Schlangenöl. Du hörst dich an wie die Werbespots für ein Allheilmittel."

Mein skeptisches Selbst hat mir viel geholfen – es bewahrte mich vor vielen möglichen Katastrophen. Ich bestärke Ihren Skeptizismus ebenso. Glauben Sie keiner dieser Behauptungen, bevor Sie nicht die Techniken ausprobiert und diese funktioniert haben. Ihre „ureigenen Reaktionen" liefen lange Zeit effizient und glatt; deshalb erfordert ihre Veränderung einige Aufmerksamkeit und Ausdauer. Manche Menschen können ihre Muster schnell verändern, wenn sie einmal verstanden haben, wie das geht; nur wenige haben keinen Erfolg. Dieses Buch wird Ihnen die Informationen vermitteln, die Sie brauchen, um Ihre Muster auf der neurologischen Ebene zu verändern.

Drei ziemlich einfache Prozesse, die in drei mentalen Übungen an späterer Stelle in diesem Kapitel vorgestellt werden, können einige negative Muster eliminieren, die Sie eventuell in Ihrem Gehirn abgelegt haben. Lassen Sie sich von der Einfachheit dieser drei Übungen nicht täuschen; jede von ihnen ist bei der Veränderung von Verhaltensweisen, die Ihre Leistungsfähigkeit abschwächen oder sabotieren könnten, sehr wirkungsvoll. Die Übungen werden Ihnen mentale Fertigkeiten offenbaren, die Sie möglicherweise in Erstaunen versetzen. Beim Lernen, wie wir unser Gehirn trainieren können, stehen wir erst am Anfang.

VERÄNDERUNG INNERER ZUSTÄNDE

Klingen irgendwelche dieser Bemerkungen für Sie vertraut?

- „Ich mache es nie richtig."
- „Dies ist die eine große Chance für mich."
- „Ich werde dies vermasseln. Da bin ich mir sicher."
- „Dies übersteigt meine Möglichkeiten."
- „Ich bringe das alleine nicht fertig. Ich brauche Hilfe."
- „Er wird ‚Nein' sagen. Ich höre es jetzt schon."
- „Überrumpelungsanrufe funktionieren bei mir nicht."
- „Ich bin falsch angezogen."
- „Diese Präsentation wird bei dieser Gruppe nicht funktionieren."
- „Warum passiert dies immer mir?"

Wenn Sie Anspannung dazu benutzen, Ihre Wachsamkeit und Flexibilität beizubehalten, in Ordnung. Ein bißchen Anspannung ist wie ein bißchen Lampenfieber. Erfahrene Schauspieler wissen, daß leichtes Lampenfieber sie „auf Touren bringt", so daß sie ihr Bestes geben. Ein bißchen Anspannung kann dazu dienen, Ihre volle Aufmerksamkeit auf eine kritische Situation zu konzentrieren. Aber übermäßige Anspannung – mit äußerster Nervosität und Angst – wird negative Auswirkungen auf Ihre Interaktionen haben. Tiefsitzende Angst kann mit lauten Worten, einem Lächeln oder fröhlichem Verhalten nicht kaschiert werden. Sie kommt in unbewußten Gesten, dem Gesichtsausdruck und der Körperhaltung zum Ausdruck, und teilt sich so Ihrem Partner auf einer unterschwelligen, wenn nicht sogar auf einer bewußten Ebene deutlich mit. Das daraus resultierende Unbehagen, das Ihr Partner spürt, wird wahrscheinlich zur Ablehnung jedes Ihrer Vorschläge führen, welche Sie auch immer machen – von „Lassen Sie uns zusammen essen gehen" bis „Lassen Sie uns heute den Vertrag unterzeichnen". Die Angst wird in der Regel Vorsicht, eine Verzögerung und vielleicht Ablehnung bedingen, und zwar unabhängig davon, wie gut Ihr Produkt, Ihr Verkaufsgespräch oder Ihre Expertise ist. Clevere Geschäftsleute meiden, wann immer dies möglich ist, ängstliche Menschen. Wenn unterschwellige Angst ansteckend *ist*, warum sollte man dann Geschäfte mit jemandem machen, der sie verbreitet?

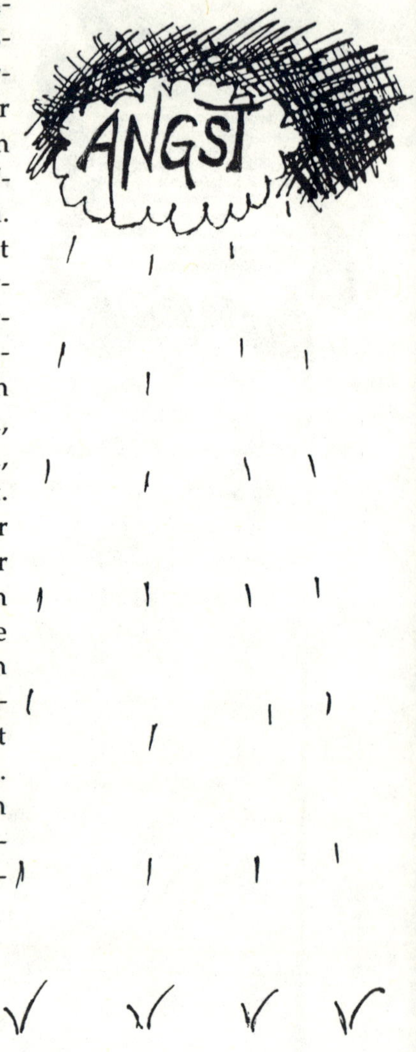

Ein Sprühregen von ANGST

ÜBERPRÜFEN SIE IHREN ZUSTAND

Könnte es sein, daß Sie mittels unbewußter Signale Angst übermitteln und es nicht wissen? Wie finden Sie es heraus?

Fragen Sie einen Freund oder Kollegen, mit dem Sie offen reden können. Wenn die Antwort auf die Frage „Wirke ich angespannt?" „Ja" lautet, dann müssen Sie zwei Fertigkeiten erlernen: erstens, Ihre inneren Tonbänder zu kontrollieren und zweitens, jederzeit Zugang zu einem Ressource-Zustand zu haben. In diesem Kapitel werden Sie die Blitzfertigkeit lernen, Ihre negativen inneren Tonbänder leiser zu stellen. In Kapitel 9 werden Sie lernen, wie Sie Zugang zu einem Ressource-Zustand bekommen – einem Zustand der Vortrefflichkeit (excellence), in dem Ihnen alle Ressourcen Ihres Lebens verfügbar sind.

Der erste Schritt, Ihre inneren Bänder zu kontrollieren, diese herabsetzenden auditiven Bemerkungen, wie z. B. „Ich mache es nie richtig“, ist, sie abzustellen oder zumindest leiser zu drehen.

BLITZFERTIGKEIT 1: WIE NEGATIVE TONBÄNDER ZU KONTROLLIEREN SIND

In dieser Übung werden Sie lernen, wie Sie mit inneren Tonbändern umgehen können, die Ihnen negative Botschaften übermitteln und vielleicht Spannung verursachen. Weil Sie in Kommunikationssituationen in Bestform sein wollen, mögen Sie keine negative innere Stimme, die sagt, daß Sie alles falsch machen. Lassen Sie uns also diese Stimme zur Ruhe bringen. Bei dieser Übung müssen Sie allein sein, weil die Verhaltensweisen jedem, der Sie beobachtet, eigenartig vorkommen werden. Der ganze Vorgang sollte nicht länger als ein oder zwei Minuten dauern.

Achten Sie zuerst auf negative innere Worte und Sätze, solange, bis Sie diese klar und deutlich hören. Tun Sie dann so, als ob Sie ein Radio vor sich haben. Strecken Sie jetzt die Hand aus und drehen Sie an einem imaginären Knopf, bis das innere Tonband *lauter wird*. Hören Sie genau zu, um sicherzugehen, daß die Stimmen in Ihrem Kopf lauter werden. Genießen Sie Ihre Einflußmöglichkeit.

Strecken Sie nun die Hand aus und drehen Sie an diesem imaginären Radio das Geräusch Ihrer inneren Tonbänder leiser, bis Sie bemerken, daß die Stimmen leiser sind. Fahren Sie fort, das Geräusch zu verringern, bis es wie das entfernte Rauschen des Meeres ist. Das Geräusch ist immer noch da, aber Sie können die Worte nicht mehr unterscheiden. Das entfernte Rauschen kann sogar beruhigend sein.

Dieses beruhigende Geräusch, das Botschaften wie z. B. „Ich mache es nie richtig" ersetzen kann, wird beim Aufbau erfolgreicher Kommunikationsinteraktionen nützlich sein. Wenn Sie Ihre negativen Geräusche durch positive Geräusche ersetzen (Meeresrauschen, Vogelgezwitscher, Wind, der in den Blättern der Bäume spielt, oder welches Geräusch Sie auch immer nehmen), wird die Anspannung reduziert und Ihre Leistungsfähigkeit gesteigert.

Das Gute an emotionalen Zuständen ist, daß gegensätzliche Zustände nicht zusammen auftreten können. Beispielsweise sind Anspannung und Entspannung unvereinbar. Sie können von einem Zustand (Anspannung) in einen anderen Zustand (Entspannung) gelangen, indem Sie angsterzeugende Geräusche in entspannende Geräusche umwandeln. Wenn Sie beruhigenden Geräuschen zuhören, werden Sie sich beruhigt fühlen – nicht angespannt; Ihre inneren Empfindungen werden sich ändern. Vielleicht möchten Sie sich während einer Interaktion sowohl entspannt fühlen, als auch wachsam sein. Wachsamkeit und Entspannung sind keine Gegensätze, daher können die zwei Empfindungen kombiniert werden, während das bei Entspannung und Anspannung nicht geht.

Für mich ist Entspannung, verbunden mit Neugier, ein positiver Zustand. Ich ersetze oft Anspannung durch entspannte Neugier. Falls Sie ein Geräusch im Gedächtnis haben, welches Sie an entspannte Neugier erinnert (meines ist das Geräusch eines Autos, das nicht allzu weit entfernt angelassen wird, während ich im Bett liege und ein gutes Buch lese), dann ersetzen Sie Ihre negativen auditiven Geräusche durch diese Erinnerung. Probieren Sie es. Negative innere Tonbänder zu kontrollieren, ist eine von mehreren Techniken, die Sie benutzen können, um innere Zustände zu verändern. Die Menschen haben ihre Gehirnprozesse verschieden organisiert, und eine Technik mag für den einen effektiver sein als für andere. Die Veränderung Ihrer inneren Tonbänder ist vielleicht für Sie nicht die beste Methode, Ihren inneren Zustand zu verändern. Die Übung dauert jedoch nur ein oder zwei Minuten; deshalb empfehle ich Ihnen, sie auszuprobieren. In diesem Kapitel werden Sie noch zwei andere Techniken lernen, mit denen Zustände verändert werden können, und an späterer Stelle in diesem Buch werden Sie in einige fortgeschrittene Veränderungsstrategien eingeführt werden.

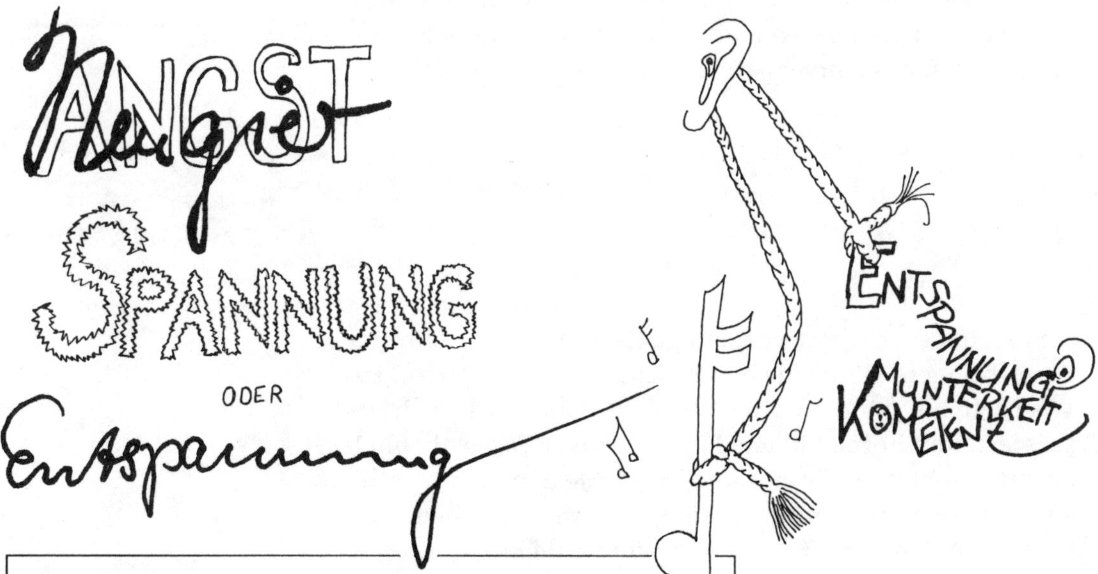

Die Fähigkeit, innere Zustände zu verändern, bedeutet, daß es schwierig ist, Leiden über längere Zeiträume aufrechtzuerhalten; und nach einem „ordentlichen" Intervall des Sich-schlecht-Fühlens bekommen Sie weniger Sympathie von Ihren Freunden.

Überprüfen Sie Ihr Energieniveau

Bevor wir mit Blitzfertigkeit 2 weitermachen, möchte ich, daß Sie eine Vorbereitungs-Übung machen. Stellen Sie sich zuerst vor, daß Sie jemandem zuhören, der Sie für irgend etwas tadelt, was Sie getan oder nicht getan haben. Hören Sie genau auf die Worte der Person, auf die Tonhöhe; dann achten Sie auf Ihre Gefühle. Wie fühlen Sie sich? Kreuzen Sie eine der unteren Zahlen an und tragen Sie so Ihr Energieniveau ein.

ENERGIENIVEAU

Niedrig 0 1 2 3 4 5 6 7 8 9 10 Hoch

Jetzt denken Sie schnell an einen bestimmten Zeitpunkt, als Ihnen jemand sagte, wie froh er/sie war, Sie zu sehen, und wie großartig Sie aussähen. Erinnern Sie sich daran, wie der Ausdruck der Person, ihre Haltung und all ihre Verhaltensweisen die Worte widerspiegelten. Sie wußten, daß Sie in den Augen dieser Person großartig aussahen. Sehen Sie diese Person, wie sie Sie anerkennend ansieht, hören Sie die Worte und rufen Sie sich das Gefühl, akzeptiert zu werden, ins Gedächtnis. Wie fühlen Sie sich? Tragen Sie Ihr Energieniveau durch Ankreuzen einer Zahl ein.

ENERGIENIVEAU

Niedrig 0 1 2 3 4 5 6 7 8 9 10 Hoch

Stellen Sie sich jetzt vor, einige Zeit mit einem Nörgler zu verbringen. Hören Sie den Beschwerden der Person zu. Wechseln Sie dann zu einer anderen Person, die sich beschwert, und hören Sie wieder zu. Denken Sie schließlich an einen weiteren Nörgler und hören Sie genau zu, bis Sie eine innere Reaktion auf diese drei Stimmen haben. Wie fühlen Sie sich jetzt? Kreuzen Sie eine Zahl an.

ENERGIENIVEAU

Niedrig 0 1 2 3 4 5 6 7 8 9 10 Hoch

Rufen Sie sich eine Zeit ins Gedächtnis, als Ihnen eine neue Idee einfiel, die in Ihrem Leben nützlich sein würde. Vielleicht sind Sie in einem Buch auf diese Idee gestoßen, vielleicht hörten Sie sie im Autoradio, oder sie kam von einem Freund. Vielleicht haben Sie die Idee sogar in der Schule entdeckt. Erinnern Sie sich jetzt an die Aufregung, als Sie mit dem neuen Wissen herumspielten. Wie fühlen Sie sich? Kreuzen Sie eine Zahl an.

ENERGIENIVEAU

Niedrig 0 1 2 3 4 5 6 7 8 9 10 Hoch

Können Sie sich daran erinnern, wie Sie mit einer Person zu tun hatten, die sich für all ihre Handlungen gerechtfertigt hat? Vielleicht saßen Sie im Flugzeug neben so jemandem oder Sie arbeiten mit ihm/ihr zusammen. Oder womöglich hat einer in Ihre Familie eingeheiratet, und Sie müssen immer an Thanksgiving oder in den Weihnachtsferien all diese Rechtfertigungen hören. Denken Sie an eines dieser Gespräche und bestimmen Sie Ihr Energieniveau. Kreuzen Sie eine Zahl an.

ENERGIENIVEAU

Niedrig 0 1 2 3 4 5 6 7 8 9 10 Hoch

Haben Sie jemals eine unerwartete Gehaltserhöhung oder Prämie erhalten? Eine Belohnung bekommen? Ein Stipendium gewonnen? Irgendeinen Wettbewerb gewonnen? Von Ihrem Chef für eine hervorragende Leistung lobende Anerkennung erhalten? Wie haben Sie sich gefühlt, als Sie gerade für Ihr hervorragendes Verhalten gelobt wurden? Tragen Sie das Energieniveau ein.

ENERGIENIVEAU

Niedrig 0 1 2 3 4 5 6 7 8 9 10 Hoch

Schauen Sie sich jetzt das Muster der Schwankungen Ihres Energieniveaus an und achten Sie darauf, welche Interaktionen Ihr Energieniveau erhöhen und welche es niedriger werden lassen. Die meisten von uns wachen morgens auf mit einem Sack voll Energie. Einige von uns füllen den Sack während des Tages auf. Ob Sie ein Frühaufsteher oder ein Nachtmensch sind, manchmal haben Sie viel Energie und zu anderen Zeiten haben Sie wenig Energie. Haben Sie sich jemals gefragt, warum? Der Grund für die Schwankungen liegt zumindest teilweise in negativen Interaktionen mit Menschen, die Ihre Energie vermindern, indem sie Sie tadeln, sich beklagen und sich rechtfertigen. Ein anderer Ausdruck für dieses Muster ist „Etwas bei jemand anderem abladen". Im folgenden wird eine geschickte Methode vorgestellt, Ihr eigenes Energieniveau und das Ihres „abladenden" Kommunikationspartners zu erhöhen.

BLITZFERTIGKEIT 2: WIE KOMMUNIKATION ZU „MISCHEN" IST, UM DIE ENERGIE ZU STEIGERN

Haben Sie einen Klienten, Kunden, Kollegen oder Angestellten, der seine/ihre täglichen Erfahrungen durchsortiert und all die negativen auswählt, um sie mit Ihnen zu „teilen"? Die meisten von uns geraten ab und zu in dieses Verhalten. Es scheint die Frustrationen und den Kummer zu lindern, wenn wir unsere negativen emotionalen Erlebnisse eingehender untersuchen.

Es gibt Menschen – vielleicht kennen Sie welche – die ein Muster negativer Kommunikation haben. Ihre andauernde Schilderung von Problemen und Leidensgeschichten kann alle, die in Hörweite sind, ihrer Energie berauben. Hier ist nun ein Gegenmittel für das nächste Mal, wenn jemand anfängt, bei Ihnen unerfreuliche Erlebnisse abzuladen – eine Methode, die negativen Gefühle zu lindern und sie möglicherweise in positive umzuwandeln.

Dieses Gegenmittel besteht aus sechs Schritten: 1) Hören Sie den Bericht über das negative Erlebnis bis zum Ende an. Wenn Sie genau zuhören, werden Sie wahrscheinlich Rapport gewinnen. 2) Wählen Sie die Schlüsselworte des Erlebnisses aus, die von der anderen Person geäußert werden. 3) Sagen Sie: „Erzählen Sie mir von der besten Sache, die Ihnen heute passiert ist" (oder „diese

Woche", „diesen Monat" – in Extremfällen „in Ihrem Leben"). Fördern Sie eine vollständige Beschreibung, komplett mit Bildern, Klängen, Geräuschen und Gefühlen. 4) Wählen Sie die positiven Schlüsselworte aus. 5) Verweben Sie die zwei Erlebnisse (gut und schlecht) miteinander, indem Sie sowohl positive als auch negative Schlüsselworte benutzen. Überprüfen Sie laufend den Rapport. 6) Fahren Sie fort, gute und schlechte Elemente miteinander zu verweben, bis Sie in der körperlichen Erscheinung und der Stimmlage eine Reaktion in Richtung auf das Positive bemerken. Lassen Sie uns nun diese Schritte ausführlicher erkunden.

Hören Sie dem Bericht über das negative Erlebnis oder die Erlebnisse zu. Fangen Sie an, Rapport aufzubauen, während Sie zuhören. Sie könnten versuchen, die Gesten, die Tonlage und das Atemmuster zu übernehmen. Sie werden Rapport brauchen, bevor Sie „mischen" können.

Eine Mischung

Wählen Sie die Schlüsselworte des negativen Erlebnisses aus. Menschen markieren Schlüsselworte oder -sätze durch eine besondere Betonung und oft durch ein Zögern vor den Schlüsselwörtern und -sätzen. Während sie sprechen, heben sie bestimmte Worte hervor[2], so wie das Leuchtstifte in Büchern tun. Mit ein bißchen Übung darin, das eigene Ohr darauf einzustellen, können Sie sich diese Schlüsselworte für eine spätere Nutzung merken, für den Moment, wo Sie dann anfangen, die positiven und negativen Elemente miteinander zu verweben.

Bitten Sie die andere Person, Ihnen von einem positiven Erlebnis zu erzählen. Bevor Sie darum bitten können, müssen Sie genügend Rapport mit der Person haben, um sie aus der negativen Erinnerung zu holen, so daß diese anfangen kann, nach einem positiven Erlebnis zu suchen. Wenn Sie die Person gut genug kennen, können Sie vielleicht mit einem Stichwort für eine Erinnerung an ein positives Erlebnis nachhelfen. Eventuell müssen Sie die Person dorthin lenken, indem Sie sagen: „Deine Geschichte erinnert mich an eine Zeit, als ...". Berichten Sie dann von einem negativen Erlebnis, das sich langfristig als positiv herausgestellt hat. Danach können Sie elegant zu einer Frage nach einem guten Erlebnis überleiten. Wenn er/sie sich nicht an ein positives Erlebnis erinnern kann, müssen Sie vielleicht einige Anregungen geben.

Wählen Sie die Schlüsselworte des positiven Erlebnisses aus. Die Auswahl von Schlüsselworten und -sätzen ist eine Fertigkeit, die Sie in vielen Kommunikationsinteraktionen nützlich finden werden; und sie ist leicht zu erlernen. Indem Sie Ihre Aufmerksamkeit auf Schlüsselworte richten, werden Sie Erfahrung darin bekommen, den „Fluff"[3] zu ignorieren, hinter dem sich wichtige Ideen verbergen. Wenn Sie den Fluff ignorieren, machen Sie Ihre auditive Spur frei für die Aufnahme des wichtigen Inhalts. Wenn Sie erst einmal die Schlüsselworte und -sätze kennen, sind Sie einsatzbereit, mit dem „Mischen" anzufangen.

Die unbedeutenden Verbindungsworte, die oftmals die eigentliche Botschaft verbergen. Die besten Beispiele davon sind in den Klassenzimmern von Colleges zu hören.

Fangen Sie an, positive und negative Erlebnisse miteinander zu verweben („mischen"). Sie könnten anfangen, indem Sie folgendes sagen:

„Du klingst im Moment, wenn du über das *Projekt (den Auftrag, die Arbeit, den Bericht)* sprichst, so *frustriert (verärgert, verwirrt, aufgeregt)* wie damals, als du vor drei Jahren das *X-Projekt* begonnen hast. Denk mal daran, wie *frustriert (verärgert, verwirrt, aufgeregt)* du dich am Anfang dieses *Projektes (Auftrages, dieser Arbeit, dieses Berichtes)* fühltest und wie *begeistert, (enthusiastisch, ruhig, erfreut, befriedigt)* du dich fühltest, als das *Projekt (der Auftrag, die Arbeit, der Bericht)* erfolgreich beendet war?"

Wenn Sie schon ein früheres Erlebnis kennen, das den Vergleich mit dem jetzigen nicht zu scheuen braucht, können Sie die Person schnell durch das „Mischen" führen.

Vielleicht müssen Sie auch improvisieren – fangen Sie einfach an, die positiven Schlüsselworte mit Hilfe von genügend Fluff mit den negativen zu verweben, so daß die Sache logisch erscheint. Wenn Sie wirklich die Schlüsselworte ausgewählt haben, wird die andere Person tatsächlich so empfänglich und in die Gefühle rund um die Schlüsselworte vertieft sein, daß er/sie vermutlich nicht bemerkt, was Sie gerade machen.

Sogar dann, wenn dies für Sie ein neues Verhalten ist, wird die andere Person, solange Sie entspannt und aufmerksam bleiben, wahrscheinlich bei Ihrem „Zusammenweben" mitmachen, wie leicht zu durchschauen Ihr Fluff auch immer ist. Dies liegt z. T. daran, daß die Person sich nach ein paar Sätzen immer besser fühlen und zunehmend bereit sein wird, Sie bis zum Ende anzuhören. Ein

enthalten die wichtige Information.

anderer Grund ist, daß jeder von uns dazu neigt, das, was wir hören, so zu organisieren, daß es zu unseren eigenen Voranahmen paßt. Deshalb kann die andere Person sogar dann, wenn Sie ein Anfänger im Verweben sind, das Wesentliche der Kommunikationsgrundlage so gestalten, daß es dem Muster ähnelt, was immer er/sie auch von Ihnen erwartet, ohne Ihre Unterbrechungen, neuen Anläufe und ungewöhnlichen Kommunikationsmuster zu bemerken.

Fahren Sie fort zu verweben („mischen"), bis Sie eine positive physiologische Veränderung bemerken. Diese Veränderung kann im Gesichtsausdruck, in der Körperhaltung und in der Stimmlage wahrnehmbar sein – auch wenn negative Schlüsselworte benutzt werden. Dieser Teil des „Mischens" kann fünf Minuten dauern, oder, wie in einigen Fällen, viel länger.

Strategie fürs „Mischen"

Fluff Fluff negativ Fluff Fluff positiv, dann Fluff negativ Fluff positiv, dann negativ positiv positiv negativ negativ negativ positiv positiv, dann negativ positiv negativ positiv. (Achten Sie auf die physische Veränderung. Gratulieren Sie sich.)

Was ist mit der Wirkung, die die negative Kommunikation der anderen Person auf Sie hat? Negative Worte haben einen Einfluß auf uns, und der beste Weg, sie zu neutralisieren, ist, die Kommunikation zu „mischen". Wenn es beim Sprecher funktioniert, wird es bei Ihnen ebenfalls funktionieren. Wenn wir kommunizieren, sind wir in einem Feedbacksystem. Unser Einfluß aufeinander ist viel größer als wir meinen.

Ich brachte das „Mischen" an einer Universität einer Gruppe von Studenten nach ungefähr zehn Unterrichtsstunden bei. Ein Student, namens Paul, probierte es abends zusammen mit einem anderen Studenten. Sie fingen gegen 22 Uhr an und beendeten die Übung erst um 0.30 Uhr am nächsten Tag; durch die auftretenden positiven Emotionen waren sie so angespornt, und von der Wirksamkeit des Hin- und Herpendelns[4] waren sie so überrascht, daß sie stundenlang redeten.

Paul entschloß sich, die Übung mit einem seiner Angestellten auszuprobieren. Hier ist Pauls Bericht. Der Name des Angestellten wurde geändert.

Pauls „Mischung"

Innerhalb von ein paar Tagen nach der ersten Unterrichtsstunde sah ich eine Gelegenheit, die „Misch"-Übung bei einem meiner Angestellten zu verwenden. Obwohl Gary ein sehr geschätzter, außergewöhnlich fleißiger und arbeitsamer Angestellter ist, verbringt er seine Arbeitspausen größtenteils damit, uns zu erzählen, was er für ein unglückliches Familienleben hat. Die lebhaften Beschreibungen seiner Qual haben die Tendenz, die Stimmung der ganzen Gruppe zu beeinträchtigen. Bei einer günstigen Gelegenheit habe ich ihn tatsächlich, kurz nachdem er gekommen war, wieder heimgeschickt, weil seine Anwesenheit im Geschäft zweifellos sowohl die Qualität als auch die Produktivität unserer Arbeit negativ beeinflußt hätte.

Während der morgendlichen Kaffeepause fing Gary an, die fortlaufende Geschichte seines persönlichen Unglücks vorzutragen. Anders als sonst, als ich für gewöhnlich eher probierte, das Thema zu wechseln, hörte ich aufmerksam zu, beobachtete Garys Gesichtsausdruck und Körperhaltung und merkte mir die Schlüsselsätze, die er gebrauchte, um seine unglückliche Situation zu beschreiben. Bevor die Pause vorbei war, fragte ich ihn, ob er mir bei einer meiner Hausaufgaben helfen würde. Er willigte ein und ich lud ihn nach der Arbeit auf ein Bier in eine seiner Lieblingskneipen ein.

Nachdem wir uns an einen Ecktisch gesetzt hatten, beschrieb ich Gary kurz meine Aufgabe und bekam seine Zusage, sich daran zu beteiligen. Ich rief mir schnell die verschiedenen Techniken ins Gedächtnis, deren Verwendung ich erwogen hatte, seit sich diese Gelegenheit während der morgendlichen Kaffeepause abgezeichnet hatte.

Körperhaltungs-Spiegeln ist das Kopieren der Körperhaltung eines anderen, um Rapport aufzubauen. Dies kann nach hinten losgehen und den Rapport unterbrechen.

Ohne seine Körperhaltung zu sehr zu spiegeln, nahm ich eine ähnliche Haltung ein wie er, indem ich meine Beine ausstreckte und die Füße überkreuzte, meinen Arm auf die Lehne eines neben mir stehenden Stuhles legte und mein Glas Bier in einer Hand hielt. Diese Mühe schien

Zurückhaltung beim Spiegeln ist beim Aufbau von Rapport wichtig. Mit wenig kommt man ziemlich weit.

beim Aufbau von Rapport recht hilfreich zu sein. Ich bat Gary dann, mir von dem schlimmsten Erlebnis zu erzählen, das er in den letzten Tagen gehabt hatte. In weniger als einer Minute war er vollauf damit beschäftigt, die Einzelheiten seines häuslichen Trübsinns zu beschreiben. Ich beobachtete sein Atemmuster und tat mein Bestes, meine Atmung darauf abzustimmen, um mehr Rapport zu entwickeln.

> Solange Sie die Ziele aufeinander abstimmen, erleichtern Sie sich den Aufbau von Rapport, wenn Sie das Atemmuster des anderen übernehmen.

Eine visuelle Orientierung bedeutet, daß Gary statt Klängen und Gefühlen Bilder vorzieht, damit seine Welt für ihn einen Sinn ergibt.

Seine Augenbewegungen ließen auf eine visuelle Orientierung schließen, und seine Hand- und Armbewegungen stimmten mit bestimmten Schlüsselsätzen und dem Tempo und Tonfall des vokalen Ausdrucks überein. Nach einigen Minuten, als ich einen ziemlich guten Sinn für das Erlebnis, über das er redete, entwickelt hatte, ging ich mutig das Problem an, ihn zu unterbrechen. Ich erinnerte mich an die empfohlenen Techniken zur Unterbrechung des Rapports, drehte mich schnell zur Theke herum und bestellte laut die nächste Runde. Der Rapport war zur Genüge entzweit.

> Eine plötzliche, abrupte Bewegung oder Unterbrechung kann den Rapport unterbrechen.

Als wir auf unsere zweite Runde anstießen, benutzte ich das „Prost“ und die entsprechende Geste dazu, mit dem Wiederaufbau von Rapport anzufangen. Ich bat Gary, sein bestes Erlebnis der letzten Tage zu beschreiben; er reagierte nur mit einem gelangweilten Blick. Ich machte etwas Spiegeln und Atmungssynchronisation, um den Rapport zu vertiefen, aber dies schien nicht zu helfen. Er erzählte, daß er in letzter Zeit keine guten Erlebnisse gehabt hätte.

Er schien nicht einmal daran interessiert, meiner Frage weiter nachzugehen. Ich hatte nicht gedacht, daß es so schwierig werden würde.

Dann erinnerte ich mich an den erregten Blick, den ich in Garys Gesicht gesehen hatte, als er mir auf seinem Motorrad zu der Kneipe gefolgt war. Deshalb fragte ich ihn, ob er es genieße, Motorrad zu fahren. Er sagte, das zähle nicht. Ich war nicht bereit, mir diese Gelegenheit entgehen zu lassen, deshalb bat ich ihn, mir genau zu beschreiben, wie es sich anfühlte, anhörte und aussah, wenn er es genoß, Motorrad zu fahren. Mit ein bißchen mehr Coaching taute er auf und lieferte eine powervolle Beschreibung einer Lieblingsbeschäftigung. Sie war vergleichsweise kurz, enthielt aber ein paar Schlüsselgesten und -sätze.

Der dritte und letzte Teil der Übung war ein Desaster. Ich konnte den Rapport nicht länger als für 20 oder 30 Sekunden aufrechterhalten. Und Gary leistete erheblichen Widerstand, die Möglichkeit auch nur in Betracht zu ziehen, daß sich ihm zuhause ein angenehmes Erlebnis bieten könnte, oder vielleicht sogar ein spannendes. Ich versuchte es, bis es offenkundig war, daß er mich nicht mehr ernstnahm. Das frustrierte mich, und ich gab den Gedanken auf, daß bei der Übung noch irgend etwas Erfolgreiches herauskommen könnte.

Energie und Enthusiasmus zu Hause

„Es" hat funktioniert

in anderer Weise.

Am nächsten Tag kam Gary während der Arbeit aufgeregt auf mich zu und erzählte mir, daß „es" funktioniert hatte. Am vorhergehenden Abend hatte er sich zuhause dabei ertappt, wie er voller Energie und Enthusiasmus seine normalen abendlichen Routinebeschäftigungen in Angriff nahm. Einer seiner Freunde kam vorbei, und sie begannen, an einem Projektentwurf zu arbeiten, der sein Interesse stundenlang fesselte. Er dankte mir dafür, daß ich am vorhergehenden Abend die Zeit mit ihm verbracht hatte, und fragte, wie die Übung funktionierte. Alles, was ich sagen konnte, war: „Ich weiß es nicht!"

Ich habe aus diesem besonderen Erlebnis eine Menge gelernt, darüber, bei den neurolinguistischen Techniken hartnäckig dranzubleiben. Ich habe auch gelernt, die Möglichkeit in Erwägung zu ziehen, positive Resultate zu erreichen, die über das Ausmaß meiner Erwartungen hinausgehen.

Die Feineinstellung (fine-tuning) von Pauls sensorischer Bewußtheit reichte nicht aus, um zu bemerken, daß das „Mischen" funktionierte. Garys verbaler Widerstand machte Paul blind für die Wirksamkeit der positiven Auswirkungen der Motorraderinnerung. Obwohl wir auf negative Erlebnisse stärker zu reagieren scheinen, können diese durch genügend positive Assoziationen abgeschwächt und sogar neutralisiert werden. Paul hatte beim „Mischen" Erfolg, obgleich er frustriert aufgab.

BLITZFERTIGKEIT 3: WIE SIE IHRE REAKTION IN EINEM KRITISCHEN MOMENT SCHNELL VERBESSERN KÖNNEN

Die Spinalnerven könnten als Verlängerungen des Gehirns betrachtet werden, die zu allen Körperteilen führen.

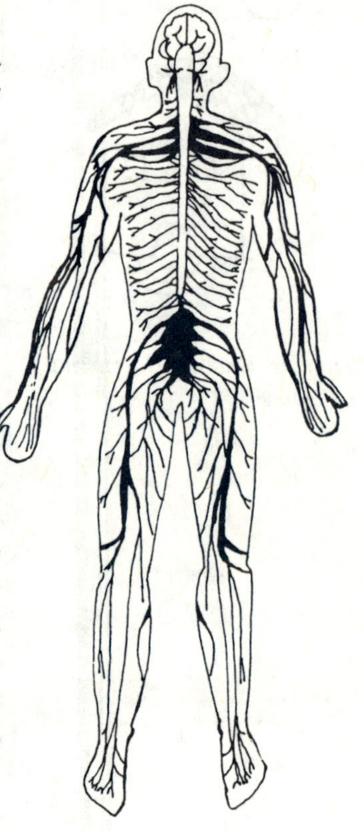

Unter einem kritischen Moment verstehe ich jede Situation, in der Sie nicht das bekommen, was Sie wollen, in der Sie unterlegen sind, oder überlistet oder in Grund und Boden geredet werden.

Es ist ein kritischer Moment, wenn Ihr Kunde sagt: „Dafür haben wir keine Mittel eingeplant." Es ist ein kritischer Moment, wenn Ihr Chef, während Sie im Begriff sind, das Büro zu verlassen und zu einem Baseballspiel zu gehen, sagt: „Ich brauche Sie heute abend hier, um an diesem Bericht zu arbeiten." Es ist ein kritischer Moment, wenn Ihr Verleger sagt, Sie müßten noch zwei Kapitel zusätzlich schreiben. Wenn die Dinge nicht so laufen, wie sie sollen, wenn die Stimmen schrill werden und sich Irritation in die Interaktion einschleicht, müssen Sie

- das beenden, was Sie gerade machen und
- etwas anderes machen.

Was speziell sollten Sie anderes machen? Versuchen Sie, eine ganz andere Körperhaltung einzunehmen. Wenn es irgendwie möglich ist, bringen Sie Ihren Kommunikationspartner dazu, sich ebenfalls zu bewegen.

Unsere Denkprozesse stehen in so engem Zusammenhang mit unseren Körperhaltungen, daß wir durch eine Veränderung der Körperhaltung unser Denken in Richtung neuer Möglichkeiten ausrichten können – neuer Optionen. Wenn Sie also irgendwo sitzen, stehen Sie auf. Wenn Sie stehen, gehen Sie herum. Wird dies der anderen Person seltsam, womöglich unerklärlich vorkommen? Nicht, wenn Sie kongruent sind. Sie können nach Ihrem Aktenkoffer oder Ihrer Handtasche greifen, oder einen Prospekt, ein Verzeichnis, eine Quittung der Wäscherei herausziehen. Wenn Sie einen Prospekt oder ein Verzeichnis herausholen, können Sie diese Sachen vielleicht nutzen, um die andere Person dazu zu bringen, sich zu bewegen, um die Papiere sehen zu können.

Wenn Sie nicht sicher sind, was zum Vorschein kommen könnte, wenn Sie Ihren Aktenkoffer öffnen, entscheiden Sie sich womöglich dazu, aufzustehen und herumzugehen. Hin und her zu gehen ist eine Form der Bewegung, die in einem Büro oftmals akzeptabel ist, und wenn Sie hin- und hergehen, wird die andere Person sich ein bißchen bewegen müssen, um Ihnen zu folgen. Sich physisch zu bewegen, wenn Sie geistig festsitzen, ist vielleicht ein neues Verhaltensmuster für Sie, und es mag zuerst seltsam und fremd erscheinen; üben Sie es daher ein paarmal, bevor Sie es in einer wichtigen Verhandlung einsetzen. Probieren Sie es z. B. aus, wenn Sie und Ihr Kind sich hinsichtlich eines weniger wichtigen Themas in entgegengesetzten Positionen verrannt haben. Beachten Sie, was passiert. Die Bewegung wird vielleicht nicht gerade wie ein Blitzstrahl einschlagen, aber sie wird Ihr Denken verändern. Wenn Sie Ihr Denken verändern, ergeben sich daraus neue Verhaltensweisen.

Ist irgend etwas daran manipulativ? Nur dann, wenn Sie sich nicht um das Ziel der anderen Person kümmern. Sich selbst und die andere Person in den optimalen physischen und emotionalen Zustand zu bringen, um Ihre Ziele zu erreichen, ist Beeinflussung – nicht Manipulation. Die physischen Bewegungen zu inszenieren, die dazu nötig sind, ist nicht mehr „Manipulation" als die Wahl der richtigen Worte, um Ihren Plan so zu präsentieren, daß er für die andere Person interessant wird. Die Tatsache, daß Sie irgend etwas anderes machen, wird in der Tat dazu führen, daß Sie mehr Flexibilität und vielleicht mehr kreative Möglichkeiten für die Betrachtung der Situation haben.

In diesem Kapitel haben Sie drei Blitzfertigkeiten gelernt:

1. Wie Sie Ihre negativen inneren Tonbänder leiser machen können;

2. Wie Sie Kommunikation „mischen" können, um Ihr Energieniveau zu erhöhen;

3. Wie Sie Ihre Reaktionen mit Hilfe von Bewegung verbessern können, wenn Sie sich in einem kritischen Moment befinden.

In Kapitel 4 werden Sie mehr über negative Kommunikationsmuster und entsprechende Gegenmittel erfahren. Lassen Sie uns jedoch zuerst den Prozeß der Zielkombination (dovetailing) genauer ansehen, den wir in Kapitel 1 erwähnt haben. Die Zielkombination ist ein wesentlicher Schritt in der erfolgreichen Kommunikation.

Te – aus einem Manuskript, das im sechsten Jahrhundert vor Christus geschrieben wurde – ist das Potential, zur richtigen Zeit im richtigen geistigen Zustand am richtigen Ort zu sein.
Die Abstimmung Ihres Gehirns auf „die richtige geistige Verfassung" (fine-tuning) ist das Thema dieses Buches. Der richtige Ort und die richtige Zeit treten in Rhythmen auf, wie Sie vielleicht anfangen zu bemerken.

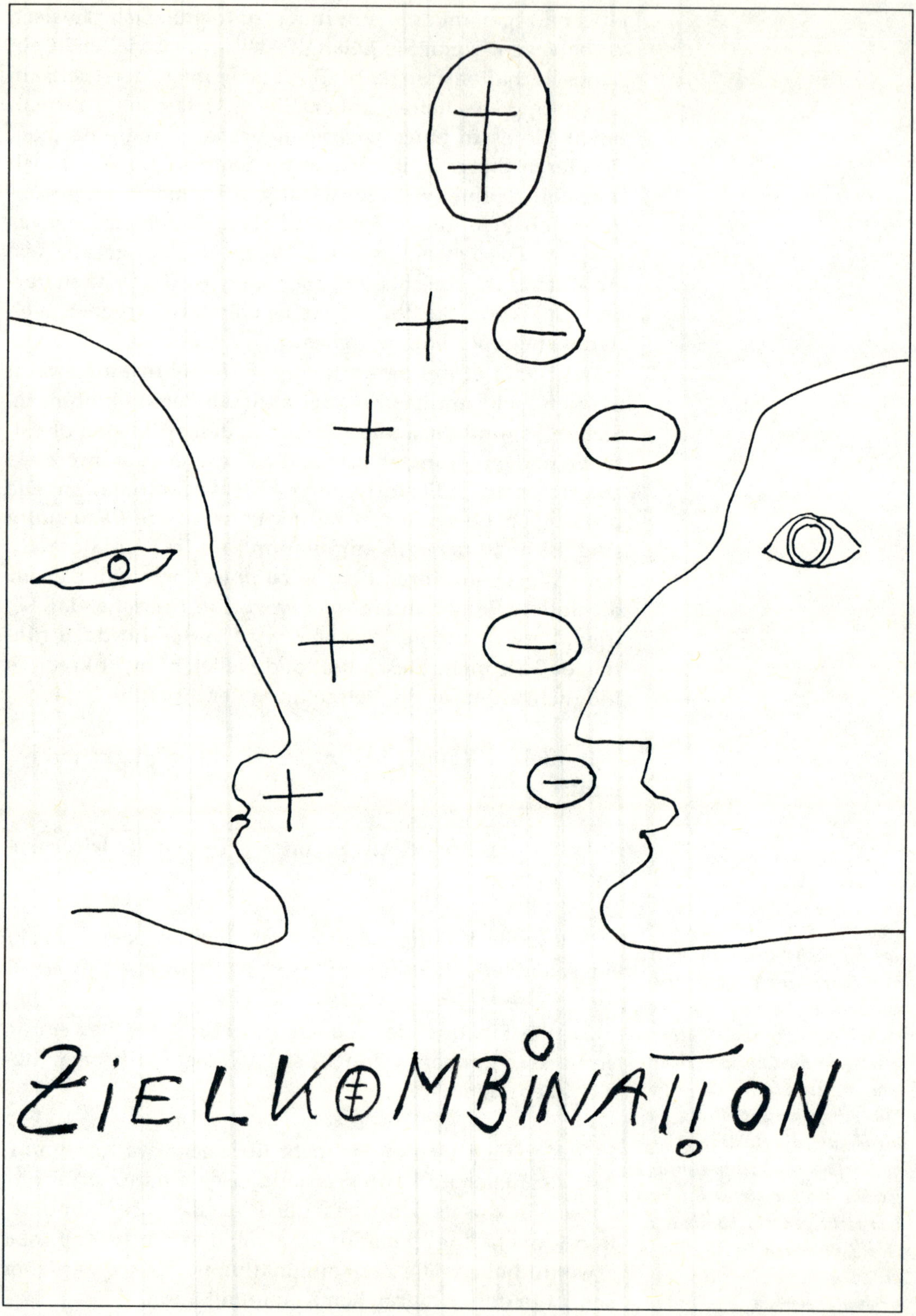
ZIELKOMBINATION

3 Die Zielkombination

Wenn ich nach dem wichtigsten Konzept aus unseren Kommunikations- und Verhandlungsseminaren gefragt werde, das man sich merken sollte, lautet meine Antwort: „die Zielkombination“ (Dovetailing). Im allgemeinen sehen die Seminarteilnehmer bei dieser Antwort etwas verdutzt aus; schließlich sind viele der in den Seminaren vorgestellten Konzepte schwieriger zu merken, wissenschaftlicher, anspruchsvoller, und vielschichtiger. Die Zielkombination ist so einfach, daß die Auswirkungen, die es hat, kaum zu glauben sind. Dieses eine Konzept kann Ihre Erfolgsrate drastisch anheben, wenn Sie sich die Zeit und die Energie nehmen, es einzuüben.

„Dovetailing“ (auf deutsch „Schwalbenschwanz“) ist ein Begriff aus der Holzverarbeitung, mit dem das geschickte Ineinanderpassen von zwei miteinander verzahnten Teilen zur Bildung einer festen Verbindung oder einem Ganzen beschrieben wird. Wenn Sie und Ihr Kommunikationspartner die Ziele kombinieren (dovetail), werden Sie eine feste, auf für beide Seiten günstigen Ergebnissen basierende Verbindung bekommen.

Stellen Sie bei der Zielkombination sicher, daß Sie Ihr Ziel und das der anderen Person in sinnesspezifischen Begriffen ausdrücken. Was werden Sie sehen, hören und fühlen, wenn Sie an Ihrem Ziel angelangt sind? Fragen Sie dann Ihren Kommunikationspartner, was er sehen, hören und fühlen wird, nachdem er sein Ziel erreicht hat.

MEIN
ZIEL
DEIN
ZIEL
UNSER
ZIEL

MEINDEINUNSER (MYOUR) ZIEL

DER DOVETAILING-KREIS

Probieren Sie folgende Übung, um zu sehen, wie die Zielkombination funktioniert: Wählen Sie zuerst ein Erlebnis aus, ein berufliches oder privates, das nicht so gut ausging, wie Sie es gerne gehabt hätten – eines, bei dem Sie und Ihr Partner Ihre Ziele nicht erreichten.

Schreiben Sie Ihr Ziel in Zeile 1 des Kreises auf der nächsten Seite. Schreiben Sie dann das Ziel der anderen Person in Zeile 2. Lassen Sie Ihre Phantasie spielen, wenn Sie sich nicht sicher sind, was die andere Person zum Ziel hatte. Beschreiben Sie die zwei Ziele in sinnesspezifischen Begriffen. Schreiben Sie auf, was Sie sehen würden, wenn Sie Ihr Ziel erreicht hätten. Was würden Sie hören? Was würden Sie fühlen? Schreiben Sie jetzt auf, was Ihr Partner sehen, hören und fühlen würde, nachdem er sein Ziel erreicht hätte. Lassen Sie Ihrer Phantasie und Intuition freien Lauf, wenn Sie es nicht genau wissen. Können Sie, wenn Sie die freien Stellen ausgefüllt haben, ein Ergebnis kombinieren, um Ihre beiden Bedürfnisse zu befriedigen? Seien Sie kreativ und flexibel bei Ihren Lösungen.

Diese Übung kann man auch ausgezeichnet mit einer anderen Person machen, die Ihren Partner spielen kann, nachdem Sie ihr die Einzelheiten der Interaktion beschrieben haben. Ein Partner kann Ihnen auch zu neuen Ansichten und Alternativen verhelfen. Einige Leute entdecken während der Übung, daß ihre Ziele und die ihrer ursprünglichen Partner identisch waren, daß ihre Kommunikation jedoch so dürftig war, daß sie dies nie erkannten. Deshalb blieben sie frustriert zurück, mit einem ungelösten Konflikt.

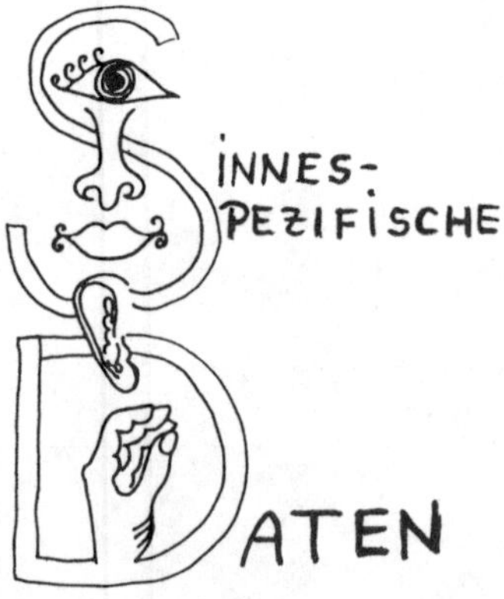

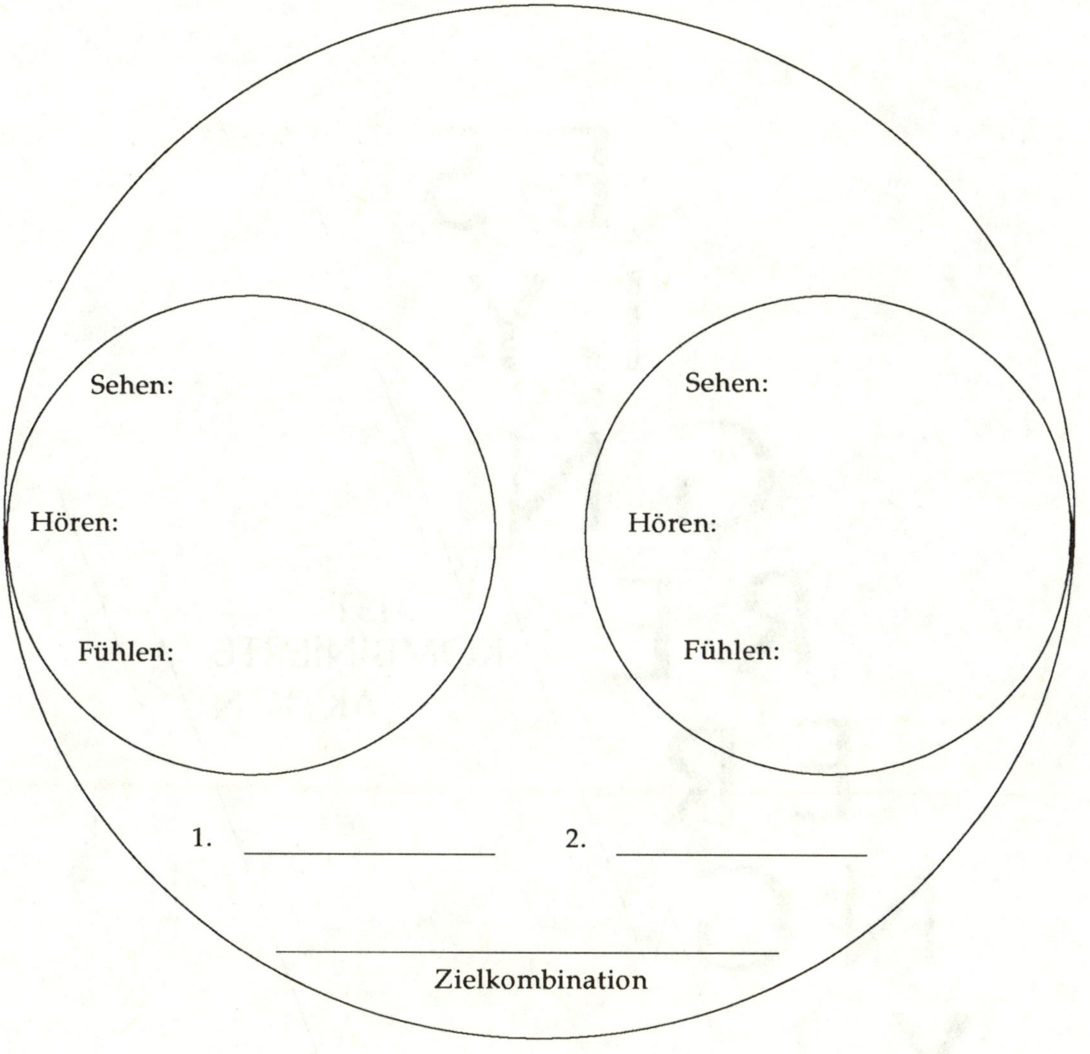

1. Schreiben Sie Ihr Ziel in Zeile 1.
2. Schreiben Sie das Ziel der anderen Person in Zeile 2.
3. Beschreiben Sie in den kleinen Kreisen jedes Ihrer Ziele mit sinnesspezifischen Begriffen. Was würden Sie und Ihr Partner *sehen, hören* und *fühlen,* wenn Sie Ihre Ziele erreicht hätten?
4. Denken Sie sich jetzt eine kreative Methode aus, mit der Sie beide Ziele erreichen können.
5. Schreiben Sie dieses kombinierte Ziel in die letzte Zeile.

E S
I Y
G N
R E
IST
KOMBINIERTE
AKTION
E R
N G
Y I
S E

WENN SIE DIE ZIELKOMBINATION VERGESSEN

Ein Vizepräsident von einer der größten Versicherungsgesellschaften der Welt rutschte nervös in seinem Sessel hin und her, während er über die Entfremdung von einem ranghöheren Vizepräsidenten sprach, die fünf Jahre zurücklag. Aufgrund des Lichtes, das durch die großen Fenster hinter ihm fiel, befand sich sein Gesicht im Schatten. Das Licht blendete, aber meine Augen gewöhnten sich langsam daran. Sein angespannter Ausdruck wurde deutlicher. Draußen vor den großen Fenstern sah man den blauen Himmel über Manhattan. Im Zimmer schien die Spannung und Angst zuzunehmen, während er seine Erzählung beendete.

„Ich versuchte dem Kerl zu sagen, daß ich ihn unterstützen würde, wenn er diese eine Sache ändern würde, die er machte. Aber er hat nie auf mich gehört." Seinem dunkelblauen Anzug sah man den teuren Preis an, aber während er sprach, bekam der Anzug irgendwie ein ungepflegtes Aussehen.

„Was passiert in Ihrer Beziehung jetzt?" Ich lehnte mich in meinem kastanienbraunen, gepolsterten Stuhl zurück. Diese Geschichte hatte ich in verschiedenen Formen schon viele Male gehört.

„Wir gehen immer noch kühl und distanziert miteinander um, und das nach fünf Jahren. Für meine Karriere ist es nicht gerade förderlich, wenn jemand, der auf einer höheren Stufe steht, mir diese Art von Resonanz zeigt, auch wenn ich nicht direkt für ihn arbeite."

Flexibilität bedeutet, dazu fähig zu sein, irgend etwas anderes zu tun, wenn das, was Sie gerade machen, nicht funktioniert.

„Verstehen Sie was passierte, als Sie hineingingen, um mit ihm zu sprechen?"

„Nein, ich versuchte bloß, ihn dazu zu bringen, ein Verfahren zu ändern. Ich wollte nicht gegen ihn vorgehen, obwohl ich ihn soweit hatte – K.O. nach Punkten."

„Was hätte es ihm gebracht? In welcher Weise wäre ihm die Änderung seiner Verfahren zugute gekommen?"

„Seine ganze Abteilung wäre glatter gelaufen – weniger Beschwerden, weniger Zeitprobleme."

„Hat er das gesehen?"

Recht zu haben bedeutet nicht, daß Sie gewinnen werden.

„Ich glaube nicht. Er hat es immer auf seine Art gemacht, und er zog eine Reihe von offensichtlich besseren Verfahren nicht einmal in Erwägung."

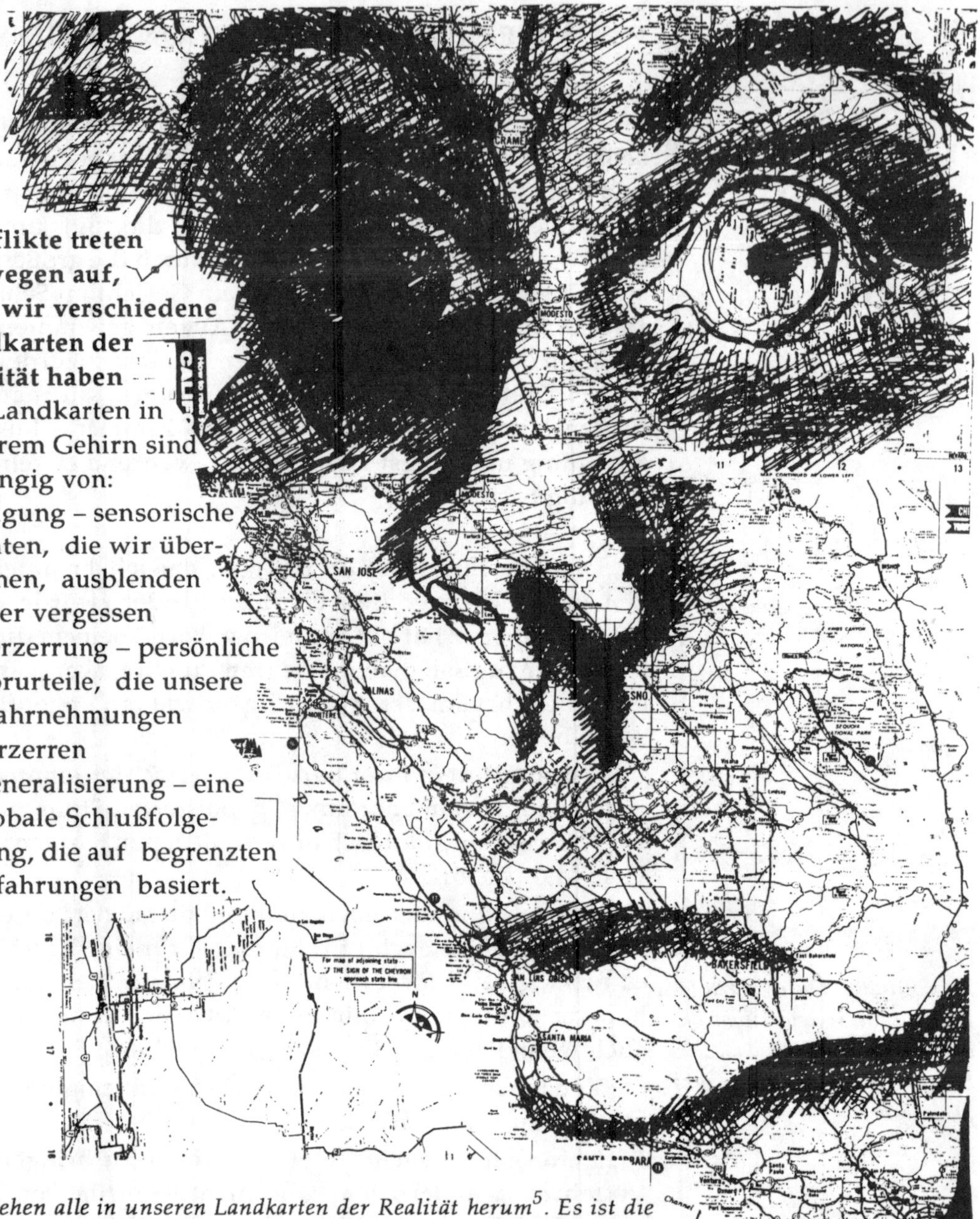

Konflikte treten deswegen auf, weil wir verschiedene Landkarten der Realität haben

Die Landkarten in unserem Gehirn sind abhängig von:

- Tilgung – sensorische Daten, die wir übersehen, ausblenden oder vergessen
- Verzerrung – persönliche Vorurteile, die unsere Wahrnehmungen verzerren
- Generalisierung – eine globale Schlußfolgerung, die auf begrenzten Erfahrungen basiert.

Wir gehen alle in unseren Landkarten der Realität herum[5]*. Es ist die Aufgabe von MEIN/DEIN/UNSER, Wege zu finden, um unsere Landkarten zu erweitern, so daß sich die Ziele überschneiden. Sind Sie kreativ genug, um Ihre Probleme auf diese Weise zu lösen? Kreative Denkfertigkeiten zapfen eher die Neugier als die Frustration an. Was wählen Sie?*

„Was wollten Sie?"

„Ich wollte, daß seine Abteilung glatt lief. Das war meine Aufgabe – Verfahren und Resultate zu überprüfen und Verbesserungsvorschläge zu machen."

„Also haben Sie nur versucht, Ihre Aufgabe zu erfüllen?"

„Genau, ja, und meine Aufgabe machte es erforderlich, sich mit all den Problemen zu befassen, die durch seine Verfahren zustande kamen."

Sein Körper rutschte tiefer in den Sessel, und sein Ausdruck wurde angespannter, während er sich erinnerte. Seine Krawatte schien seitwärts verruscht zu sein. Er schaffte es, gleichzeitig hektisch und niedergeschlagen auszusehen.

„Also hatten Sie auch ein persönliches Ziel? Weniger Auseinandersetzungen?"

„Ja."

„Können Sie sich eine Form der Darstellung ausdenken, bei der er einen Weg gehabt hätte, etwas für sich selbst zu gewinnen, wenn er Ihre Verfahren ausführt?"

„Na ja, es war offensichtlich, daß seine ganze Abteilung davon profitiert hätte."

„Für ihn war es nicht offensichtlich."

„Da haben Sie recht. Wenn es offensichtlich gewesen wäre, hätte er es getan." Lange Pause. „Ich habe nie daran gedacht, ihm klarzumachen, wie das Verfahren ihm persönlich geholfen hätte."

„Sie waren nur ein junger vorlauter Kerl mit lästigen betriebswirtschaftlichen Ideen, die in der Realität noch nicht erprobt waren, und Sie versuchten, ihm zu sagen, wie er seine Arbeit machen sollte."

„Ich habe es noch nie aus seinem Blickwinkel gesehen. Ich hätte mir fünf Jahre Sorge, daß ich mir einen Feind geschaffen habe, ersparen können."

„Vielleicht."

„Was werden Sie jetzt mit dieser Idee anfangen?"

„Na, ich werde darüber nachdenken, was es dem anderen bringt, bevor ich etwas unternehme. Und ich werde während unserer nächsten Abteilungskonferenz einige Zeit mit diesem ranghöheren Vizepräsidenten verbringen und Rapport-Techniken praktizieren. Er ist kein schlechter Kerl – er denkt nur, er hätte recht. Vielleicht ist er auch bereit, das Kriegsbeil zu begraben."

MEIN/DEIN/UNSER
kann es erforderlich machen, einige mentale Übungen zu entdecken. Genießen Sie also die Herausforderung.

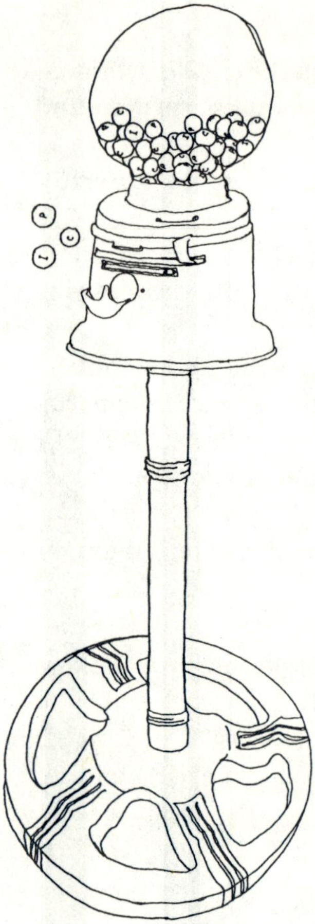

Auffüllen Ihrer Kaugummikugel-Maschine: Erster Schritt in Richtung Zielkombination

Die Menschen sind wie leere Kaugummikugel-Maschinen, die aufgefüllt werden müssen; dazu müssen sie (1) herausfinden, wer sie sind, (2) Einfluß haben, und (3) sich mit einer anderen Person, Idee oder Gruppe verbinden. Wenn erst einmal diese drei Typen von Kaugummikugeln (Identität, Einfluß und Verbundenheit) bis zu einem zufriedenstellenden Niveau aufgefüllt worden sind, dann können wir auf die Bedürfnisse von anderen eingehen. Wenn unsere Kaugummikugel-Maschine nicht mit allen drei Typen oder Farben gefüllt ist, spiegelt unser Verhalten das Defizit wider. Möglicherweise können wir nicht auf die psychologischen Bedürfnisse von anderen eingehen, solange unsere eigenen nicht erfüllt sind; egal, wie viele Münzen die Leute einwerfen, wir haben keine Kaugummikugeln für sie. Wenn wir erst einmal eine befriedigende Zahl von Kaugummikugeln gesammelt haben, reagieren wir auf die Bedürfnisse von anderen, ob sie nun eine Münze haben oder nicht. Wir haben gelernt, wie wir unsere Bedürfnisse erfüllen können, und können Ihnen helfen, dasselbe zu tun.

Psychologische Bedürfnisse und die Zielkombination

Ein eleganter Weg, um in Konfliktsituationen kreative Lösungen zu finden – so daß Sie die Ziele ineinanderpassen können – ist, zu raten, was das wichtigste psychologische Bedürfnis der anderen Person ist. Wenn Sie richtig raten – und Sie haben eine 33-prozentige Chance, das zu tun – können Sie einen maßgeschneiderten Vorschlag machen, um dieses Bedürfnis zu befriedigen. Bedürfnisse von Identität, Einfluß und Verbundenheit scheinen uns alle zu bewegen. Wenn wir ein unerfülltes Bedürfnis haben, werden unsere Verhaltensweisen uns dazu treiben, dieses Bedürfnis zu befriedigen. Den Vorschlag, der unser wichtigstes Bedürfnis befriedigt, werden wir ernsthaft in Erwägung ziehen. Im Geschäftsleben ist das Defizit-Bedürfnis oftmals Einfluß.

Viele Konflikte, bei deren Lösung ich geholfen habe, waren beseitigt, wenn die „bedürftige" Person Einfluß, Macht oder Status bekam. Ich erinnere mich an eine Situation, als zwei Leute ein und dieselbe Position wollten, die frei war. Einige Wochen konkurrierten sie untereinander, dann setzte sich mein Klient hin und sprach die Situation mit seinem Mitbewerber durch. Das Ergebnis war, daß mein Klient für die Aufgaben der Position zuständig war und die andere Person den Titel bekam. Die andere Person brauchte eine Machtposition. Mein Klient gab nichts auf die Macht; er wollte die Herausforderung der betreffenden Aufgaben.

Während dieser letzten Sätze hatte sich sein Körper irgendwie aufgerichtet, sein Gesicht war entspannt und seine Stimme sicherer geworden. Als er ging, ging er mit Energie.

Wenn Sie alles andere vergessen, was Sie in diesem Buch gelesen haben, und sich daran erinnern,

MEINDEINUNSER

zu verwenden, werden Sie feststellen, wie Sie sich selbst mit der außergewöhnlichen Energie bewegen, die entsteht, wenn Synergie vorhanden ist. Wenn Individuen anfangen, als Team zu arbeiten, wenn Übereinstimmung auftritt, gehen die Resultate über das hinaus, was die meisten von uns erwarten.

ANTWORTEN AUF FRAGEN

In Seminaren stellen die Leute normalerweise etliche Fragen zur Zielkombination. Vielleicht haben Sie ebenfalls Fragen, ähnliche wie die folgenden:

- Warum sollte man dies nicht Win-Win nennen? Warum muß ein neuer Begriff eingeführt werden?
- Wird mir die andere Person erzählen, was er/sie wirklich will?
- Wird der/die andere ein firmenorientiertes oder ein persönliches Ziel haben?
- Was ist, wenn die andere Person weiterhin irrelevante Informationen einbringt – jenseits unserer ausdrücklich festgelegten Ziele?
- Was ist, wenn wir steckenbleiben und nicht voranzukommen scheinen?
- Wie werde ich wissen, ob wir die Zielkombination beendet haben?
- Was ist, wenn ich all die Ansätze ausprobiere, die ich kenne, und wir die Ziele immer noch nicht kombinieren können?
- Wenn die andere Person sich einen Vorteil gegenüber Ihnen verschaffen will, und Sie haben sich zur Zielkombination verpflichtet, bringt Sie das in eine ungünstige Lage?

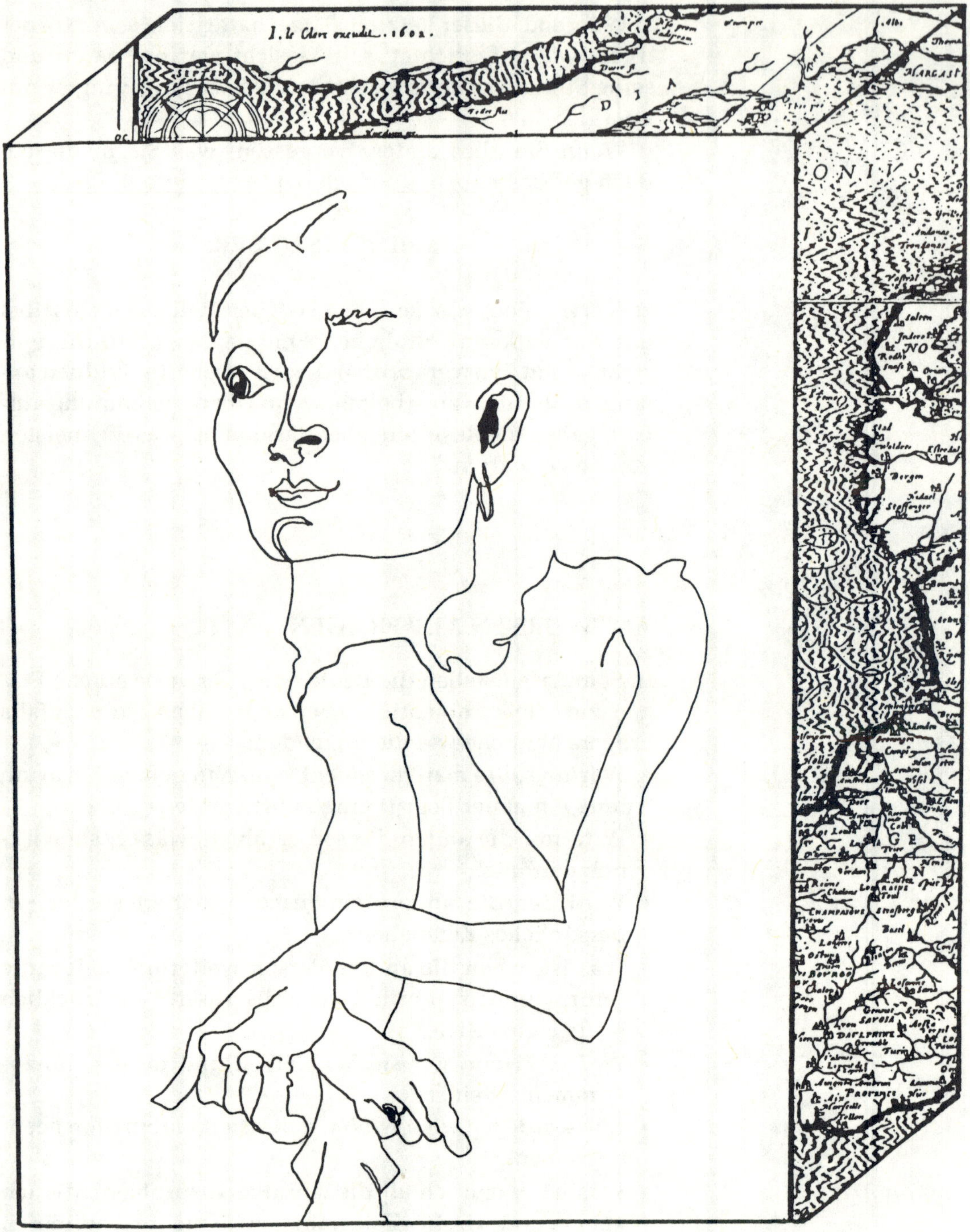

Landkarten unserer eigenen Realität

Lassen Sie uns diese Fragen der Reihe nach durchgehen.

Warum sollte man dies nicht Win-Win nennen? Warum muß ein neuer Begriff eingeführt werden? Die Zielkombination umfaßt mehr als das normale Win-Win, was manchmal einen Kompromiß bedeutet – wenn niemand bekommt, was er/sie wirklich möchte. Eine Zielkombination ist es dann, wenn alle Beteiligten überzeugt sind, daß die bestmögliche Übereinkunft erzielt worden ist. Ich wähle das Wort „Zielkombination", um Sie an die feste Verbindung zu erinnern, die daraus resultiert, wenn Sie beide Ihre Ziele erreichen, nachdem Sie Ihre Denkfertigkeiten genutzt und sich mit Ihrem Kommunikationspartner zusammengetan haben, um eine befriedigende Übereinkunft auszuarbeiten. Zu sagen, daß Sie eine Win-Win-Lösung wollen, ist nicht so gut wie sich kreativ zu verhalten, um ein Ergebnis für beide Seiten zu schaffen, das alle Beteiligten zufriedenstellt.

Dieses Buch offeriert viele neue Fähigkeiten, und wenn Sie sie zusammen mit Ihren intuitiven Fähigkeiten nutzen, um Win-Win-Lösungen zu kreieren, machen Sie eine Zielkombination.

Wird mir die andere Person erzählen, was er/sie wirklich will? Ihr Kommunikationspartner wird Ihnen sagen, was er will, wenn Sie Rapport haben. Ich definiere Rapport im Geschäftsleben als Vertrauen in die Kompetenz für die bevorstehenden Aufgaben. Falls Sie Schwierigkeiten haben, das Ziel des anderen herauszubekommen, überprüfen Sie den Rapport. Wie steht es mit Ihrer Glaubwürdigkeit? Trauen Sie der Kompetenz dieser Person? Wenn die Antwort auf diese beiden Fragen ‚ja' lautet, sagen Sie irgend etwas in der Richtung: „Wir sind nun schon seit einiger Zeit hier. Ich bin mir sicher, Sie haben für dieses Treffen ein Ziel im Kopf. Was würden Sie in den nächsten zehn Minuten gerne erreichen?"

Falls Sie immer noch keine Antwort bekommen, stellen Sie eine Frage: „Wenn es jetzt zehn Minuten später wäre, und Sie fühlten sich sicher, daß dieses Gespräch erfolgreich war, was würden Sie dann sehen?" Pause. Wenn keine Antwort kommt: „Was würden Sie hören, das Sie wissen lassen würde, daß wir Ihr Ziel bei diesem Treffen erreicht haben?" Lange Pause. Wenn Sie Rapport haben und immer noch keine Antwort hervorlocken, tun Sie ir-

Linke Seite:

Unsere Landkarten der Realität stecken uns in Schachteln bzw. Schubladen, so daß wir bei unseren Konflikten keine neuen Optionen sehen können, keine neuen Lösungen hören können, und kein Gefühl dafür bekommen können, wie es ist, alte, abgetragene Glaubenssätze aufzugeben, die unserem Ziel nicht mehr zuarbeiten. Der Glaube, daß die meisten Konflikte durch die Zielkombination gelöst werden können, schafft ein neues Bewußtsein möglicher Optionen.

gend etwas anderes. Machen Sie mit Ihrem Kunden einen Spaziergang, gehen Sie auf einen Kaffee oder zum Essen. Wenn dies nicht funktioniert, werden Sie womöglich Ihr Ziel neu festsetzen wollen. Ihre Zeit ist ebenfalls kostbar.

Wird der/die andere ein firmenorientiertes oder ein persönliches Ziel haben? Die meisten Geschäftsleute werden ein Ziel haben, das sowohl beruflicher als auch persönlicher Natur ist. Sie tun das Bestmögliche, wenn Sie *so tun, als ob* dieses Ziel ausnahmslos gut für das Geschäft ist. Indes sind wir alle daran interessiert, gute Dinge für uns selbst zu tun, genauso wie für unsere Gesellschaft, Institution oder Firma. Dieses Eigeninteresse ist natürlich, normal und üblich. Akzeptieren Sie diese Verflechtung des Persönlichen mit dem Beruflichen. Ihr Betrieb erwartet von Ihnen, daß Sie zweifache Ziele haben – Ihre und die der Firma. Rechnen Sie deshalb damit, daß Ihr Partner sowohl ein persönliches als auch ein berufliches Ziel hat, und seien Sie kreativ beim Anbieten eines Produktes, einer Dienstleistung oder einer Idee, die beide befriedigt.

Ich sah ein Nachrichteninterview mit einem Mann, dem nach 18 Jahren Firmenzugehörigkeit gekündigt worden war. Das Interview fand am Ende seines letzten Arbeitstages statt.

Interviewer: „Haben Sie eine neue Arbeitsstelle?"
Arbeiter: „Nein."
Interviewer: „Haben Sie sich nach einer neuen Arbeit umgesehen?"
Arbeiter: „Eigentlich nicht."
Interviewer: „Wann wurden Sie über die Kündigung informiert?"
Arbeiter: „Vor sechs Monaten. Sie haben gesagt, ich sollte in den sechs Monaten eine neue Arbeit suchen."
Interviewer: „Was haben Sie dann in den letzten sechs Monaten gemacht?"
Arbeiter (mit Stolz in der Stimme): „Ich bin jeden Tag zur Arbeit gegangen."
Interviewer: „Obwohl Ihnen gesagt wurde, Sie sollten die Zeit nutzen, um eine neue Arbeit zu finden?"
Arbeiter: „Ja. Ich mochte meine reguläre Arbeit wirklich."
Interviewer: „Was werden Sie jetzt machen?"
Arbeiter: „Ich weiß es nicht."

Verwechseln Sie nicht Loyalität mit Dummheit.

„Wenn Menschen mit ihrer vollen Leistungsfähigkeit arbeiten, wenn sie sich in Einklang mit ihren Mitarbeitern fühlen, wenn alles wie gerufen zusammenpaßt, obwohl es überhaupt nicht geplant war, ist Alignment vorhanden."
– Reinventing the Corporation

Was ist, wenn die andere Person weiterhin irrelevante Informationen einbringt – jenseits unserer ausdrücklich festgelegten Ziele? Hören Sie den irrelevanten Sachen so lange zu, wie Sie es bequem aushalten können. Ihr Partner benutzt vielleicht den Small Talk, um einen Entscheidungsprozeß zu verdecken. Womöglich braucht er Zeit zum Nachdenken und fühlt sich unwohl, wenn er einfach schweigt. Falls Ihr Partner in ein Schweigen verfällt, denken Sie daran, daß er vielleicht eine Entscheidung trifft, und bleiben Sie ruhig. Ich habe gehört, daß Vertreter monatelang Erzählungen von Kriegserlebnissen oder Metaphern ohne Bezug zur Sache zugehört haben, bevor ein Verkauf unter Dach und Fach war. Sie müssen entscheiden, ob es die Mühe wert ist, den irrelevanten Sachen zuzuhören.

Mit einer Muster-Unterbrechung, wie Sie in Kapitel 4 beschrieben wird, kann es vielleicht gelingen, irrelevante Sachen, Erzählungen von Kriegserlebnissen oder was auch immer zu stoppen. Aber Muster-Unterbrechungen sind riskant, also seien Sie vorsichtig. Eine erfolgreiche Interaktion enthält viele Bestandteile. Was in einem Fall gelingt, könnte in einem anderen nicht gehen. Das, was normalerweise funktioniert, paßt genau in eine dieser Kategorien: 1) mein Ziel, 2) dein Ziel und 3) Zielkombination.

Alignment und Zielkombination (dovetailing) sind ähnliche magische Prozesse. „Magisch" heißt, daß wir nicht vollständig verstehen, wie sie vor sich gehen.

Eine Strategie für den Umgang mit Klienten oder Kunden, die vom Thema abschweifen, ist, die Interaktion mit folgenden Worten einzuleiten: „Ich weiß, daß Sie sehr beschäftigt sind, und ich habe heute vormittag ebenfalls noch eine Verabredung. Ich denke, daß wir das, was wir erledigen müssen, in einer Stunde schaffen können. Einverstanden?"

Eine Zielkombination mit den Zielen jedes Gruppenmitglieds zu machen ist wichtig für die Synergie. Eine Zielkombination kann offen oder verdeckt gemacht werden, was auch immer geeignet ist.

ALS OB

Strategie für Leute, die ihr Ziel verbergen

(gewöhnlich aus der Angst heraus, es nicht zu erreichen, wenn es irgend jemand weiß). Wenn jemand nicht weiß, was er/sie will, lassen Sie die Person sich in der Zeit vorwärtsbewegen – tun Sie so, *als ob* es 15 Minuten oder 5 Jahre später wäre, und sehen Sie, was passiert, hören Sie, was vor sich geht, und bekommen Sie ein Gefühl dafür, das erreicht zu haben, was immer er/sie will. So zu tun *als ob*, kann für sich genommen eine Blitzfertigkeit sein.

Sie könnten z. B. sagen:
„Als Sie damit einverstanden waren, sich mit mir zu treffen, müssen Sie irgend etwas im Sinn gehabt haben. Wenn die nächsten 15 Minuten für Sie nützlich sind – wenn Sie in der Zeit erreichen könnten, was Sie wollen – was wäre das?"

oder
„Was würden Sie sehen, das Sie überzeugen würde, daß die nächsten 15 Minuten erfolgreich waren?"

oder
„Was würden Sie in den nächsten 15 Minuten hören, was nützlich wäre?"

oder
„Was würden wir während dieses Treffens zustande bringen müssen, damit Sie sich damit wohl fühlen, daß Sie Ihre Zeit darauf verwendet haben?"

Sie sind sicherlich in der Lage, andere kreative Strategien zu entwerfen, die für Ihre Klienten und Kunden in speziellen Situationen geeignet sind.

Was ist, wenn wir steckenbleiben und nicht voranzukommen scheinen? Wenn Sie davon abgelenkt werden, Ihr Ziel zu erreichen oder das Ziel Ihres Gesprächspartners herauszubekommen, ist Ihr nächster Schritt am besten eine Bewegung – verändern Sie Ihre Sitzhaltung oder, wenn Sie stehen, machen Sie ein paar Schritte. Sagen Sie dann: „Lassen Sie uns das noch mal durchgehen, womit wir beide schon einverstanden waren, und uns dann auf einen geeigneten nächsten Schritt verständigen." Vielleicht brauchen Sie andere Worte als diese; der Prozeß ist jedoch *zusammenfassen und den nächsten Schritt spezifizieren* aus dem Konferenzgestaltungsschema PEGASUS (Kapitel 1). Wenn Sie jetzt zum nächsten Schritt vorangehen können, gut! Wenn nicht, bewegen Sie sich zumindest – vielleicht aus der Tür, aber das bietet einigen Ausgleich.

Wie werde ich wissen, ob wir die Zielkombination beendet haben? Wenn Sie beide Ihre Ziele erreicht haben.

Was ist, wenn ich all die Ansätze ausprobiere, die ich kenne, und wir die Ziele immer noch nicht kombinieren können? Gratulieren Sie sich zu Ihrer Flexibilität, loben Sie sich dafür, daß Sie so viele Ressourcen haben, und feiern Sie dann die Tatsache, daß Sie wissen, daß es keinen Grund mehr gibt, noch mehr Zeit in dieses Projekt zu verschwenden. Geben Sie Ihrem Widersacher die Hand und brechen Sie auf. Wenn Sie erst aus dem Büro sind, schütteln Sie Ihre Arme und Ihren Kopf, und lassen Sie den Groll über die vertane Zeit raus. Einer meiner Freunde pflegte zu sagen: „Einige Dinge gab es nie, und einige sollten nie sein."

Die Zielkombination tritt in einem Konflikt dann auf, wenn Landkarten der Realität übereinstimmen oder sich überschneiden

All unsere Landkarten sind hinsichtlich einiger Aspekte unterschiedlich und ähnlich hinsichtlich anderer. Kommunikation kann Gebiete aufzeigen, in denen unsere Landkarten sich überschneiden. Indem wir unseren Landkarten neue Standpunkte hinzufügen, können wir unser Verständnis der Standpunkte des anderen so ausdehnen, daß Überschneidungen auftreten.

Jeder von uns hat in einer Konfliktsituation ganz unterschiedliche Landkarten. Indem wir dem anderen unsere Absichten kundtun, und die Absichten der anderen Parteien kennenlernen, können wir anfangen, Gebiete der Übereinstimmung zu finden, der Überschneidung. Diese kleinen Gebiete der Übereinstimmung können ausgedehnt werden, indem neue Einsichten über die Ziele der anderen, über unsere eigenen Ziele und darüber, welche zusätzlichen Optionen möglich sind, hinzugefügt werden.

Wenn die andere Person sich einen Vorteil gegenüber Ihnen verschaffen will, und Sie haben sich zur Zielkombination verpflichtet, bringt Sie das in eine ungünstige Lage? Eigentlich sind die Leute, die nichts Gutes im Schilde führen, von allen am leichtesten zu besiegen. Wenn die andere Person entschlossen ist, die Ziele *nicht* zu kombinieren, dann wird sie sicher nicht in der Lage sein, Sie zu manipulieren. Wenn Sie erst einmal ein Win-Lose-Spiel erkannt haben, ist das größte Problem, nicht darüber zu lachen. Menschen, die in Win-Lose festgefahren sind, sind in ihren Verhaltensweisen so leicht zu durchschauen, und dennoch normalerweise so beschränkt in ihrer Wahrnehmungsschärfe, daß Sie zu ihnen nett sein müssen. Sie fristen ein kümmerliches Dasein, viele von ihnen, und bringen sich selbst andauernd in Schwierigkeiten. Seien Sie nett zu ihnen und ziehen Sie Ihr Engagement zurück.

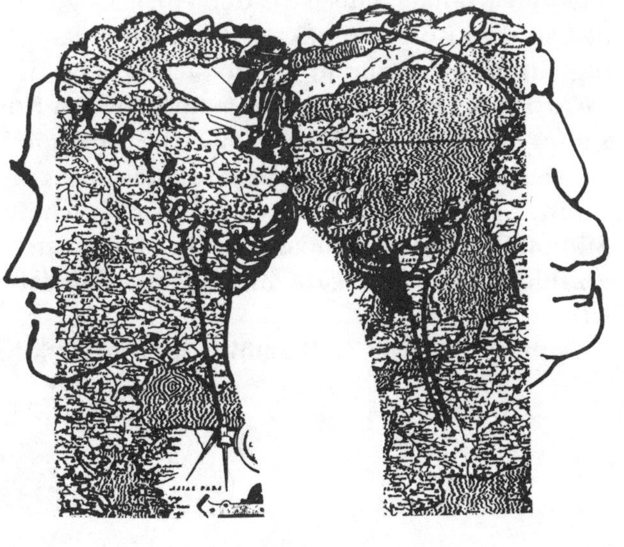

DIE ZIELKOMBINATION FÜHRT ZU EINEM GESCHÄFTSABSCHLUSS

Einer meiner früheren Schüler, nennen wir ihn George, ist der Verkaufsmanager einer Firma für Computertomographen (CT). CT-Scanner werden für ungefähr eine Million Dollar verkauft, und in den letzten Jahren wurde der Wettbewerb schärfer. Als Verkaufsmanager wird George hereingerufen, wenn einer seiner Verkäufer einen geeigneten Interessenten hat, der keinen Abschluß machen will.

Kürzlich verbrachte George eine Stunde mit einem sicheren Interessenten, der ein großes Krankenhaus vertrat, das keinen CT-Scanner besaß. Gegen Ende der Stunde erkannte er, daß er es nicht besser machte als sein Verkäufer. Der Interessent zeigte ein verbindliches Benehmen, kaufte aber nicht. George machte einen tiefen Atemzug und fragte sich, wie er mir später erzählte: „Was würde Genie jetzt machen?“ Die Antwort kam prompt: „Zielkombination.“

„Ich fühlte mich peinlich berührt“, sagte er. Seit 15 Jahren war er im Verkauf und hätte selbst fähig sein sollen, es herauszufinden. Beim Gedanken ans „Kombinieren der Ziele“ erkannte er, daß er nicht genügend Informationen über das Ziel des Kunden hatte. Er kannte sein eigenes Ziel, er kannte die Ziele anderer Interessenten, die zu Käufern geworden waren, aber er wußte nicht *genau*, wofür dieser Kunde den CT-Scanner im Krankenhaus und für sich persönlich nutzen wollte.

Der Interessent hatte schon früher über die Anzahl der anderen Krankenhäuser in derselben Gegend und über den starken Konkurrenzkampf um Patienten geklagt. George atmete tief durch, lehnte sich zurück und bat ihn: „Würden Sie mir ein bißchen mehr über den Konkurrenzkampf erzählen und darüber, welche Strategie Sie haben, um sich selbst an die Spitze zu bringen?“

Eine Stunde später hatte George ein Geschäft über eine Million Dollar abgeschlossen und rief mich an, um mir zu erzählen, welche Rolle die Zielkombination dabei gespielt hatte.

Probieren Sie die Zielkombination: sie funktioniert.

ERFOLGREICHE KOMMUNIKATION

BEVOR SIE ANFANGEN - WISSEN, WAS SIE WOLLEN

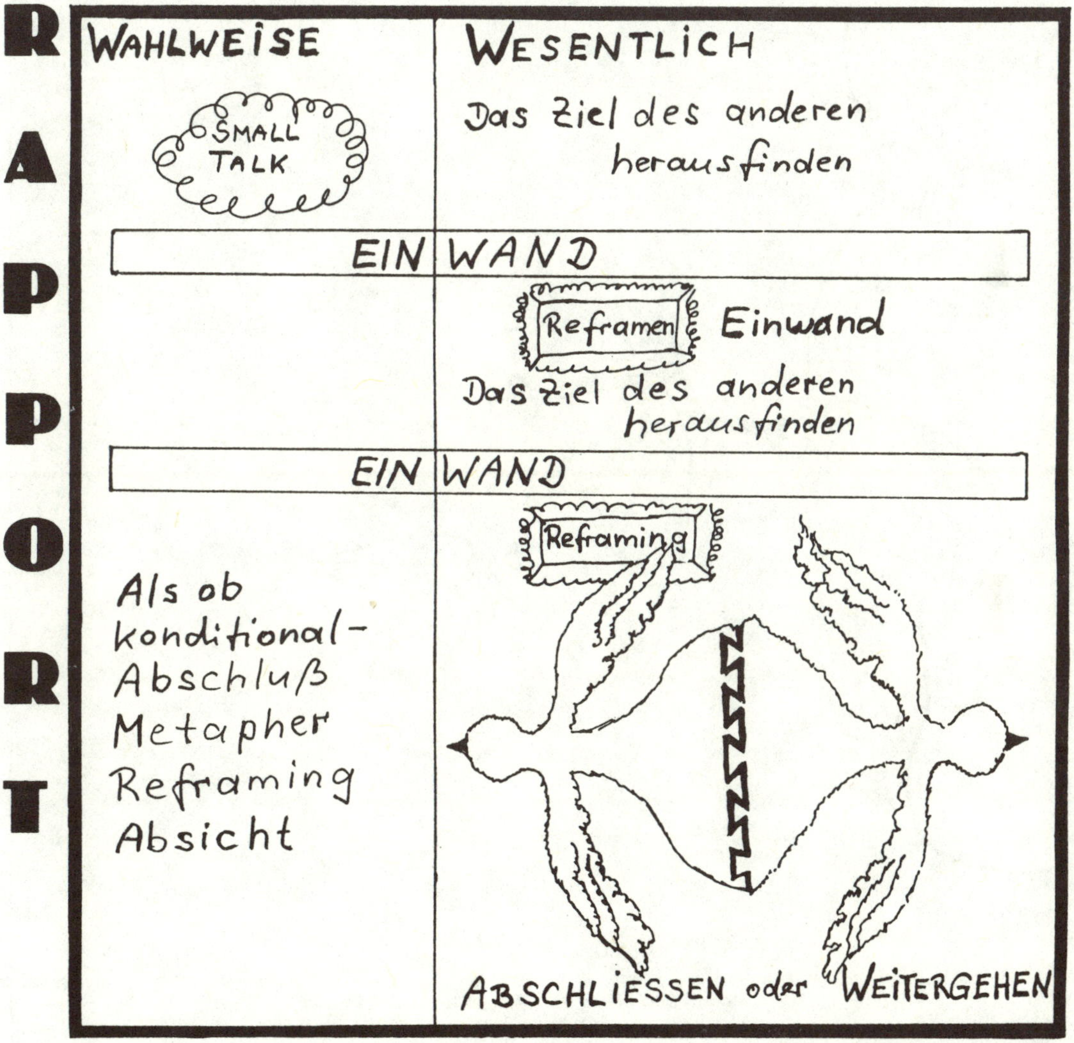

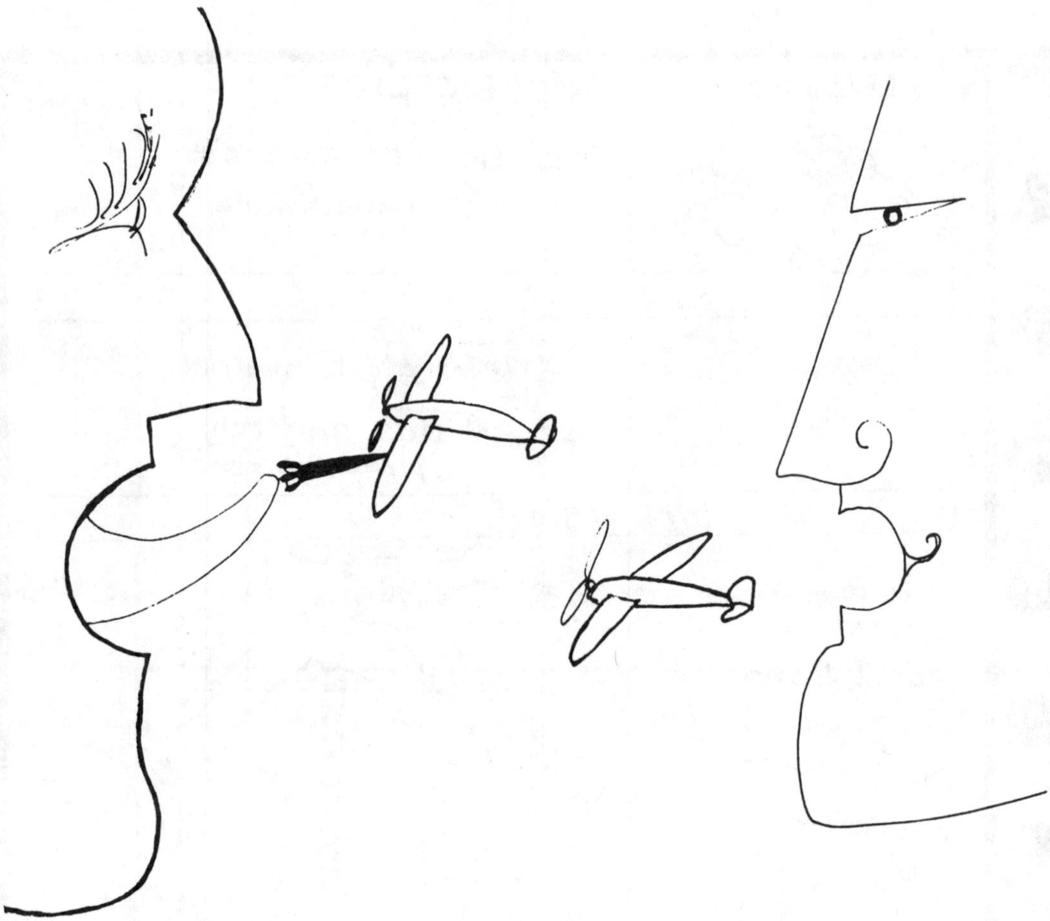

Zungentorpedos

4 Negative Kommunikationsmuster

Positive Kommunikation ist eine Interaktion, nach der alle Teilnehmer voller Energie sind, sich aufgrund ihrer Beiträge und Standpunkte respektiert fühlen, und voller Neugier und Vertrauen der nächsten Begegnung erwartungsvoll entgegensehen. Kreative Problemlösung gedeiht in einem positiven Kommunikationsrahmen.

Negative Kommunikation raubt den Teilnehmern auf der anderen Seite oftmals ihre Energie, und gibt ihnen das Gefühl der Unzulänglichkeit dafür, daß sie unterschiedlicher Meinung sind. Vielleicht graut es ihnen vor den nächsten bevorstehenden Treffen, und sie äußern sich nur ungern, aus Angst, nicht recht zu haben. Vielleicht wählen sie das Schweigen, um die Gefühle schwindenden Vertrauens und Selbstwertes zu vermeiden, die sie in der Vergangenheit erlebt haben. Kreative Problemlösung ist in einem negativen Kommunikationsrahmen totgeboren.

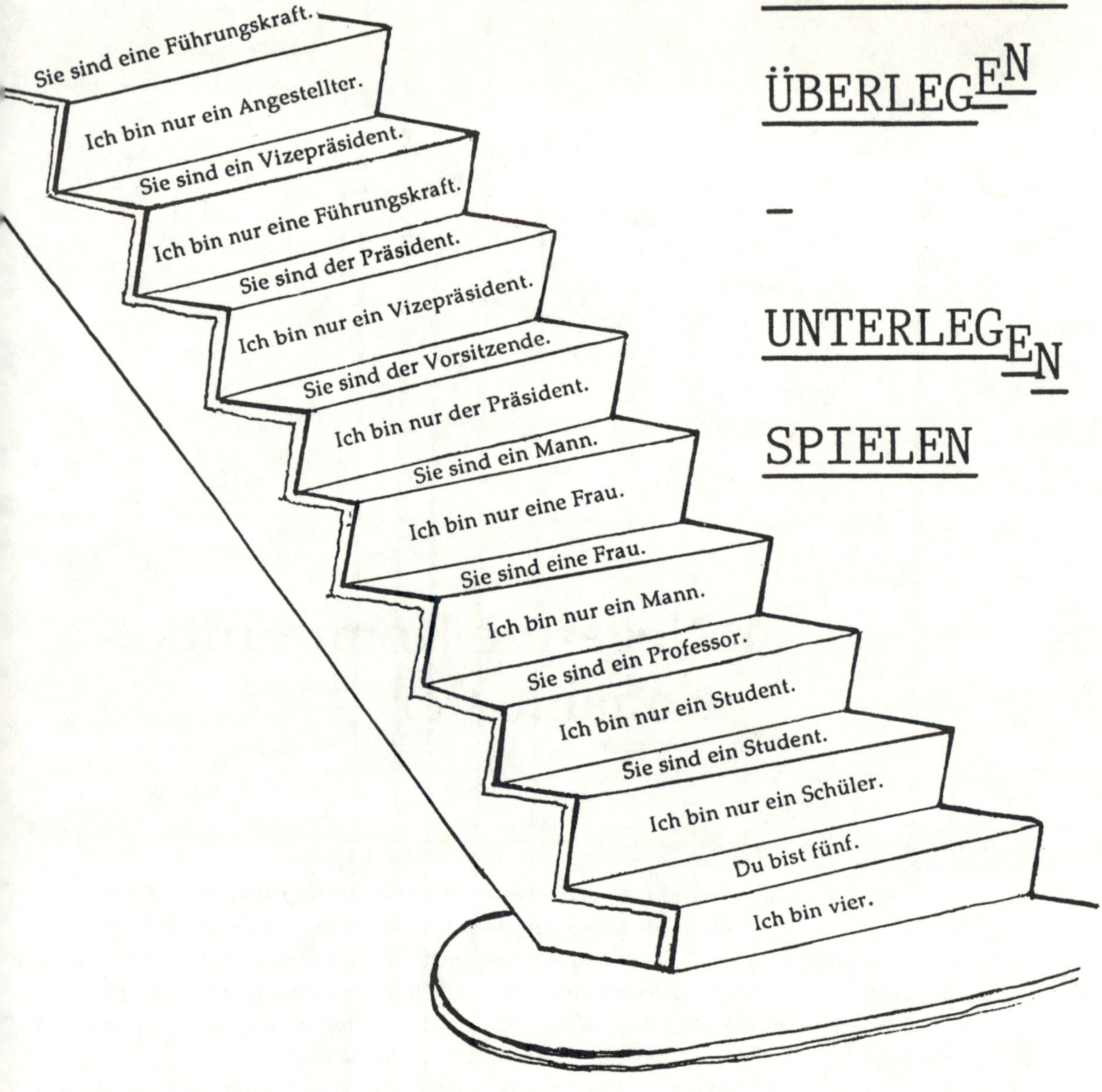

JEDER KANN

ÜBERLEGEN

–

UNTERLEGEN

SPIELEN

WARUM SOLLTE IRGEND JEMAND DAS WOLLEN??

Irgendwann einmal waren wir alle an einer nicht erfolgreichen Kommunikation beteiligt. Als sie zu Ende war, fühlten wir uns frustriert, erschöpft und oftmals schuldbewußt. Solche Reaktionen sind häufig das Resultat von folgenden negativen Kommunikationsmustern: Überlegenheit, Unterlegenheit, Tadeln, Klagen, Schuld und Entschuldigung. Lassen Sie uns jedes dieser Muster genauer betrachten, zusammen mit einigen speziellen Gegenmitteln.

ÜBERLEGENHEIT

„Überlegenheit" ist die geistige Verfassung, in der Sie so handeln, als ob Sie besser, klüger oder erfolgreicher als Ihr Kommunikationspartner wären. Sie operieren vielleicht nicht regelmäßig aus diesem Zustand heraus, aber er ist Ihnen bei anderen Personen begegnet. Im folgenden werden einige Beispiele dargestellt, wie die Haltung der Überlegenheit im Geschäftsleben ausgespielt wird:

- Mit den Worten „Sprechen Sie ruhig weiter: ich höre zu", während Sie Briefe öffnen und lesen, einen Telefonanruf entgegennehmen, den Tagesplan abändern.
- Wenn Sie sich gegen die Schulter eines sitzenden Untergebenen lehnen, während Sie Instruktionen geben.
- Wenn Sie an die Decke schauen, wenn ein Untergebener einen Vorschlag macht.
- Wenn Sie bei Verkäufern, Vertretern oder denjenigen, die in der Firma auf einer niedrigeren Hierarchieebene stehen, einer Bitte um telefonischen Rückruf nicht entsprechen.
- Wenn Sie für die genannten Gruppen von Menschen immer „in einer Besprechung" sind.
- Mit den Worten „Ich werde auf Sie zurückkommen", wenn Sie nicht vorhaben, dies zu tun.
- Wenn Sie mit einem herablassenden Ton oder in gönnerhafter Art reagieren, wenn ein anderer seinen/ihren niedrigeren Status in der Organisation erkennen läßt.
- Wenn Sie bei jedem Vorschlag, den ein Untergebener macht, murmeln „Das ist interessant", und die Idee sofort wieder fallenlassen.

- Wenn Sie jemand anderem mit dem Finger vor der Nase herumfuchteln.
- Wenn Sie einen beiläufigen Gruß im Aufzug oder in der Eingangshalle ignorieren.
- Wenn Sie sogar noch nach Monaten in demselben Büro die Namen der Untergebenen verwechseln.
- Wenn Sie die Füße auf dem Tisch plazieren, so daß die andere Person um sie herumschauen muß.
- Wenn Sie während einer Interaktion immer nur aus dem Fenster schauen, und niemals dem Vortragenden ins Gesicht sehen.

UNTERLEGENHEIT

Unterlegenheit ist die geistige Verfassung, in der Sie so handeln, als ob Sie weniger klug, talentiert oder erfolgreich als Ihr Kommunikationspartner sind.

Die „Unterlegenheitshaltung" funktioniert hin und wieder. Einige Menschen in Machtpositionen fordern diese Haltung, bevor sie Rapport zulassen. Und in der Tat ist das ein lustiges Spiel, solange Sie wissen, daß es ein verrücktes Spiel ist und Sie es jederzeit beenden können, wenn Sie wollen. Das Problem ist, daß Menschen im Geschäftsleben manchmal in dieser Haltung gefangen sind und sie nicht ändern können. Sie fangen sogar an, daran zu glauben. Die „Unterlegenheitshaltung" kann unbewußt werden – und dann außerhalb der bewußten Kontrolle liegen. Es ist schrecklich, sich die meiste Zeit unterlegen zu fühlen.

Normalerweise möchten erfolgreiche Menschen mit Kollegen interagieren, nicht mit jenen, die unterlegen sind, weil sie instinktiv wissen, daß sich unter Gleichen besser arbeiten läßt. Derjenige, der sich unterlegen fühlt, ist voller Groll und wünscht sich insgeheim, daß derjenige, der sich überlegen fühlt, scheitern möge. Überlegenheits- und Unterlegenheitshaltungen bringen keine erfolgreichen Interaktionen hervor.

Wenn Sie ein Überlegenheitsmanöver persönlich nehmen, ist es kein Wunder, wenn Sie anfangen, sich unterlegen zu fühlen. Solche Verhaltensweisen sollten registriert und in Kategorien eingeordnet werden (ungehobelt, unhöflich, dumm oder welches abschätzige Wort auch immer in den Sinn kommt). Sie sollten entscheiden, ob Sie mit dieser Person arbeiten müssen und schnell einen posi-

Stellen Sie fest, aus welchem Stoff Sie sind.

tiven inneren Zustand aufbauen, so daß Sie in diesem Milieu Erfolg haben können.

Die Überlegenheitshaltung (die bei Oberkellnern häufig zu beobachten ist) ist gewöhnlich ebenfalls ein Verlierer. Wenn Sie viel Zeit darauf verwenden, sich selbst zu überzeugen, daß Sie besser als alle anderen sind, oder daß Sie nicht schlechter als alle anderen sind, probieren Sie folgendes. Bringen Sie diese Haltung von der unbewußten auf die bewußte Ebene. Fragen Sie sich eine Woche lang: „Inwiefern bin ich besser als X?" Richten Sie Ihre Aufmerksamkeit dann bewußt darauf, wieviel geschickter, schöner, intelligenter, reicher, netter Sie sind, und wieviel mehr Geschmack Sie haben, als jede Person, mit der Sie sprechen.

Sobald Sie die Antwort haben, wieviel besser Sie sind, stellen Sie sich zwei andere Fragen: „Auf welchen Gebieten ist er/sie geschickter, als ich es bin?" „Was weiß er/sie, was ich nicht weiß?" Indem Sie diese drei Fragen benutzen, können Sie in kurzer Zeit einengende Denkmuster ablegen. Diese Fragen und Antworten funktionieren beim Ausbalancieren von sowohl Überlegenheits- als auch Unterlegenheits-Zuständen.

Überlegenheit ist eine Haltung, die nicht zum Erfolg führen wird – es sei denn, Sie wollen der Oberkellner in einem Restaurant sein, daß alle paar Monate zumachen muß.

Was die Unterlegenheit anbetrifft – falls Sie glauben, daß Sie wirklich und wahrhaftig unterlegen sind und mit jemandem interagieren, der es vorzieht, mit Gleichen umzugehen, werden Sie scheitern und womöglich niemals wissen, warum. Ihr geistiges, körperliches und finanzielles Wohlergehen wird sich verbessern, wenn Sie die Unterlegenheitshaltung tilgen.

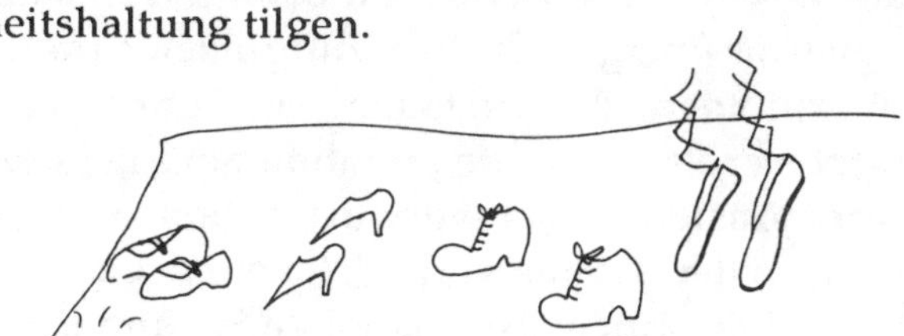

Überwinden Sie Ihr Unterlegenheitsgfühl

Es gibt ein Gegenmittel sowohl gegen die „überlegen" als auch die „unterlegen" geistige Verfassung. Nehmen Sie zur Kenntnis, daß jeder von uns in einigen Dingen gut ist, in einigen Experte, und in einigen schlecht. Die meisten von uns haben Bereiche, in denen wir uns hervortun. Wahrscheinlich gibt es Menschen, die in den meisten Dingen geschickter sind als wir; dennoch hat jeder von uns irgend etwas, was wir unseren Angestellten, unseren Managern, unserer Firma anbieten können. Solange wir zufrieden mit unserem Verhalten sind und uns selbst mögen, brauchen wir niemals unterlegen zu sein. Finden Sie eine bestimmte Sache – oder noch besser mehrere Sachen –, die Sie an sich selbst mögen, und handeln Sie mit jedem von gleich zu gleich.

Unterlegenheit kann ein Spiel sein, das Sie gewählt haben, um ein spezielles Ziel zu erreichen, das für Sie wichtig genug ist, um ein Fußabtreter zu sein. Falls die Leute viel über Sie hinweggehen, überprüfen Sie, aus welchem Stoff Sie sind. Fußabtreter verführen zum darüber Hinwegspazieren.

TADELN

- „Die Erträge Ihrer Abteilung sind gering."
- „Sie haben den Termin verpaßt."
- „Ihr Bericht ist verwirrend."
- „In Ihrer Analyse fehlt das Wesentliche."
- „Sie haben Ihre Quote nicht erreicht."

Können Sie die andere Botschaft in diesen negativen Sätzen finden? Wenn Ihr Chef Ihnen mitteilt, „Die Erträge Ihrer Abteilung sind gering", impliziert das von seiner/ihrer Seite oftmals eher „und das ist Ihre Schuld" als „und wie können wir das ändern?".

Wenn der Chef/die Chefin sagt, „Sie haben den Termin verpaßt", meint er/sie, „Wie konnten Sie nur so inkompetent sein?". Ihr Chef denkt normalerweise nicht darüber nach, wie Ihr Arbeitspensum verringert werden kann, so daß Sie den Termin einhalten können.

Wenn der Chef/die Chefin sagt, „Ihr Bericht ist verwirrend", lautet die eigentliche Mitteilung, „und dasselbe gilt für Ihr Denken". Er/sie bietet nicht an, Ihnen bei der Gestaltung Ihres Berichts behilflich zu sein. Er/sie tadelt Sie.

Wenn Hierarchien ein Bestandteil des Unternehmensaufbaus sind, ist Tadeln so weitverbreitet, daß Untergebene sich daran gewöhnen, getadelt zu werden – sogar für Ereignisse, über die sie keine Kontrolle haben. Und andere zu tadeln ist beruhigend: dann sind wir aus dem Schneider. Manchmal sind wir sogar überlegen. Einige Manager haben an allem irgend etwas auszusetzen.

Das Problem beim Tadeln ist, daß die Situation nicht geändert wird, auch wenn Sie die Rüge korrekt anbringen. Die gleiche Energie, die Sie aufbringen, um die Person herauszufinden, die zu tadeln ist, könnte vernünftiger genutzt werden – um die Situation zum Besseren zu verändern. Anstelle einer vorwurfsvollen Bemerkung wie „Sie haben den Termin verpaßt", könnte eine produktivere Mitteilung lauten: „Wie könnten Sie und ich, wenn wir zusammenarbeiten, dafür sorgen, daß diese Finanz-Berichte an jedem Monatsersten dem Vizepräsidenten vorliegen?" Mit der zweiten Bemerkung bewegen Sie sich auf eine Lösung zu.

Oben sagte ich, daß sich die Situation durch das Tadeln nicht geändert hatte. Dies stimmt nicht ganz. Tatsächlich

Gegenmittel gegen Tadeln

- Suchen Sie nach einer Lösung.
- Machen Sie das Implizite explizit: „Machen Sie mir gerade einen Vorwurf?"

verlieren Sie an Terrain, weil sich der/die getadelte Angestellte nun schuldig fühlt und diese Schuld nicht zur Lösung des Problems führt. Der/die Angestellte ist nun mit der Schuld beschäftigt und auf der Suche nach Wegen, seine/ihre Position zu verteidigen; und das oftmals in so einem Ausmaß, daß das Nachdenken über Lösungen zu kurz kommt.

Viele Chefs verbringen so viel Zeit mit dem Versuch, Vorwürfe auszuteilen, und viele Angestellte verbringen so viel Zeit mit dem Versuch, sich vor Vorwürfen zu schützen (indem sie Aktennotizen schreiben, eine Liste untergeordneter Arbeitsaktivitäten erstellen, Instruktionen tippen, etc.), daß sehr wenig positive Arbeit getan wird. Arbeitszeit wird durch Attacken und die Verteidigung gegen Attacken verbraucht.

Wenn Sie das Tadeln aufgeben und statt dessen ein Problemlösungsverhalten zeigen, bewegen Sie sich von erfolglosen zu erfolgreichen Interaktionen. Wenn Ihr Chef fragt, „Wird dieser Bericht rechtzeitig fertig?", könnte Ihre Antwort lauten, „Ich kann den Report rechtzeitig fertigstellen, wenn ich X und Y beiseite lege. Soll ich das machen?". Anstatt zu tadeln – zu wenig Zeit oder zu viele Projekte – bieten Sie eine Lösung an. Nun ist Ihr Chef am Ball.

KLAGEN

- „Der Kopierer verschmiert die Buchstaben."
- „Niemand hat mich von der Sitzung in Kenntnis gesetzt."
- „Irgend jemand hat die Akten durcheinandergebracht."
- „Der Verkehr ist einfach Wahnsinn. Ich habe eine Stunde gebraucht, um ins Geschäft zu kommen."
- „Wir haben nicht genügend Personal."

Obwohl diese Bemerkungen auf Tatsachen beruhen können, so läßt sie doch der Ton, in dem sie vorgebracht werden, oft zu klagenden Bemerkungen werden.

Klagen und Tadeln sind eng miteinander verwandt, aber es gibt Unterschiede. Der Tadel ist direkter, auch wenn er nur stillschweigend inbegriffen ist. Der Tadel ist wie eine Kanonenkugel; Klagen sind wie Schrotschüsse. Sie spüren den Treffer, aber nicht so stark. Beim Klagen wird viel Tadel angedeutet, aber die Schuld geht nicht vollständig zum Empfänger – nur der größte Teil davon. Viele Menschen fühlen sich als Reaktion auf Klagen fast so schuldig wie auf Tadel.

Neben der Schuld, die im Empfänger hervorgerufen wird, hat das Klagen noch eine andere negative Wirkung: Es erinnert die andere Person an all die Dinge in seinem/ihrem Leben, die nicht in Ordnung sind. Das Klagen lenkt die Aufmerksamkeit auf das, was nicht in Ordnung ist. Solange Sie bemerken, was falsch ist, werden Sie nicht bemerken, was richtig ist.

Wir leisten alle mehr, wenn wir uns bezüglich unserer Fähigkeiten gut fühlen. Wenn wir uns kompetent, selbstsicher und kreativ fühlen, erbringen wir außergewöhnliche, vollkommene Leistungen. „Auf Ihrem Schreibtisch schaut es aus wie auf einem Schlachtfeld" wird wahrscheinlich nicht zu einer außergewöhnlichen Leistung von Seiten Ihres Untergebenen führen.

„Auf Ihrem Schreibtisch schaut es aus wie auf einem Schlachtfeld."

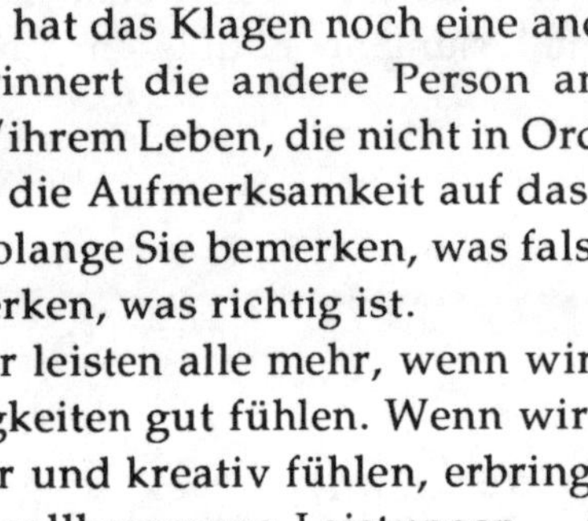

Unwahrscheinliche Assoziationen

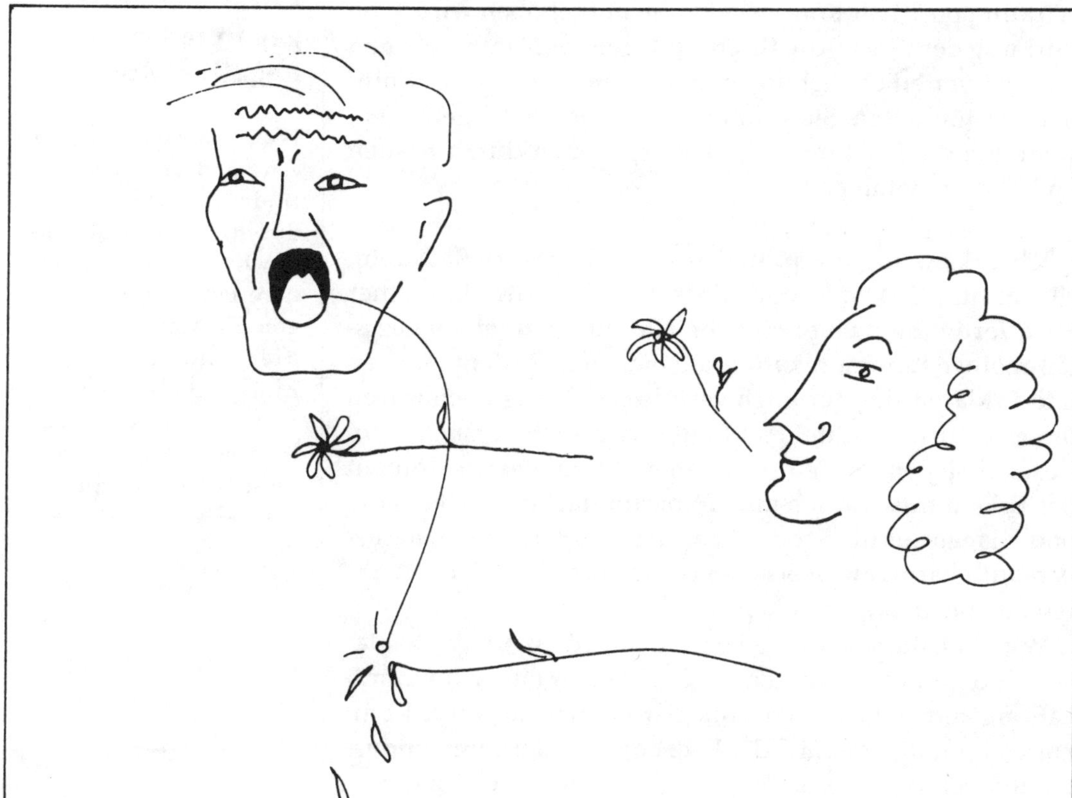

Das größte Problem am Klagen ist, daß dadurch die Wirkung positiver Kommunikation aufgehoben wird – die Wirkung der Worte, die Ihren Kollegen und Untergebenen Energie verleihen. Schuld und Klagen beleben die Kommunikation selten. Sie sind in der eigenen Falle gefangen, wenn Sie die Leistung Ihrer Untergebenen durch Klagen und Tadeln hemmen.

Ein Gegenmittel gegen jedes negative Muster

Wenn Sie sich selbst in einem dieser Muster finden, atmen Sie tief durch, bringen Sie Ihren Körper in eine andere Position, und fragen Sie sich: „Was ist hier und jetzt mein Ziel?" Achten Sie auf den Unterschied in der Kommunikation von diesem Moment an.

Ich erkannte ganz plötzlich eines Tages, daß Tadeln, Klagen und Erklären oder Entschuldigen (im Sinn einer Rechtfertigung meiner eigenen Handlungen) einen Großteil meiner Kommunikation ausmachten. Tadeln, Klagen und Erklären sind für mich verführerisch; dennoch waren diese Ausdrucksmittel recht nutzlos, als ich versuchte, im Geschäftsleben Erfolge zu erzielen. Bis zu diesem Moment der Erkenntnis war ich eine Expertin darin, mittels Tadel und Klagen subtile Schuld in anderen zu erzeugen, natürlich auf charmante Weise, so daß sich meine Zuhörer ihrerseits nicht beklagen konnten.

Wir sind alle so daran gewöhnt, zu tadeln, uns zu beklagen und zu entschuldigen, daß wir solch eine Kommunikation kaum bemerken. Dennoch reduziert negative Kommunikation die Energie, die Lebendigkeit der Interaktionsteilnehmer. Als ich erkannte, daß Klagen, Tadeln und Entschuldigen Hindernisse für positives Handeln waren, entschloß ich mich, aufzuhören, Worte für solche Botschaften zu benutzen. Es brauchte viel Entschlossenheit, um das durchzuhalten. Ich biß mir am ersten Tag oft auf die Zunge, und ich sprach drei Wochen lang kaum, während ich mit dieser Gewohnheit brach. Ich entdeckte, daß praktisch jede Gesprächseröffnung aus meinem Repertoire in eine dieser negativen Kategorien fiel. Ich durchlebte viel Frustration, während ich versuchte, es aufzugeben.

Gleichzeitig bemerkte ich viele andere Menschen, die tadelten, klagten und erklärten. Kein Wunder, daß ich vorher nicht bemerkt hatte, daß ich negativ und gewohnheitsmäßig kommuniziert hatte. Die meisten der Menschen, denen ich zuhörte, verwendeten ebenfalls negative Begriffe. Sie finden, das sei kaum zu glauben? Hören Sie zu:

- „Sie mögen Krisenmanagement."
- „Sie wissen nicht, wie man delegiert."
- „Sie sprechen zu schnell" oder „... zu langsam."

Schuld entzieht einem die Energie.

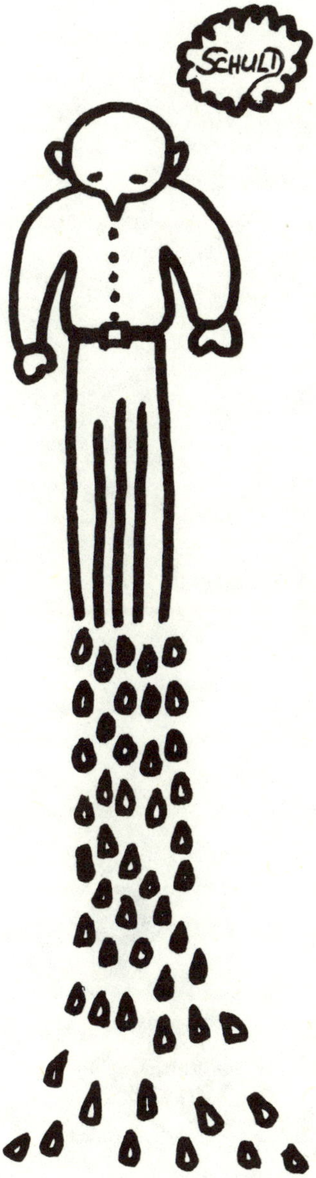

- „Ihre Handschrift ist unleserlich."
- „Wir brauchen mehr Zeit, um an diesem Projekt zu arbeiten."
- „Sie machen die Dinge nicht so, wie sie es früher zu tun pflegten."
- „Die Arbeitsethik ist tot."
- „Hohes Alter ist ein Problem."
- „Es ist schwer, jung zu sein."

Klingen diese Bemerkungen vertraut? Sie sollten es; sie machen einen großen Teil der täglichen Konversation der meisten Menschen aus.

Indem Sie auf den Tonfall achten, können Sie feststellen, ob eine Person, die sich beklagt, jemanden oder etwas zum Tadeln gefunden hat. Ein wirklich guter Klagender kann dem Zuhörer immer ein bißchen Tadel anhängen, einfach durch den Tonfall.

- „Die amerikanische Autoindustrie befindet sich in Schwierigkeiten." (Das impliziert: „Du fährst ein ausländisches Auto. Du trägst zu dem Problem bei.")
- „Es regnet schon wieder." (Das impliziert: „Es ist deine Schuld.")
- „Alles ist so teuer." (Das impliziert: „Du verdienst nicht genügend Geld.")

Je subtiler dieser Ton beim Tadeln ist, desto größer ist die Schuld, die der Zuhörer fühlt. Subtile Botschaften schlüpfen oft heimlich durch das Bewußtsein und tröpfeln ihre Schuld ins Unbewußte.

Gegenmittel zu Klagen

Sie können den impliziten Tadelaspekt der Klagen explizit machen. Ihr Partner ist sich wahrscheinlich nicht bewußt, daß er Sie für den Konjunkturrückgang in der amerikanischen Autoindustrie tadelt, weil Sie ein ausländisches Auto fahren. Ihre offene Bemerkung kann locker sein, wie ein Scherz: „Na gut, ich werde mir die mißliche Lage in Detroit nicht als Verdienst anrechnen. Haben Sie übrigens die Modelle vom nächstem Jahr schon gesehen? Sie haben einige großartige neue Designs." Sie haben nun von einem negativen Energieaderlaß zu einer positiven, vorausschauenden Form gewechselt.

SCHULD

Tadeln und Klagen erzeugt oftmals Schuld in den Zuhörern. Es gibt jedoch auch andere Zeitpunkte, wo wir uns schuldig fühlen, etwas getan oder nicht getan zu haben, was ein Teil in uns tun wollte. Mit anderen Worten, wir haben einen inneren Konflikt.

Wenn Sie sich schuldig fühlen, wenn Sie einen inneren Konflikt haben, wird Ihre Kommunikation oft unberechenbare Reaktionen von anderen hervorrufen. Aufgrund Ihres inneren Konflikts senden Sie doppeldeutige Botschaften aus, und deshalb sind Sie in Ihrer Kommunikation nicht kongruent (in Kapitel 6 werden wir einen Blick auf die Wichtigkeit kongruenter Kommunikation werfen und auf Möglichkeiten, sie zu erreichen). Ob Sie mit Ihrem Chef, Ihrer Sekretärin oder Ihren Mitarbeitern sprechen, wenn Sie sich bezüglich dessen, über was Sie kommunizieren, schuldig fühlen, werden Sie nicht das erreichen, was Sie wollen.

Falls Sie sich z. B. schuldig fühlen, wenn Sie um eine Gehaltserhöhung bitten, nach 17.00 Uhr eine Schreibhilfe anfordern oder um Unterstützung bei einem Projekt bitten, können Sie Ihre Kommunikation unterbrechen, weggehen, ordnen, was in Ihnen innerlich vor sich geht, und dann später die Kommunikation wieder eröffnen. Eine Bemerkung wie, „Entschuldigen Sie, ich habe etwas vergessen, was ich jetzt erledigen muß – ich werde zu Ihnen zurückkommen", ist besser, als sich auf eine schuldbeladene Interaktion einzulassen.

Schuld hat zwei wichtige Funktionen. Wenn andere sie benutzen, uns dazu zu bringen, das zu tun, was sie wollen, ist es eine Form von Kontrolle. Schuld kann auch als Bestrafung verwendet werden – normalerweise als Bestrafung dafür, nicht getan zu haben, was die andere Person wollte. „Ich sollte" (Gebote) und „Ich sollte nicht" (Verbote) weisen normalerweise auf Kontrolle von anderen hin. Sogar Wünsche und Begierden können Schuld erzeugen, weil wir die Kontrolle von anderen ignoriert haben zugunsten unserer eigenen Begierden. Viele von uns sind darauf programmiert worden, von der Begierde geradewegs zur Schuld zu kommen. Beginnen Sie nicht. Sammeln Sie keine 200 Dollar. Sammeln Sie nur Schuld.

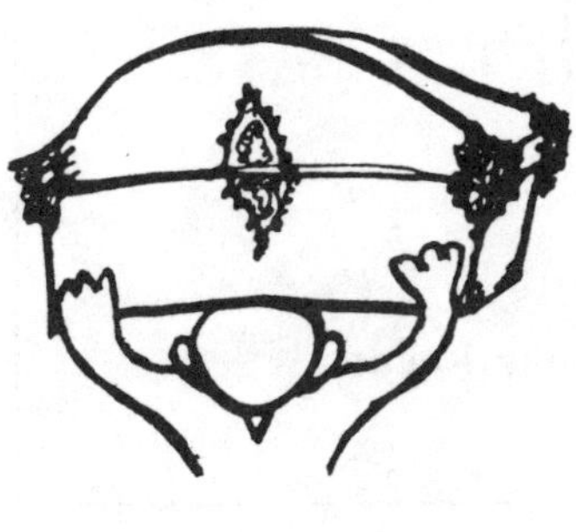

Gegenmittel gegen Schuld

Sich schuldig zu fühlen, ist nicht zweckmäßig. Lernen Sie, Schuld als das anzusehen, für was sie steht; dann lassen Sie sie gehen. Drehen Sie Ihre Tonbänder leiser, wenden Sie Ihre Aufmerksamkeit einem anderen inneren Gefühl zu, oder gehen Sie in Ihren Ressource-Zustand (Kapitel 9). Es wird anfangs etwas seltsam erscheinen – als ob Sie Ihr ganzes Leben lang eine schwere Seemannstruhe auf Ihrem Rücken getragen hätten, bis irgend jemand vorschlug: „Warum stellen Sie das Ding nicht einfach ab?"

Wenn Sie Schuld als inneren Zustand tilgen, werden Sie entdecken, daß Sie kongruenter in der Kommunikation sind, und erfolgreicher.

Sie erkennen positive und negative Kommunikation an den Resultaten.

ENTSCHULDIGEN

An einer früheren Stelle habe ich Entschuldigen und Erklären als zwei Kommunikationsmuster erwähnt, die ich zu verändern gelernt habe. Ich denke, beide liegen mit Tadeln und Klagen auf einer Linie. Die Zeitverschwendungsdynamik von Tadeln, Klagen und Schuld ist klar; aber wie kann Entschuldigen und Rechtfertigen produktives Handeln behindern? Betrachten Sie die folgende Sammlung von Rechtfertigungen/Erklärungen, die alle in eine Form der Entschuldigung, z. B. eine Verbeugung, gekleidet werden.

> „Tut mir leid, daß ich mit diesem Bericht so spät dran bin. Die Buchhaltung hat mir die Zahlen nicht rechtzeitig geschickt. Dann hatten wir eine Schreibkraft auf Zeit, die immer wieder Fehler machte. Und dann, zugegebenermaßen, es klingt unglaublich, war der Kopierer den ganzen Vormittag kaputt. Es tut mir wirklich leid, daß Sie den Bericht für Ihre Besprechung noch nicht hatten."

Was für ein Zeitverschwender! Tatsache ist, daß Sie in jedem Moment das tun, was Sie tun, weil Sie annehmen, Ihr Verhalten sei in Anbetracht dessen, was Sie momentan wissen, die ideale Lösung. Allerdings könnten Sie später Informationen kennenlernen oder sich wieder ins Gedächtnis rufen, die Sie zu dem Schluß kommen lassen, daß Ihre Handlung unangemessen war. In diesem Fall mag eine Entschuldigung tatsächlich angebracht sein. Dann verschwenden Sie keine Zeit, entschuldigen Sie sich. Einige Leute nehmen gerne Entschuldigungen an, wenn sie der Meinung sind, daß Sie sich daneben benommen haben.

Allerdings kommen Sie mit Entschuldigungen auf dem Gebiet noch am billigsten davon. Entschuldigungen sind nur Worte. Worte sind leicht gesagt und verblassen schnell. Anstatt zu beteuern, daß „Ihnen leid tut", was Sie getan haben, könnten Sie erwägen, etwas anderes zu machen – z. B. sich freiwillig für eine Aufgabe melden.

Verhalten ist qualitativ hochwertige Information. Falls Sie sich entscheiden, daß Ihr vorheriges Verhalten ziemlich unangemessen war, senden Sie Blumen statt Entschuldigungen, und machen Sie mit Ihrer produktiven Arbeit weiter. Wenn Sie sich Blumen nicht leisten können, schreiben Sie einen kleinen Brief, in dem Sie der anderen Person irgend etwas mitteilen, was Sie an ihm/ihr mögen.

Wenn Klagen, Tadeln und Entschuldigen die Hauptthemen sind, auf die Sie sich in Ihrer täglichen Konversation stützen, werden Sie sich vielleicht fragen, über was Sie reden werden, falls Sie sich entscheiden, auf sie zu verzichten. Nach ungefähr zwei Wochen wird Ihnen wahrscheinlich irgend etwas einfallen; Sie könnten es auch vorziehen, ruhig zu bleiben. Mit jemand zusammen zu sein und nicht zu sprechen, kann großartig sein. Probieren Sie es.

Wenn Sie erst einmal gelernt haben, die Macht zu schätzen, die in Worten liegt, werden Sie sich wahrscheinlich entscheiden, diese weniger einzusetzen, besonders im Geschäftsleben. Falls Ihre Worte Ihre Kommunikationspartner nicht in Richtung Ihres Gruppenzieles ziehen, dann äußern Sie sie nicht. Erfolgreiche Geschäftsleute verwenden Worte, um Rapport zu etablieren, Informationen auszutauschen, ein Brainstorming zu machen, Probleme zu lösen und Übereinkünfte und Entscheidungen zusammenzufassen. Wenn Ihre Worte für diese Zwecke verwendet werden, großartig. Wenn nicht, bleiben Sie ruhig, und nutzen Sie Ihre Denkprozesse als Hilfe, Ihr Ziel zu erreichen.

Gegenmittel zu negativem Verhalten

1. Bemerken Sie das Verhalten.
2. Ordnen Sie das Verhalten nach Kategorien:
   Überlegenheit
   Unterlegenheit
   Tadeln
   Klagen
   Schuld
   Entschuldigen
3. Das ist sein/ihr Verhalten. Ich kann reagieren, wie immer ich will. Ich kann gegenüber dieser Haltung nachsichtig sein. Ich kann meine Reaktion darauf übertreiben (etwas gefährlich).
4. Soll ich bleiben? Soll ich gehen?
5. Welches Verhalten kann ich zeigen, um sein/ihr Verhalten zu verändern.

In diesem Kapitel haben wir Anhaltspunkte dargestellt, die Ihnen helfen können, negative Kommunikation früh genug zu erkennen, um ein Gegenmittel einsetzen zu können – früh genug, so daß Sie immer noch ein bißchen Energie haben.

„Positive" Kommunikation bleibt zum Teil unerkannt, aufgrund von Langeweile, Mißverständnissen oder Vorannahmen. Sie werden entscheiden, ob die Kommunikation positiv oder negativ für Sie ist.

Gegenmittel gegen negative

Muster	**Spezielle Gegenmittel gegen negative Muster in einem selbst**
Überlegenheit	Fragen Sie sich selbst: „Inwiefern ist X besser als ich?“
Unterlegenheit	Fragen Sie sich selbst: „Inwiefern bin ich besser als X?“ Gehen Sie in Ihren Ressource-Zustand.
Tadeln	Übernehmen Sie Verantwortung für Ihr Leben. Hören Sie auf, dem Schicksal, dem Zufall, anderen oder den Institutionen die Schuld zu geben. Reframen Sie es. Gehen Sie in Ihren Ressource-Zustand.
Klagen	Übernehmen Sie Verantwortung für Ihr Leben. Erstellen Sie eine Liste mit drei positiven Dingen über sich selbst. Gehen Sie in Ihren Ressource-Zustand.
Schuld	Erkennen Sie das Gefühl und unternehmen Sie einige positive Maßnahmen, oder lassen Sie das Gefühl los, indem Sie es durch ein anderes ersetzen. Gehen Sie in Ihren Ressource-Zustand. Reframen Sie es.
Entschuldigen	Sie wissen, daß Sie Ihr Bestes geben, in Anbetracht Ihrer Lebensumstände und der Worte, die Sie verwendet haben, Ihr Verhalten zu beschreiben. Gehen Sie in Ihren Ressource-Zustand. Beißen Sie die Zähne zusammen.

Anmerkung: Einige dieser Gegenmittel, wie z. B. „Reframing“ und „Zu-

Kommunikationsmuster

Muster	**Spezielle Gegenmittel gegen negative Muster bei anderen**
Überlegenheit	Gehen Sie in Ihren Ressource-Zustand. Bewegen Sie sich. Muster-Unterbrechung. Fragen Sie sich: „Was ist mein angestrebtes Ziel?" Denken Sie an eine vorhergegangene Verabredung (im Weißen Haus?).
Unterlegenheit	Machen Sie das Implizite explizit: „Fühlen Sie sich unterlegen?" Machen Sie ein Kompliment.
Tadeln	Bitten Sie um eine Erklärung: „Machen Sie mich für das Scheitern des Projekts verantwortlich?" Fragen Sie: „Wie können wir dieses Problem gemeinsam lösen?" „Mischen" Sie. Reframen Sie es. Unterbrechen Sie das Gespräch.
Klagen	Fragen Sie sich: „In Anbetracht all der möglichen Dinge, über die zu sprechen ist, wie kann er/sie genau dieses negative Erlebnis auswählen? Vielleicht könnte ich Fragen finden, die diesbezüglich Informationen entlocken würden." „Mischen" Sie. Muster-Unterbrechung. Reframen Sie es. Versuchen Sie, woanders ins Geschäft zu kommen.
Schuld	Kategorisieren Sie das Verhalten, ohne es zu verbalisieren: „Er/sie fühlt sich schuldig." Reagieren Sie dann in einer Art und Weise, die das Verhalten der anderen Person verändern kann. Wenn sich die andere Person schuldig fühlt, helfen Sie ihr aus der Patsche. Fragen Sie mit geeigneten Worten: „Fühlen Sie sich nicht wohl? Würden Sie gerne darüber sprechen?" Schlagen Sie dann eine positive Handlung vor.
Entschuldigen	Erkennen Sie das Muster, ohne es zu verbalisieren: „Er/sie entschuldigt sich dafür, was er/sie getan hat." Sagen Sie der Person, daß Sie verstehen, wie sie zu diesem Verhalten kam. Sagen Sie: „Es gibt keine Fehler – nur Versuche, die nicht funktioniert haben. Lassen Sie uns weitermachen."

gang zu einem Ressource-Zustand bekommen", werden in späteren Kapiteln erklärt.

MUSTER-UNTERBRECHUNG: EINE WIRKUNGSVOLLE INTERVENTION

Wenn jemand Sie mit negativer Kommunikation bedrängt, die Ihnen Ihre Energie raubt, beschließen Sie, einmal diese Person zu *unterbrechen*. Die Verhaltensmuster einer anderen Person zu unterbrechen, führt oftmals zu überraschenden Resultaten. Ein „Verhaltensmuster" ist eine Sequenz habitueller Reaktionen, die so schnell eine nach der anderen erfolgen, daß es eine einzige Handlung zu sein scheint. Jede Gruppierung einzelner Verhaltensweisen, die normalerweise in einer Sequenz benutzt wird – in einem bekannten Muster –, kann unterbrochen werden.

Ein Verhaltensmuster

Einige Beispiele für Muster-Unterbrechungen sind: (1) Anbieten eines Händeschüttelns, wobei Sie dann Ihre Hand schnell zurückziehen; (2) Unterbrechung einer Geschichte – Ihrer eigenen oder die eines anderen; und (3) abruptes Stehenbleiben, während Sie mit jemandem im selben Rhythmus gehen. Eine plötzliche, unerwartete Bewegung von Ihrer Seite kann die andere Person ebenfalls in Ihrem Muster unterbrechen. Manchmal ruinieren Muster-Unterbrechungen den Rapport; deshalb sollten sie vorsichtig angewendet werden.

Eine Muster-Unterbrechung

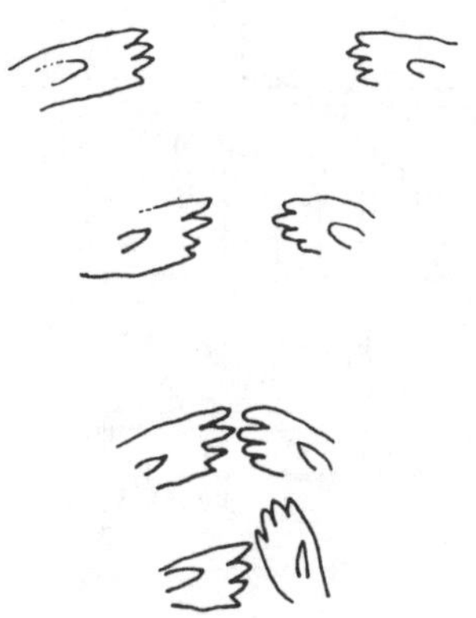

Muster-Unterbrechungen können Reaktionen bewirken, derer Sie sich bewußt sein sollten. Die Person, deren Muster unterbrochen wurde, erlebt eine kurze Verwirrung, und in einigen Fällen sogar Amnesie. Falls die Verwirrung genügend unangenehm ist, wird die Person für Vorschläge von jedermann empfänglich. Mit anderen Worten, die unterbrochene Person möchte Verwirrung gegen Klarheit eintauschen und wird für eine kurze Zeitspanne mit der Klarheit eines anderen einverstanden sein.

Skrupellose Menschen könnten diese Technik dazu verwenden, andere für kurze Zeit zu manipulieren. Vermeiden Sie eine Muster-Unterbrechung, wenn Sie nicht sicher sind, daß jeder von Ihnen gemachte Vorschlag zum Ziel des anderen führt. Solange Sie mit Bestimmtheit eine Zielkombination (Dovetailing) machen, kann eine Muster-Unterbrechung den Prozeß der Veränderung der negativen Kommunikation in eine positive Kommunikation beschleunigen.

Muster-Unterbrechung

Die Unterbrechung eines Musters kann die folgende Abfolge von Reaktionen bewirken:

1. Gefühl der Verwirrung.
2. Empfänglichkeit für Vorschläge von außen.
3. Amnesie für das ganze Erlebnis.
4. Rückkehr zu normalen Denkmustern.
5. Ressentiment, falls Sie sich einen Vorteil verschafft haben.

Verwenden Sie Muster-Unterbrechungen vorsichtig – und nur dann, wenn Sie die Ziele kombinieren.

Ihre Aufgabe ist es, dafür zu sorgen, daß ich nicht wie ein halbfertiger Blödmann aussehe.

Nachdem wir nun einige negative Kommunikationsmuster erkundet haben, lassen Sie uns die drei Schritte zur erfolgreichen Kommunikation noch einmal im Überblick betrachten.

MEIN ZIEL	1. Wissen, was ich will
DEIN ZIEL	2. Herausfinden, was die andere Person will
UNSER ZIEL	3. Kombination (Dovetailing) unserer beiden Ziele für eine win-win-Lösung

Zuweilen werden Sie mit indirekter Kommunikation die Resultate, die Sie sich erhoffen, besser erreichen als mit einer direkten, offenen Mitteilung. Normalerweise funktioniert ein offenes Gespräch in Geschäftssituationen am besten; manchmal jedoch brauchen Sie vielleicht eine indirekte Beeinflussungstaktik. Eine Metapher stellt eine der am meisten verwendeten und amüsanten, indirekten Kommunikationsmethoden dar, die Sie benutzen können. Kapitel 5 befaßt sich mit Metaphern.

Fähigkeiten, die erfolglose Interaktionen in erfolgreiche verwandeln werden:

- Schnelle Veränderung innerer Zustände.
- Wahrnehmung von Reaktionsmustern bei anderen.
- Entscheidung, was diese Reaktionsmuster bedeuten.
- Das Hören von Stimmveränderungen, die eine geistige Veränderung anzeigen.
- Etablierung von Rapport.
- Wiedergewinnung von Rapport, wenn er verlorengegangen ist.
- Schaffung kongruenter Muster für Ihre eigenen Präsentationen.
- Flexibel sein in der Wahl Ihrer Sprache und Ihres Verhaltens.
- Verwendung von Vergleichen und Metaphern, wenn ein offenes Gespräch nicht funktioniert.
- „Festgefahrene Stellen" korrigieren, wo Sie aufgrund von Erfahrungen in der Vergangenheit ein Verhalten wie ein Roboter an den Tag legen.

5 Kommunikation mit Hilfe von Metaphern

Metaphern sind in allen Kulturen weitverbreitet und älter als das geschriebene Wort. In Form von Parabeln, Fabeln und Volkssagen wurden Metaphern als Belehrungen benutzt, um Einsichten anzubieten, und um zu überzeugen. Metaphern sind im wesentlichen Gleichnisse, die von einem einfachen Vergleich zweier Dinge bis zu einer Reihe von Vergleichen reichen, wobei es sich entweder um ausdrücklich angeführte oder um implizite Vergleiche handelt, innerhalb einer Geschichte, die aus einer bestimmten Absicht heraus erzählt wird. Im Geschäftsleben sind Metaphern nützlich, wenn indirekte Kommunikation direkter Kommunikation vorzuziehen ist – z. B. wenn Sie Ihrem Chef/Ihrer Chefin sagen müssen, daß er/sie im Unrecht ist.

Metaphern wirken sowohl in unserem Bewußtsein als auch auf unser Unbewußtes. Unser Bewußtsein reagiert auf einfache Vergleiche; unser Unbewußtes ist fasziniert von komplexen Metaphern und macht die Absicht oder die Bedeutung ausfindig, die hinter den wesentlichen Elementen der Erzählung steckt. Wenn Sie komplexe Metaphern benutzen, können Sie die Sequenz entsprechend Ihrer eigenen Absicht und der Ihres Partners im Kommunikationsprozeß arrangieren. Metaphern funktionieren am besten, wenn die Absichten – die Ziele – aller Kommunikationspartner kombiniert sind.

Unsere Realität ist eine Landkarte der Realität – nicht die Realität selbst. Eine Landkarte von Texas ist nicht Texas.

Wenn Sie eine komplexe Metapher verwenden, mag Ihre Absicht gut verborgen erscheinen; das Unbewußte ist jedoch sehr geschickt im Herausfinden der Bedeutung. Folglich werden Ihre Zuhörer Ihre Absicht vermutlich verstehen, zumindest unbewußt.

Das Unbewußte hält alle fünf Wahrnehmungstüren zu jeder Zeit offen. Es ist nicht an sequentielle Prozesse gebunden, und scheint mehr als das Bewußtsein zu wissen. Es ist das Unbewußte, welches komplexe Metaphern zu schätzen weiß, Freude an ihnen findet, und aus ihnen lernt.

Für Skeptiker möchte ich nicht versäumen, folgendes zu erwähnen: Sie können mit dem Unbewußten kommunizieren – sowohl mit Ihrem eigenen als auch mit dem anderer Personen. Werbefachleute machen das immerzu. Wenn Sie eine wichtige Botschaft an das Unbewußte richten, tun Sie gut daran, das Wissen und die Energie des Bewußtseins und das Wissen und die Energie des Unbewußten gleich wichtig zu nehmen. Eine Möglichkeit, das zustande zu bringen, ist die Verwendung von Metaphern!

Metaphern wirken auf subtile Weise. Eine wohlgestaltete, komplexe Metapher ist eine Botschaft, die das Unbewußte in seiner größten Eleganz und Schönheit anspricht. Eine Metapher ist die höfliche Art, jemand anderen einzuladen, sich an der Kombination von Zielen zu beteiligen. Und ein wenig Humor erhöht die Wirkung einer Metapher.

Märchen, Volkssagen und Mythen sind normalerweise Metaphern, die mögliche Gesichtspunkte aufzeigen – andere Wege der Betrachtung von Ereignissen. Die Geschichte vom häßlichen Entlein – in der aus dem ungeschickten jungen Schwan ein eleganter Schwan wird – ist eine ausgeklügelte und wunderschöne Metapher mit mehreren Bedeutungsebenen: 1) Es gibt keine Häßlichkeit, nur Unterschiede. 2) Irgendwo gibt es andere, die dir ähnlich sind. 3) Wenn die Zeiten auch düster erscheinen, verzweifle nicht; das wird sich ändern. 4) Du bist schön; und vergiß es nicht, auch wenn diejenigen um dich herum deine Schönheit nicht erkennen.

Ich empfehle Ihnen nicht, die Geschichte vom häßlichen Entlein Ihrem Chef/Ihrer Chefin zu erzählen, auch wenn Ihre Botschaft lautet, daß er/sie zwar etwas merkwürdig, aber doch schön ist. Denken Sie sich Ihre eigene Metapher aus, und verwenden Sie ein Thema, das Ihr Chef/Ihre Chefin spannend, unterhaltsam und faszinierend findet. Die traditionelle Metapher kann in der geschäftlichen Kommunikation sehr nützlich sein, besonders wenn sie prägnant ist. Und zuweilen kann eine komplexe Metapher in einer geschäftlichen Situation sehr nützlich sein. Lassen Sie uns nun drei Arten von Metaphern und ihre Anwendung in der Kommunikation näher betrachten.

EINFACHE METAPHERN

Die einfache Metapher – der direkte Vergleich – ist als Hilfe nützlich, wenn das Bewußtsein einen bekannten Gegenstand, eine bekannte Person oder ein bekanntes Konzept mit einem unbekannten Gegenstand, einer unbekannten Person oder einem unbekannten Konzept vergleicht oder zwischen beiden einen Zusammenhang herstellt. Eine einfache Metapher kann etwas Neues und Fremdes auf die Landkarte der Realität Ihres Zuhörers plazieren, auf eine gut verständliche Art. Dies ist für den Zuhörer ein bequemer und üblicher Weg, etwas Unbekanntes zu erfahren. „Raumfähre" und „Urknall" sind einfache Metaphern.

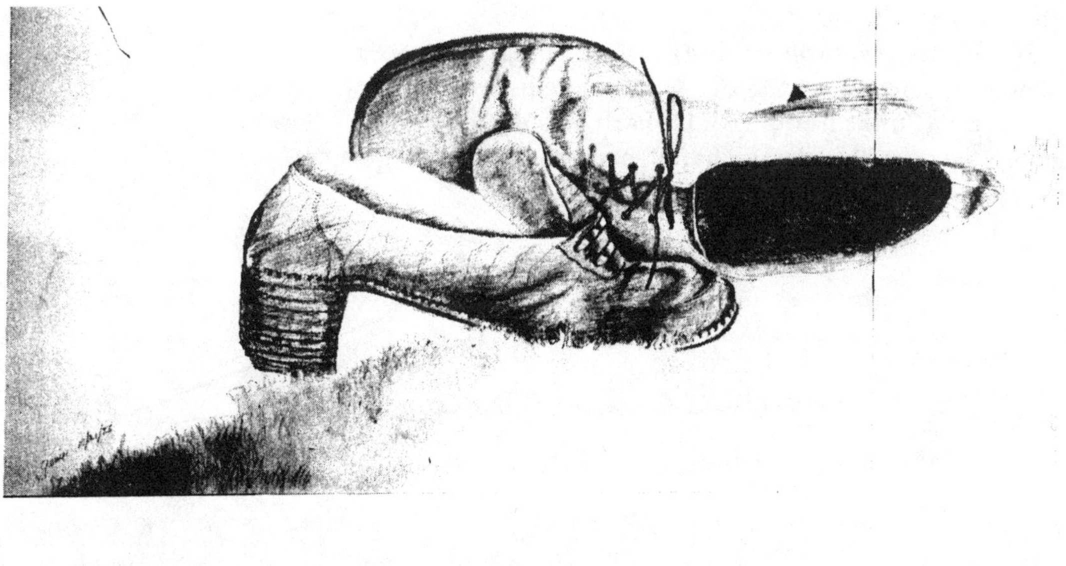

STANDPUNKT-METAPHERN

Metaphern sind nötig, weil wir alle verschiedene Landkarten der Realität haben.

Ein Vergleich, der einen bestimmten Gesichtspunkt enthält, versucht, die Art und Weise zu verändern, in der der Zuhörer eine Situation betrachtet, die er schon auf seiner/ihrer Landkarte der Realität verschlüsselt eingetragen hat. Zu den Beispielen aus der Folklore des tiefen amerikanischen Südens, wo ich aufgewachsen bin, zählen folgende Sprichwörter: „Du bist so langsam wie Melassesirup", „Sie ist ‚süßer' als ein Korb voll junger Hunde", und „Er rennt rum wie ein kopfloses Huhn".

Redner und Autoren nutzen oftmals die Standpunkt-Metapher, um einen unbemerkt gebliebenen Aspekt von etwas Bekanntem zu beleuchten, so daß das Publikum die Sache mit anderen Augen sehen kann. Die „anderen Augen", die vom Autor oder Redner bereitgestellt werden, unterstützen seinen/ihren Standpunkt. Auf dieser Ebene beginnt eine Metapher nicht nur zu belehren, sondern auch zu beeinflussen.

Es folgt eine Standpunkt-Metapher, die von einem älteren Vizepräsidenten einer großen internationalen Bank erfolgreich verwendet wurde. Nachdem er die Stellungnahme seiner Abteilung zu einem Bankproblem gehört hatte, die daraus bestand, daß es kein Problem der Abteilung, sondern des Gesamtunternehmens sei, ging er zur Wandtafel und zeichnete einen Schiffsbug mit einigen Strichmännchen darauf. Er wartete einen Augenblick; dann vervollständigte er die Zeichnung durch ein sinkendes Heck. Daraufhin sagte er: „Ihre Haltung in dieser Angelegenheit erinnert mich an das, was die Leute auf dem Bug sagen: ‚Ich bin froh, daß wir nicht am anderen Ende des Schiffes sind.'"

Solch eine Metapher vorzutragen, mag nicht allzu schwierig sein, wenn Sie der Chef/die Chefin sind, und genau den Punkt treffen. Metaphern wie diese sind prägnant, was sie für das Geschäftsleben besonders geeignet macht.

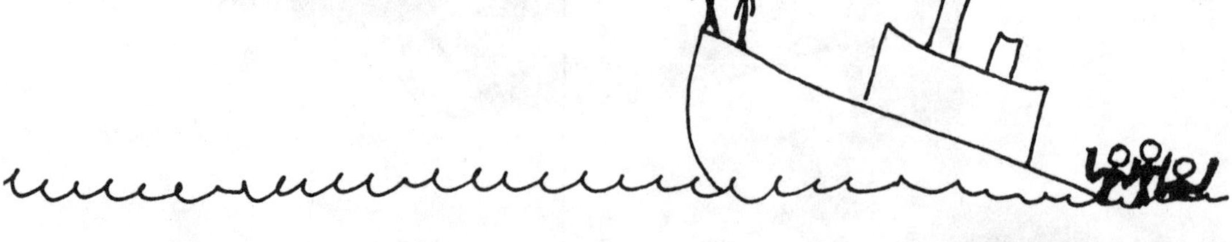

KOMPLEXE METAPHERN

Eine Metapher auf dieser dritten Ebene ist speziell zur Beeinflussung konstruiert. Komplexe Metaphern übermitteln dem Unbewußten Ihres Partners Information und Beratung. Diese Art von Metapher umfaßt eine ausgeklügelte Anordnung paralleler Elemente.

Die komplexe Metapher ist das anspruchsvollste Kommunikationsmittel, das für indirekte Botschaften zur Verfügung steht. Mit komplexen Metaphern können Sie auf einer unbewußten Ebene Einfluß nehmen. Wenn Sie solche Metaphern verwenden, müssen Sie sehr vorsichtig sein, um Ihre Ziele und die Ihres Partners zu kombinieren. Sonst wird sich das Unbewußte Ihres Zuhörers wahrscheinlich Ihrem Einfluß widersetzen. Umgekehrt werden Sie, wenn Sie die Ziele kombinieren, ein Milieu etablieren, in der das Unbewußte der anderen Person mit Ihnen zusammenarbeiten wird.

SCHAFFUNG EINER KOMPLEXEN METAPHER

Eine Methode, um sicherzustellen, daß die andere Person Ihre Metapher hören wird, ist, die wesentlichen Punkte in eine Geschichte über ein Thema zu kleiden, das ihn/sie interessiert. Tennis, Golf, Angeln, Kochen, Jagen und Haustiere sind alles Themen, die sich für Metaphern eignen. Nehmen Sie keine Anglergeschichte, wenn Ihr Partner an Golf interessiert ist. Nehmen Sie eine Golfgeschichte für Ihre Vergleichsreihe, und denken Sie daran, die Ziele zu kombinieren.

Metaphern zu verwenden ist jedoch nicht immer ein leichtes Unterfangen. Ich werde Ihnen eine Begebenheit schildern, als eine Metapher fast ein Seminar ruiniert hätte. Ich und einige Kollegen hatten gerade eine neue Gesellschaft gegründet; wir leiteten unser erstes Seminar in Chicago. Ich befand mich in einer schwierigen Situation, die im folgenden unter „gegenwärtiger Zustand" dargestellt wird. Ich wußte, was mein „erwünschter Zustand" war, aber ich war nicht ganz sicher, was das beste Vorgehen wäre, um dahin zu gelangen.

Gegenwärtiger Zustand	**Erwünschter Zustand**
• Ich hatte einen neuen jungen Assistenten. • In einigen Methoden hatte er Erfahrung, in anderen nicht. • Wir unterrichteten zusammen. • Er sabotierte meinen Unterricht, ohne es zu wissen.	• Ihn dazu bringen, aufzuhören, meine Bemühungen zu sabotieren. • Ihn dazu bringen, anzufangen, meine Bemühungen zu unterstützen.

Während meines Seminars, während die Teilnehmer Metaphern kreierten, dachte ich mir eine Metapher über Christoph Columbus aus. Ich wollte das Verständnis und die Unterstützung meines neuen Assistenten gewinnen, deshalb schrieb ich eine Metapher über Chris und seinen jungen Gehilfen, der ein erfahrener Matrose war, aber nichts über Navigation wußte. Der Gehilfe dachte, daß sie von der Erde fallen würden und stiftete die anderen Matrosen zur Meuterei an. Wie könnte Columbus diesen jungen Maat dazu bewegen, zu kooperieren?

Ich schrieb dies alles in ein Notizbuch, das ich für mein eigenes hielt. Tatsächlich war es das Notizbuch meines Assistenten. (Mein Unbewußtes muß eine Änderung in seinem Verhalten für dringend erforderlich gehalten haben.) Ich schrieb folgendes:

Columbus-Metapher

Ich	**Christopher Columbus**
Assistent	Gehilfe
neu	neu
jung	jung
sabotiert	stiftet zur Meuterei an
zusammen im Seminar	zusammen auf dem Schiff
Ziel: das Verhalten stoppen zu unser beider Bestem	*Ziel*: das Verhalten stoppen zu unser beider Bestem

Während meines Seminarvortrages über Metaphern las mein Assistent meine metaphorischen Notizen. Er wurde ärgerlich, nicht über die Metapher, nicht über mein erklärtes Ziel, sondern darüber, daß er als „jung" bezeichnet wurde. Trotz seiner Verärgerung gab er jedoch sein subversives Verhalten auf und begann zu kooperieren, ja sogar meinen Unterricht zu unterstützen; und das Seminar verbesserte sich großartig.

An dem Abend stellte er mich bezüglich der Metapher zur Rede. Was sollte ich dazu sagen? Er erklärte sich mit meinem Ziel einverstanden. Ich erklärte mich damit einverstanden, ihn nicht „jung" zu nennen. Dann segelten wir zusammen um den Globus, und glaubten beide an die Wirkung von Metaphern.

AUSWAHL PARALLELER SCHLÜSSELELEMENTE

Wenn Sie eine komplexe Metapher konstruieren, konzentrieren Sie sich auf ein, zwei, drei, vier, fünf oder sechs Elemente, die sowohl in Ihrer gegenwärtigen Situation – Ihr momentaner Zustand – als auch in der Situation, in der Sie sein möchten – Ihr erwünschter Zustand – wesentlich sind. Erstellen Sie eine Liste dieser Elemente. Passen Sie dann die Schlüsselkomponenten dieser Elemente an ein reales Erlebnis oder eine Phantasiegeschichte an. Sie können die Elemente in eine beträchtlich andere Form kleiden, weil das Unbewußte klug genug ist, jede Verkleidung mit Leichtigkeit abzustreifen. Der letzte Teil der Metapher besteht immer aus Ihrem Ziel, in verkleideter Form. Die andere Person entscheidet sich zwar womöglich, mit Ihrem Ziel nicht einverstanden zu sein, nachdem sie die Metapher gehört hat, aber es wird sie einige Mühe kosten, zu widerstehen, solange Sie die Ziele kombinieren.

Metaphern haben eine starke Anziehungskraft. Wenn Ihr Ziel nicht direkt in Konflikt mit dem Ziel Ihres Zuhörers steht, wird er/sie dazu neigen, die Verkleidung abzuschälen und sich mit Vergnügen mit Ihrem Ziel einverstanden erklären. „Mit Vergnügen" ist die unerwartete Dividende der Metapher. Metaphern sind Mittel zum Beeinflussen, die Freude machen.

Vor einiger Zeit erhielt ich einen Brief von einem Manager einer großen Gesellschaft, der mich bat, für ihn eine Metapher zu entwerfen. Er hatte es versucht und war nicht fähig gewesen, eine zu entwerfen, die er mochte. Seine Situation war so: Aufgrund eines althergebrachten Grundsatzes in seiner Firma bekamen Personen, die keine besonders gute Arbeit leisteten, fortwährend routinemäßig Gehaltserhöhungen, während andere, die außergewöhnliche Beiträge lieferten, keine Belohnungen erhielten, die für ihre Anstrengungen angemessen gewesen wären. Er hatte Zugang zum Vorstand und wünschte sich eine Metapher, die nicht allzu sehr verkleidet war.

Also berichtete ich ihm von einem Bauern, der eine Scheune hatte, in der ungefähr ein Dutzend Mäuse sich häuslich eingerichtet hatten. Die Mäuse waren eine Plage und fraßen die Getreidevorräte. Der Bauer hatte sechs Katzen, die eigentlich Mäusefänger sein sollten, aber die Mäuse vermehrten sich fortwährend. Die Katzen lagen den ganzen Tag in der Sonne und feierten die ganze Nacht, und die Mäuse gediehen prächtig.

Schließlich fing eine alte graue Katze eine Maus und brachte sie dem Bauern. Er goß sofort dicken Rahm in eine Untertasse für die Katze. Die anderen Katzen bekamen an diesem Abend karge Rationen, während die graue Katze ein vorzügliches Abendessen bekam. Am nächsten Tag fing die graue Katze drei Mäuse, und wieder wurde sie von dem Bauern belohnt. Am dritten Tag war die Scheune frei von Mäusen. Der Bauer holte die alte Katze in die Küche, wo ihre Untertasse immer bis zum Rand mit Rahm gefüllt war.

Lassen Sie uns anschauen, inwiefern die Schlüsselkomponenten in dieser Metapher den Schlüsselkomponenten der Geschäftssituation entsprechen.

Parallele Schlüsselkomponenten

Personen	**Katzen**
mit der Arbeit nicht fertig werden, aber Belohnungen bekommen	keine Mäuse fangen, aber fett werden und die ganze Nacht feiern
Ziel: diejenigen belohnen, die eine Belohnung verdienen	*Ziel*: die alte Katze wird ins Haus geholt und bekommt Rahm

Der Geschäftsmann verwendete diese Metapher beim Vorstand. Einen Monat später rief er an, um zu sagen, daß seine Firma an einer Reihe von neuen Grundsätzen für die Anerkennung und Belohnung von Beiträgen der Angestellten arbeitete.

Um sich an die Schritte beim Aufbau von Metaphern zu erinnern, können Sie das Wort „Metapher“ als Gedächtnishilfe nutzen.

M Machen Sie die
E Elemente passend, die Bedeutung
T tragen und
A anwendbar und
P präsent sind im gegenwärtigen Zustand /erwünschtem Zustand.
H Hüllen Sie sie in eine Geschichte,
E errichtet für das Ziel einer
R rezeptiven Reaktion.

Bei der Konstruktion einer Metapher müssen Sie die Schlüsselelemente durchdenken, so daß Sie wissen, wo Sie sich befinden – gegenwärtiger Zustand – und wohin Sie wollen – erwünschter Zustand.

Beginnen Sie Ihre Metapher mit einer Situation, die Sie verändern wollen, und beenden Sie sie mit der erwünschten Situation. Wenn Sie diese Veränderung durchdenken, könnten Sie erkennen, daß Sie ähnliche Veränderungen erlebt haben oder ähnliche Situationen aus der Literatur, der Geschichte oder aus Mythen kennen. Indem Sie diese ähnlichen Elemente verwenden, können Sie Ihre eigene Metapher produzieren. Wenn Sie erst einmal anfangen, in metaphorischen Begriffen zu denken, werden Sie beim Erfinden von Geschichten, die sich für Ihre Ziele eignen, immer besser werden.

Wenn Sie die wesentlichen Elemente Ihrer Metapher ausgewählt haben, entscheiden Sie sich, wie Sie die parallelen Elemente in eine andere Form kleiden können. Die Geschichte, die Sie erfinden, soll natürlich für die Situation geeignet sein. Einem Verwaltungsrat würden Sie normalerweise keine Märchen erzählen. Ich habe jedoch mal von einem Konflikt zwischen zwei Geschäftsstellen eines internationalen Konzerns gehört, der mithilfe einer Metapher über braune Hasen gelöst wurde.

Eine Geschäftsstelle hatte einen bestimmten Ablauf im Ausland schon einige Jahre lang abgewickelt, aber aufgrund einer gewissen Krise sprang eine andere Abteilung zur Unterstützung mit ein. Die erste Abteilung merkte, daß ihre Zuständigkeit und ihre Befähigung, die Krise zu meistern, in Frage gestellt wurde, und fing an, die Bemühungen der Neuankömmlinge zu kritisieren. Die Neuankömmlinge kritisierten ihrerseits die anderen, und so eskalierte der Konflikt. Dann berichtete ein kluger Geschichtenerzähler den Direktoren der beiden Geschäftsstellen von folgender Geschichte.

> Ein brauner Hase lernte, wie man mit einem Gewehr schießt und wollte auf die Jagd gehen. Er sah sich einen Elefanten an und entschied, daß Elefanten zu groß wären. Er sah sich einen Jaguar an und entschied, daß Jaguare zu schnell wären. Er entschloß sich, sein Gewehr an braunen Hasen auszuprobieren. Er tötete ziemlich viele braune Hasen. Dann wurde die Jagdsaison offiziell eröffnet. Es waren nicht mehr allzu viele braune Hasen übriggeblieben, und einer der ersten braunen Hasen, der von einem menschlichen Hasenjäger gefangen wurde, war unser gewehrtragender Freund. Als der Jäger ihn zusammenschnürte und zum Kochtopf trug, jammerte der Hase: „Das ist nicht fair. Warum immer ich?"

Nachdem sie diese Geschichte gehört hatten, fingen die zwei Gruppen an zusammenzuarbeiten.

Ted versucht, subtil vorzugehen

Ted war Abteilungsleiter in einer großen Ölfirma. Die einzige Aufgabe seiner Abteilung war, firmeninterne Programme für Zentralrechner zu entwerfen. Ted kam zu einem meiner Seminare und erzählte mir, er bräuchte eine Metapher, um in einem Programm-Entwurf für eine andere Abteilung eine 200.000 $ Budgetüberziehung zu rechtfertigen. In einer Woche mußte Ted dem Leiter der anderen Abteilung, Walt, gegenübertreten, der das Projekt genehmigt hatte. Ted lag nicht nur um 200.000 $ über dem Budget, das Programm funktionierte auch nicht. Er würde wieder ganz von vorn anfangen müssen und brauchte eine neue Budgetzuteilung.

Ted hatte schon den Angestellten entlassen, der in erster Linie an dem Fiasko schuld war, aber als Manager war er verantwortlich.

Wir spielten die ganze Woche mit Ideen. Bis Freitag hatten wir eine recht gute Metapher über die Erfindung eines neuen Segelfliegertyps (Walt war ein passionierter Segelflieger) – auf der Grundlage eines neuen aerodynamischen Prinzips; wir bauten in unsere Geschichte unerwartete kleinere Defekte ein, die zusätzlich Zeit und Geld gekostet hatten. Ted würde darüber sprechen, wie nützlich die Anstrengung gewesen war, weil alle Mitarbeiter aus dem Projekt gelernt hatten, auch wenn das Segelflugzeug neu entworfen werden mußte.

Ted war immer offen und ehrlich und geradeheraus; er hatte jedoch noch nie vor einem derart ernsten Problem in der Arbeit gestanden. Und deshalb dachte er, daß eine Metapher ein besserer Weg wäre, um sich an Walt zu wenden, als eine direktere Mitteilung. (Denken Sie daran, daß die Wirkung einer Metapher darin liegt, daß sie das Unbewußte anspricht, und weniger direkt das Bewußtsein.)

Freitag vormittag wollten wir Ted filmen, wie er sein Treffen mit Walt spielte. Als die Kamera lief, sah Walts Stellvertreter auf und begrüßte Ted, der ins Büro gekommen war. Ted war ziemlich nervös. Er setze sich in einen Sessel, sah „Walt“ offen an und verkündete: „Ich habe eine Metapher für Sie.“

Ihr erwünschter Zustand. Wenn Sie den Zustand kennen, den Sie erreichen wollen, können Sie das Ende Ihrer Geschichte so gestalten, daß Sie ihn beschreiben. Der Zweck der Metapher ist, Ihren Kommunikationspartner einzuladen, sich Ihnen in Ihrem erwünschtem Zustand anzuschließen – ein Zustand, den Sie mit so attraktiven Begriffen beschreiben, daß er fast unwiderstehlich wird. Aber denken Sie daran: Eine Metapher ist eine Einladung, nicht ein Befehl. Ob Ihr erwünschter Zustand Realität wird, hängt in einem großen Ausmaß von Ihren Fähigkeiten ab, Ihre Geschichte zu gestalten und zu erzählen; was uns zu dem letzten Schritt bei der Kommunikation mit Metaphern bringt.

Reaktion. Die Reaktion, die Sie bekommen, wird Ihnen mitteilen, ob Ihre Metapher erfolgreich war oder nicht. Zuweilen wird die Reaktion schwach sein, vielleicht ein fast unmerkliches Nicken oder ein Fingerzucken, besonders wenn es vom Unbewußten kommt. Sie können jedoch sicher sein, daß eine Reaktion kommen wird.

Falls die Antwort auf Ihre Einladung „nein" lautet, überprüfen Sie das Ziel Ihres Partners. Danach gehen Sie weg und entwerfen eine andere Metapher. Die Menschen lieben Geschichten. Falls die Antwort „ja" lautet, beglückwünschen Sie sich dazu, eine komplexe Metapher gefunden zu haben, die funktioniert hat.

Denken Sie daran, es gibt nichts Neues in der Technik der Metapher. Sie wurde als Mittel zur Unterweisung und Beeinflussung genutzt, seit die Menschen anfingen, die Sprache für die Kommunikation zu nutzen.

Jetzt, da Sie verstehen, wie eine Metapher zu entwerfen ist, werden wir das Konzept der Kongruenz eingehender betrachten. Die ersten Schritte zur Kongruenz wurden in *„Influencing with Integrity"* eingeführt; sie haben viele Fragen von Lesern aufgeworfen, die wissen wollten, wie sie ihre Kongruenz in beruflichen Situationen verbessern könnten. Kapitel 6 zeigt die nächsten Schritte auf dem Weg zu Kongruenz und zum Verstehen der vielen Facetten Ihres Wesens.

Wesen – unser ursprüngliches Antlitz, bevor wir geboren wurden.

GEGENSÄTZE
GEGENSÄTZE

Dieses Kapitel ist Frau Beulah Edinburg gewidmet, die mir unter widrigen Umständen ein Modell für die Stärke von Kongruenz war.

6 Kongruent kommunizieren

Was passiert, wenn Sie doppeldeutige Botschaften aussenden – wenn Ihre Worte das Gegenteil von dem ausdrükken, was Ihr Tonfall, Ihr Gesichtsausdruck oder Ihre Körperhaltung sagen? Die Menschen glauben Ihnen nicht. Bewußt oder unbewußt (intuitiv) bekommen sie widersprüchliche innere Zustände mit, und trauen dem nicht, was Sie sagen. Falls Sie glauben, Ihr Einfluß könnte größer sein, falls Sie glauben, Ihnen wird nicht genügend Respekt entgegengebracht, falls Sie es schwierig finden, Leute von der Richtigkeit Ihrer Position zu überzeugen, dann senden Sie eventuell doppeldeutige Botschaften aus – es könnte sein, daß Sie inkongruent sind.

Kongruenz, auf der anderen Seite, ist ein Zustand voller Einklang und Harmonie. Kongruenz bedeutet, daß all Ihre Teile, Ihre Teilpersönlichkeiten, in einheitlicher Weise arbeiten, damit Sie Ihr Ziel erreichen. Wenn Sie in Ihrer Kommunikation kongruent sind, sind all Ihre Teilpersönlichkeiten auf Ihr Ziel ausgerichtet.

Im Grunde ist es viel einfacher, über fehlende Kongruenz zu sprechen als über vorhandene. Wir sind alle mit inkongruenten Personen in Kontakt gekommen, und bisweilen sind wir selbst inkongruent. Für das Stereotyp des Gebrauchtwagenhändlers ist mangelnde Kongruenz kennzeichnend. Dasselbe gilt für viele andere Verkäufer, wenn sie nicht an ihr Produkt glauben oder sich nicht um Ihr Ziel kümmern. Obwohl Sie nicht genau wissen warum, haben Sie zu bestimmten Menschen einfach kein Vertrauen. Können Sie sich an einige inkongruente Menschen erinnern, denen Sie begegnet sind?

Nicht alle Gebrauchtwagenhändler sind inkongruent.

„Ist heute nicht ein wunderbarer Tag?"

„Dieses Auto ist eine Gelegenheit."

„Eine gute Investition."

„Sie werden nie ein besseres Auto finden."

„DIES IST DER BESTE KAUF, DER SICH IHNEN AUF DEM MARKT BIETET."

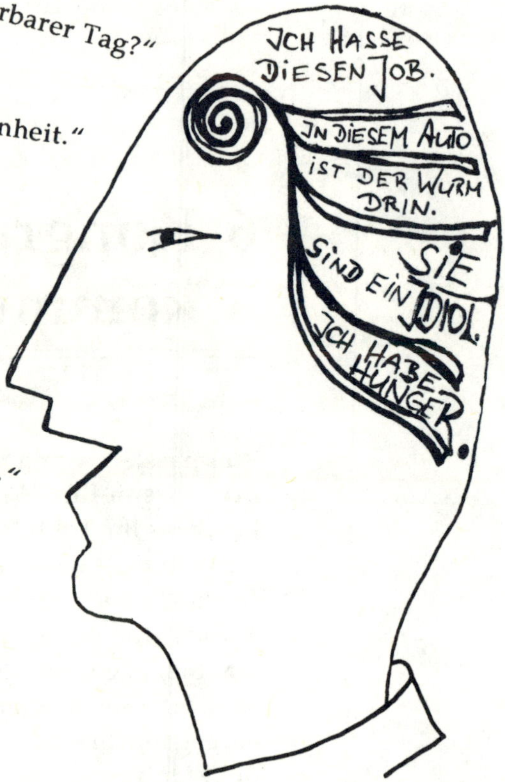

Kongruente Verkäufer sprechen und werden reich.

Politiker sind oft inkongruent; und diejenigen, die nicht gewählt werden, sind es fast immer. Religionsführern fehlt es oft an Kongruenz, besonders wenn sie ihre eigenen „Schattenseiten der Seele“ durchleben. Menschen, denen Sie instinktiv nicht glauben, selbst wenn sie in ihrem Bereich als Experten gelten, sind fast immer in sich selbst inkongruent. Können Sie sich an Zeitpunkte erinnern, als Sie inkongruent waren und es erkannten, oder als Sie jemand darauf hinwies? Eltern sind oft inkongruent, wenn sie ihre Kinder anleiten, etwas zu tun, was sie selbst nicht tun. Dann erhalten die Kinder hinsichtlich des Wertes der Aktivität eine verwirrende Botschaft. Denken Sie an den Satz „Tu nicht, was ich tue, tu, was ich sage“? Es ist nicht erstaunlich, daß Kinder diese inkongruenten Botschaften ignorieren.

Ein bißchen Inkongruenz ist ein normaler Teil menschlichen Verhaltens. Wir stecken alle hier und da in der Klemme.

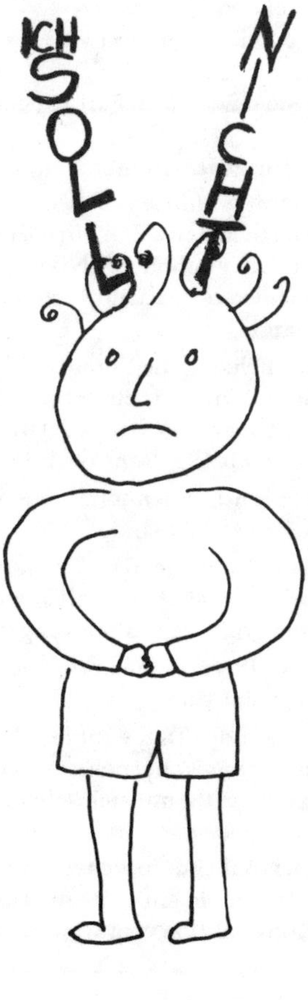

Babies sind kongruent. Kinder sind normalerweise bis zum Alter von fünf oder sechs Jahren kongruent.

Im folgenden finden Sie nun eine Methode, mit der Sie sich selbst sehen können, wie Sie offenkundig inkongruent sind. Wenn Sie sich erst einmal Ihres inkongruenten Benehmens bewußt werden, ist es leichter, innezuhalten und mit dem Verhalten aufzuhören. Schauen Sie in einen Spiegel und versuchen Sie, in überzeugender Weise zu einem angenommenen Publikum auf der anderen Seite des Spiegels darüber zu sprechen, wie köstlich Schokoladeneis schmeckt, wenn man es mit Ketchup mischt. Erzählen Sie Ihrem Publikum dann von Ihrem Lieblingsdessert. Können Sie den Unterschied in Ihrer Stimme hören? Können

Drei Schritte zur grundlegenden Kongruenz

1. Machen Sie sich mit dem Konzept der Kongruenz vertraut. Definieren Sie den Begriff für sich selbst, in Hinblick auf Ihre eigenen Erlebnisse.
2. Achten Sie darauf, wann Sie kongruent sind. „Te" wird klar ersichtlich sein; die Ereignisse werden für Sie einfach so dahinfließen, ohne Mühe.
3. Lernen Sie, inkongruentes Verhalten sowie die Situationen, in denen es auftritt, zu erkennen.
   a) Verbringen Sie einige Zeit allein, und verschaffen Sie sich Klarheit über Ihre Prioritäten.
   b) Vielleicht brauchen Sie eine „Parts Party" (siehe Anhang).

Ein Schritt zu fortgeschrittener Kongruenz

1. Weiten Sie die Zeitabschnitte in Ihrem Leben, in denen Sie kongruent sind, nach und nach aus. Im Zen wird dies der Pfad genannt, der kein Pfad ist. Um ein höheres Niveau an Kongruenz zu erreichen, können viele verschiedene Techniken verwendet werden. Einige davon sind:

- Bitten Sie eine Teilpersönlichkeit, die Verantwortung für die Kongruenz zu übernehmen und Ihnen anzuzeigen, wann Sie kongruent sind und wann nicht. Gewinnen Sie die Zustimmung des Teils zu dieser Aufgabe; hier ist ein „Ja" sehr wichtig.
- Bitten Sie einen guten Freund, Ihnen mitzuteilen, wann Sie kongruent sind und wann Sie es nicht sind.
- Verwenden Sie an jedem Wochenende 10 Minuten darauf, Ihre „Filme der Woche" noch einmal abzuspielen, wobei Sie sich besonders den Zeitpunkten widmen, als Sie kongruent waren.
- Wenn Sie Inkongruenz in Ihren Filmen erkennen, verändern Sie die Szenen, bis Sie kongruent sind.
- Jedes Mal, wenn Sie im Lauf des Tages auf Ihre Uhr sehen, fragen Sie sich: „Wie stufe ich meine Kongruenz auf einer Skala von 1 bis 10 ein?" Seien Sie nachsichtig mit sich selbst. Es braucht Zeit, von 1 bis 10 zu kommen.
- Konstruieren Sie eine persönliche Vorgehensweise, um Ihre Kongruenz zu verbessern. Wenn Sie ein Plateau erreicht haben, entwerfen Sie eine neue Konstruktion, um weiterzukommen.

Kongruenz ist nicht ein zu erreichendes Ziel, sondern eine Größe, auf die man sich zubewegen kann.

Sie den Unterschied an Ihrem Mund sehen? Können Sie den Unterschied in Ihren Gesten wahrnehmen? Gehen Sie dies ein paarmal durch und schreiben Sie die Unterschiede auf.

UNSERE ZWEI GEHIRNHÄLFTEN

Normalerweise ist Inkongruenz das Resultat innerer Konflikte: Ein Teil von Ihnen möchte etwas Bestimmtes, und ein anderer Teil möchte das Gegenteil. Wenn diese „zwei Meinungen“ nicht miteinander versöhnt werden, könnten Ihre Worte das Gegenteil von dem sagen, was Ihr Tonfall und Ihr Sprechtempo ausdrücken. Dies läßt Ihr Publikum im Unklaren bezüglich Ihrer „wirklichen“ Botschaft.

Einige Fachleute glauben, daß diese inneren Konflikte (größere ebenso wie kleinere) daraus resultieren, daß unser Gehirn zwei Hemisphären hat, zwei Hälften – eine linke Gehirnhälfte und eine rechte Gehirnhälfte – die Informationen unterschiedlich verarbeiten. Andere Fachleute glauben, daß die Lernprozesse der Identifikation und Introjektion die primären Gründe dafür sind, daß wir innere Konflikte haben. Wir werden die zwei Prozesse in diesem Kapitel später noch eingehend unter die Lupe nehmen.

> „Es gibt einen weitverbreiteten – wenn auch ziemlich jungen – Mythos, der besagt, daß die *rechte* Hemisphäre an allem beteiligt ist, was gut ist. Tatsächlich scheint jedoch die *linke* Hemisphäre an glücklichen und angenehmen Glückserlebnissen beteiligt zu sein, während die rechte für negative Gefühle wie etwa den Ärger zuständig ist.“
>
> – *Unser Gehirn: das lebendige Labyrinth*

Die Experten scheinen Schwierigkeiten zu haben, sich zu entscheiden, welche Hälfte des Gehirns was macht; die letzten Schlußfolgerungen lauten jedoch, daß die linke Hälfte verbal, linear und sequentiell, und die rechte Hälfte räumlich orientiert, holistisch und ganzheitlich ist. Weil die zwei Gehirnhälften miteinander durch den Corpus Callosum (Balken) kommunizieren, und weil für viele Denkaktivitäten beide Gehirnhälften genutzt werden, ist es schwierig, eine Spezialisierung im einzelnen nachzuvollziehen. Was dieses Buch betrifft, so sind wir weniger daran interessiert, was jede Gehirnhälfte macht, als an der Tatsache, daß wir zwei „Computer“ haben. Unsere zwei Gehirne verarbeiten Wahrnehmungen auf unterschiedliche Art und Weise, und sie werden unterschiedliche Schlüsse ziehen, und dadurch innere Konflikte erzeugen. Meinungsverschiedenheiten zwischen diesen Teilen unserer Persönlichkeit – zwischen unseren Teilpersönlichkeiten – sind ein Hauptproblem, das Inkongruenz verursacht, was wiederum die Kommunikation sabotiert.

> „Wir können somit folgern, daß das Individuum mit zwei intakten Hemisphären die Leistungsfähigkeit von zwei voneinander getrennten Gehirnen hat. Diese Schlußfolgerung findet ihren experimentellen Beweis in den split-brain-Tieren, deren zwei Hemisphären darauf trainiert werden können, unabhängig wahrzunehmen, abzuwägen und zu handeln."
>
> *-The Nature of Human Consciousness*

Wie kann Inkongruenz die Kommunikation sabotieren? Denken Sie daran, daß Kommunikation nicht auf die Worte beschränkt ist, die Sie verwenden. Sie umfaßt die Körperhaltung, Handbewegungen, den Gesichtausdruck, das Atemmuster, die Gesichtsfarbe, Muskelspannungen, den Puls und vieles mehr. Der Tonfall, die Lautstärke, das Sprechtempo und die Klangfarbe sind wichtige Bestandteile Ihrer Kommunikation. Jedes dieser Elemente könnte eine Teilpersönlichkeit widerspiegeln, die in Gegensatz zu Ihrem Ziel steht, und folglich Ihrer verbalen Botschaft durch irgendein beobachtbares Verhalten widersprechen könnte.

Intuition ist möglicherweise im Unbewußten gespeicherte Information.

Wie können wir diese Inkongruenz reduzieren und unsere persönliche Stärke vergrößern? Theorien aus der Gestaltpsychologie deuten darauf hin, daß sich Konfliktlösungen zwischen unseren sich widersprechenden Teilen und das Erreichen von zumindest zeitweiligen Übereinkünften bezüglich der Ziele förderlich auf unsere Effektivität auswirken. Was ist z. B., wenn ein Teil von Ihnen Skifahren gehen will, während ein anderer einen Bericht fertigstellen möchte? Eine einfache Möglichkeit, diesen Konflikt beizulegen, ist, für jeden Teil einen Zeitplan festzusetzen: Fertigstellung des Berichts am Samstag, und Skifahren am Sonntag.

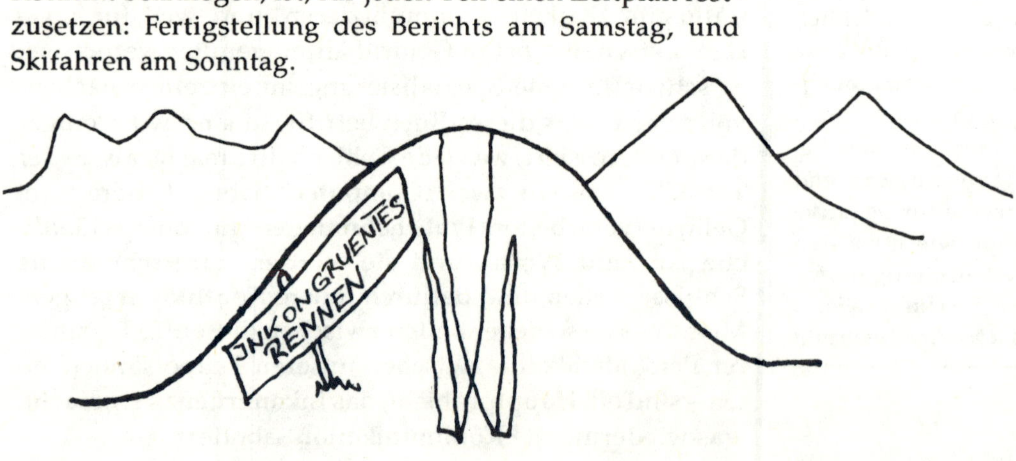

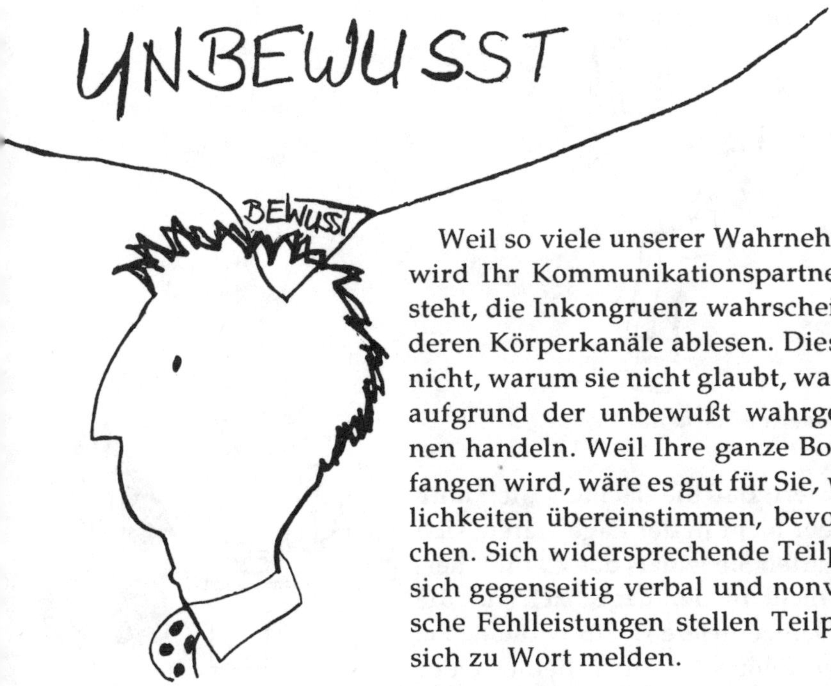

Weil so viele unserer Wahrnehmungen unbewußt sind, wird Ihr Kommunikationspartner, falls ein Konflikt besteht, die Inkongruenz wahrscheinlich an einem Ihrer anderen Körperkanäle ablesen. Diese Person weiß vielleicht nicht, warum sie nicht glaubt, was Sie sagen, aber sie wird aufgrund der unbewußt wahrgenommenen Informationen handeln. Weil Ihre ganze Botschaft vollständig empfangen wird, wäre es gut für Sie, wenn all Ihre Teilpersönlichkeiten übereinstimmen, bevor Sie anfangen zu sprechen. Sich widersprechende Teilpersönlichkeiten werden sich gegenseitig verbal und nonverbal sabotieren; Freudsche Fehlleistungen stellen Teilpersönlichkeiten dar, die sich zu Wort melden.

TEILPERSÖNLICHKEITEN BEEINFLUSSEN DAS VERHALTEN

Unsere Verhaltensweisen sind es, die uns zu interessanten und effektiven Teilnehmern in unserer Welt machen, und viele unserer Verhaltensweisen spiegeln Konflikte zwischen den Teilpersönlichkeiten wider. Diese Konflikte müssen nicht unbedingt alle negativ sein. Sie machen uns einzigartig und vielseitig. Sie können jedoch auch Probleme verursachen.

Persönlichkeit	**Teilpersönlichkeit**
Die dynamische Psyche, die das Individuum konstituiert und mit Leben erfüllt und seine Art, das Leben zu erleben, einzigartig macht; die Struktur des kollektiven Charakters, Verhaltenszüge, anlagebedingte, emotionale und mentale Charaktereigenschaften eines Individuums.	Ein Teil einer Gesamtstruktur der Persönlichkeit; oft nach dem Modell eines Elternteils oder eines Mentors geformt. Eine Teilpersönlichkeit kann durch Identifikation oder Introjektion gebildet werden.

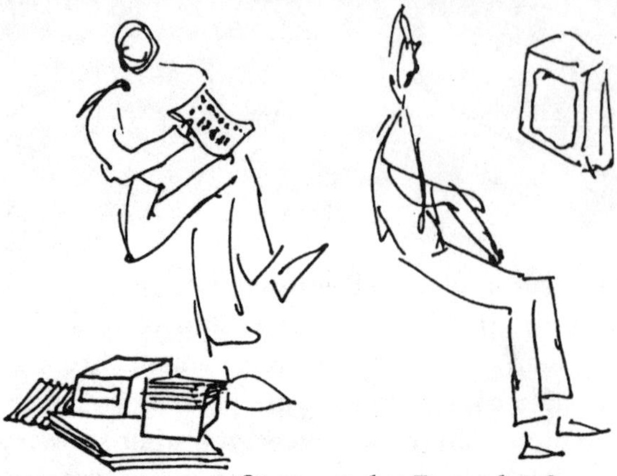

Steuern oder Fernsehen?

New York oder Philadelphia?

Ist es Ihnen jemals passiert, daß Sie dachten, „Ich muß meine Steuer machen", aber nicht in der Lage waren, sich zu konzentrieren? Oder hatten Sie jemals das Gefühl, nervös zu sein und waren nicht in der Lage, sich auf die momentane Aufgabe zu konzentrieren? Sie wußten, Sie mußten fertig werden und dennoch – nicht heute? Oder haben Sie jemals gesagt, „Ich würde gerne nach Philadelphia wechseln, aber andererseits würde ich auch gerne hier in New York bleiben"? Vielleicht kommt Ihnen folgendes bekannt vor: „Ich möchte wirklich gerne 10 Pfund loswerden, aber auf der anderen Seite schaut diese Sahnetorte zu gut aus, als daß ich sie mir entgehen lassen könnte"? Das magere Selbst und das dicke Selbst kämpfen intern miteinander um die Kontrolle. Ein Teil von Ihnen möchte etwas Bestimmtes machen, und ein anderer Teil möchte etwas anderes machen. Zuweilen werden diese gegensätzlichen Teile *Polaritäten* genannt.

Polaritäten sind zwei Teilpersönlichkeiten, die gegensätzliche Verhaltensweisen haben.

Aller Wahrscheinlichkeit nach haben Sie Teilpersönlichkeiten, ob Sie es wissen oder nicht. Sogar wenn Sie nicht daran gewöhnt sind, in Begriffen von Teilpersönlichkeiten zu denken, haben Sie wahrscheinlich innere Konflikte bemerkt. Kennen Sie diese inneren Konfliktdialoge: „Soll ich diese Person einstellen oder nicht?" „Soll ich mich um diese Beförderung bemühen oder nicht?" „Soll ich zu dieser Party gehen oder nicht?"

Sie könnten sich jede dieser Positionen als etwas vorstellen, das von einem Teil Ihrer Persönlichkeit vorgebracht und von einem anderen Teil bekämpft wird. Natürlich gibt es genaugenommen keine richtige Trennung; wir sind alle aus einem Stück. Sogar unsere zwei Gehirnhälften sind verbunden und befördern die Information schnell hin und her.

Fritz Perls' Arbeit in den sechziger Jahren basierte auf der Theorie widersprüchlicher Teilpersönlichkeiten, und er konnte Menschen mit dramatischen Persönlichkeitsveränderungen helfen, die zu einem positiveren Verhalten führten.

Einige Teilpersönlichkeiten scheinen andere nicht zu kennen und sich offenbar nicht bewußt zu sein, daß sie in einen Konflikt verwickelt sind. Dieser Konflikt kann zur Folge haben, daß eine Person laufend ihrer Energie beraubt wird, und vielleicht gar nicht bemerkt, daß dieses Phänomen stattfindet.

Manchmal können Konflikte zwischen den Teilpersönlichkeiten zu unerklärlichem Verhalten führen. Es folgen zwei Beispiele, bizarr, aber wahr, die Ihnen einen Vorgeschmack liefern, wie schwerwiegend solche Konflikte und der resultierende Mangel an Kommunikation sein können.

Ein Mann in Baton Rouge, Louisiana, drückte auf die Klingel eines bestimmten Hauses und bat höflich um seinen Hut, den er am Vortag zurückgelassen hatte, als er die Dame des Hauses vergewaltigt hatte. Er wurde verhaftet. Anscheinend vergaß der Teil seiner Persönlichkeit, der den Hut wollte, sich mit einem anderen Teil hinsichtlich des vergangenen Verhaltens abzustimmen.

Die Philosophie der Zielkombination kann Sie vor dem Gefängnis bewahren.

Der kongruente betrügerische Künstler

Ein betrügerischer Künstler kann Millionen erschwindeln, wenn er auch nur mäßig kongruent ist. Sie finden das erstaunlich? Wenn ja, dann haben Sie angenommen, daß Kongruenz Ehrlichkeit bedeutet. Dem ist nicht so. Und Kongruenz ohne Ehrlichkeit ist ein wirkliches Problem, weil sie persönliche Macht ohne Hemmungen bedeutet. Betrügerische Künstler sind gute Beispiele dafür, was passieren kann, wenn ein gutes Mittel für einen negativen Zweck eingesetzt wird. Wenn Sie in einer Interaktion versäumen, das Ziel der anderen Person zu berücksichtigen, zahlen Sie letztendlich einen hohen Preis.

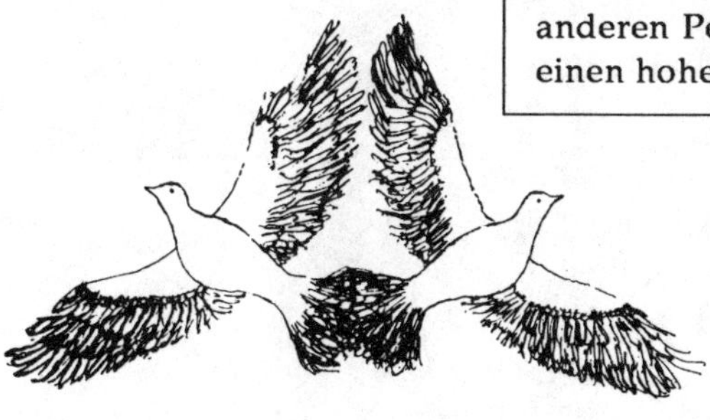

In einer anderen Stadt schrieb ein Bankräuber eine Forderung auf die Rückseite seines Einzahlungsbelegs. Der Einzahlungsbeleg enthielt nicht nur seine Kontonummer; er hatte außerdem seinen Namen und seine Adresse darauf geschrieben. Wenn diese Art von Verhalten nicht auf einen Mangel an Kommunikation zwischen Teilpersönlichkeiten hinweist, dann weiß ich nicht, wie ich diese noch erklären soll.

IDENTIFIKATION UND INTROJEKTION

Sie können erfolgreich und inkongruent sein, aber eventuell können Sie Ihren Erfolg nicht genießen.

Teilpersönlichkeiten können durch die Prozesse der Identifikation und Introjektion geschaffen werden. Eine Möglichkeit, wie Menschen lernen, ist die Identifikation mit anderen, die sie für stark und mächtig halten. Wenn Sie sich erst einmal mit einer Person identifizieren, lernen Sie, wie diese Person zu sein. Erinnern Sie sich, wie Sie so taten, als ob Sie Ihre Mutter oder Ihr Vater wären, oder ein Lieblingslehrer oder ein beliebter Sportler oder eine Schauspielerin? Sie lernten, sich so zu verhalten, wie sich diese Modelle verhielten. Wenn Kinder und Teenager es Erwachsenen gleichtun wollen, heißt es, sie identifizierten sich mit ihren Modellen. In der Tat wird diese Art von Lernen *Identifikation* genannt.

Identifikation ist eine normale, übliche Lernmethode. Eine andere übliche Lernmethode ist die Introjektion, die der Identifikation ähnelt, bei der aber das erlernte Verhalten außerhalb des Bewußtseins des Lernenden liegt. Fritz Perls definiert „Introjektion" als den Mechanismus, durch den wir Normen, Einstellungen, Methoden des Handelns und Denkens, die nicht wirklich unsere eigenen sind, in uns inkorporieren. Mit „nicht wirklich unsere eigenen" meint *Perls*, daß die Introjekte unbewußt sind. Diese Normen, Einstellungen und Verhaltensweisen werden nicht zu bewußten Teilen unserer Persönlichkeit; diese „Stücke" der Persönlichkeiten werden zu den Teilpersönlichkeiten, die oft außerhalb unseres Bewußtseins operieren.

Eines sollten Sie über Teilpersönlichkeiten wissen – speziell über jene, die oft mit inneren Trieben kollidieren: Sie sind häufig introjizierte Teile Ihrer Eltern. Haben Sie sich jemals zu Ihren Kindern sprechen gehört und plötzlich erkannt, daß Sie wie Ihr Vater oder Ihre Mutter klingen? Die meisten von uns scheinen ganze Reihen von Verhal-

> Ein Professor an einer Kunstakademie hielt einen Vortrag über die Bedeutung von Spontaneität für das kreative Denken, während er die ganze Zeit, solange er sprach, eine militärische Paradehaltung einnahm.

> Eine zur Anlageberaterin umgeschulte Lehrerin rühmte die Vorteile einer Kapitalanlage, während sie nervös den Verschluß Ihrer Handtasche auf- und zuschnappen ließ.

tensweisen zu haben, die als Reaktion auf bestimmte Situationen in den Vordergrund treten. Wir wundern uns später nur: „Warum habe ich das jetzt getan?"

Eines Tages griff mein Sohn, während er durch das Eßzimmer ging, nach einem Stück gebratenen Hähnchens, das schon auf dem für das Abendessen gedeckten Tisch lag. Ich sagte: „Nein, nicht. Du wartest mit dem Essen bis zum Abendessen." Dann wurde mir klar, daß da meine Mutter sprach. Mir war wirklich egal, ob er in den zehn Minuten vor dem Abendessen von dem gebratenen Hähnchen naschte. Ich erinnerte mich plötzlich, wie lang einem Kind 10 Minuten vorkommen, rief ihn zurück und gab ihm den Hühnerschenkel.

Im Geschäftsleben erfolgreiche Frauen benutzen manchmal Introjekte von Ihren Vätern. Ich hielt kürzlich einen Vortrag vor einer Gruppe von Frauen, die von dem Material fasziniert waren; dennoch blieben zwei von den dreien zurückhaltend, kühl, förmlich und fast negativ. Die Dritte hatte nicht dieses business-is-serious-business-Introjekt und zeigte ihr Interesse. Sie war mir sympatisch und ich bot einen viel besseren Vortrag, als ich es getan hätte, wenn sie nicht dagewesen wäre. Kommunikation ist ein Feedback-System; wir beeinflussen uns gegenseitig. Die Distanz, die die zwei „seriösen" Geschäftsfrauen aufbauten, beraubte uns alle unserer besten Interaktionen. Als ich später über die Darbietung nachdachte, fragte ich mich, ob die zwei Frauen „seriöse" Geschäftsmänner zum Vorbild hatten – vielleicht ihre Väter.

Introjekte sind eigentlich erlernte, automatische Verhaltsensweisen, die, als Bündel zusammengefaßt, von speziellen Stimuli ausgelöst werden. Wenn eine Struktur mit einer anderen kollidiert, ist oft Inkongruenz die Folge.

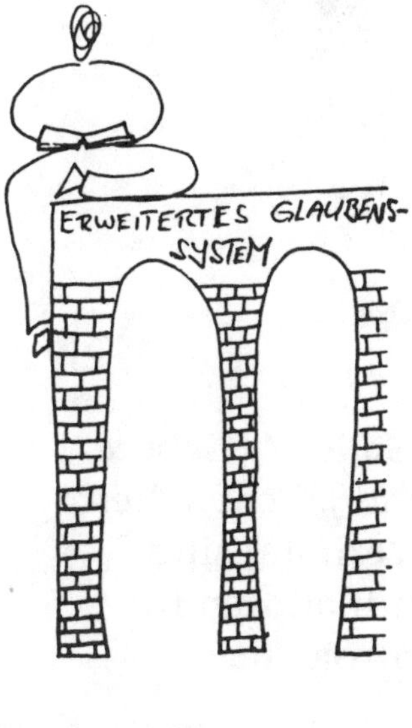

Wenn wir doppeldeutige Botschaften aussenden, und eine von ihnen von unseren Introjekten kommt, wissen wir nicht, daß wir in den Verhaltensweisen der Modelle gefangen sind, mit denen wir uns identifiziert haben. Introjekte sind stark und wirkungsvoll, und schwer zu kontrollieren, und sie könnten mit unseren Hauptzielen kollidieren. Es ist ein wichtiger Schritt bei der Erreichung von Kongruenz, uns unserer eigenen Introjekte bewußt zu werden. Die Reframing-Übung in Kapitel 7 wird Ihnen helfen, Ihre eigenen Introjekte zu entdecken sowie die Teilpersönlichkeiten, die sie hervorbringen.

„Sollen“ (Gebote) und „nicht sollen“ (Verbote) sind Indikatoren für Introjekte.

Ed entdeckt ein Introjekt

Ed kam zur ersten Sitzung einer „introject awareness group" und fragte sich, warum er gekommen war. Er hatte 23 Jahre Erfahrung in Psychoanalyse, war Co-Trainer einer Encountergruppe und ahnte, daß er alles wußte, was er wissen mußte, darüber, wie seine Psyche funktionierte. Er hatte schon ein Vermögen ausgegeben, um sich selbst zu finden. Er sagte, ihm sei genau bewußt, daß es verrückt war, nach all dem teuren Training, dem er seine Psyche schon unterzogen hatte, mit ihr herumzuexperimentieren. Er suchte nach Kongruenz.

Als die Sitzung begann, tauchte Ed mit seinem üblichen Enthusiasmus ins Geschehen ein, und diente als überzeugender Stimulus für jene, die weniger Erfahrung im Herumgraben in ihrem Unbewußten hatten. Das Introjekt, das immer wieder in Eds Workshop-Sitzungen auftauchte, war „sie zum Lachen zu bringen". Ed war erstaunt über sein Introjekt. Er wußte, daß er lustig sein konnte; er hatte in einer schwierigen finanziellen Situation Geld für den Fortbestand seiner Familie verdient, indem er auf Parties witzige Improvisationen darbot. Was er nicht wußte, war, daß er „sie zum Lachen bringen" *mußte* – jede Person, zu jeder Zeit. Er wurde fortwährend von dieser inneren, energieraubenden Vorschrift angetrieben.

Es war besonders schwierig, „sie zum Lachen zu bringen", als sein erwählter Beruf – die Schauspielkunst – ihn weder finanziell ernährte, noch emotional stützte. Er schaute sich ständig nach kleinen Rollen um, bettelte um Geld für Amateur-Theatergruppen und zog nie das große Los am Broadway. Keine Star-Reklame für Ed – sein Name nur dünn gedruckt auf der Rückseite von Programmen, und trotzdem war er verpflichtet, sie zum Lachen zu bringen.

Ein double bind = eine Zwickmühle = widersprüchliche Polaritäten: verdammt, wenn Sie es tun und verdammt, wenn Sie es nicht tun.

Im Verlauf der Sitzungen wurde klar, daß Eds Erziehung und die Ermahnung, sie zum Lachen zu bringen, irgendwie miteinander verbunden waren. In dieses verwobene Gespinst war er verstrickt, gefangen – weit entfernt von dem, was er seit Jahren gewollt hatte: ein erfolgreicher, wohlhabender, vielgerühmter Schauspieler zu sein.

Die Bedeutung dieses double binds – Furcht vor dem Versagen und ein Zwang, sie zum Lachen zu bringen – schien den 23 Jahren Psychoanalyse entgangen zu sein.

Während des Workshops schaffte Ed einen Durchbruch in seinem eigenen Verständnis seiner widersprüchlichen Teilpersönlichkeiten. Seine Furcht vor dem Versagen hatte seinen Wunsch nach Erfolg vollständig sabotiert. Sein Bedürfnis, „sie zum Lachen zu bringen", egal wie niedergeschlagen er sich hinsichtlich seiner Karriere fühlte, ließ ihn inkongruent auftreten und beim Vorsprechen alles andere als glaubwürdig erscheinen.

Wenn Ed mir zu Beginn der Workshop-Sitzungen von seiner jahrelangen Selbsterforschung unter psychiatrischer Anleitung erzählt hätte, hätte ich ihm geraten, nicht an der Gruppe teilzunehmen, weil wir ihm wahrscheinlich nichts Neues würden bieten können. Bis auf den heutigen Tag unterschätze ich die Fähigkeit von Introjekten, sich zu verbergen.

Eine Woche nach Beendigung des Workshops sprach Ed für die Hauptrolle in einem Broadway-Stück vor und bekam sie, und seitdem ist er am Broadway. Obwohl Ihre Introjekte Sie vielleicht nicht davon abhalten, eine Starrolle am Broadway zu spielen, verhindern sie womöglich, daß Sie all den Erfolg erringen, den Sie verdienen.

Introjekt

Eine Norm, eine Einstellung oder eine Verhaltensweise, die von jemand anderen „ausgeliehen" wurde und die auf einer unbewußten Ebene im Gegensatz zu unserem Wesen steht – unser wirkliches Selbst.

Denken Sie daran, daß Teilpersönlichkeiten ursprünglich durch den Prozeß der Introjektion entstehen, und daß Introjekte unbewußt sind. Das heißt, daß Sie, wie Ed, von einigen Ihrer Teilpersönlichkeiten womöglich nichts wissen. Fangen Sie an, wenn Sie sich erst einmal bewußt sind, daß Sie Teilpersönlichkeiten haben, alle überraschenden Reaktionen zu registrieren. Diese könnten Konflikte zwischen Teilpersönlichkeiten anzeigen. Sie können dann entscheiden, ob Ihre Teilpersönlichkeiten und deren Verhaltensweisen nützlich sind. Wenn sie nützlich sind, stören Sie sie nicht. Aber wenn das Verhalten einer Teilpersönlichkeit für Sie ein Problem darstellt, müssen Sie lernen, in einer sinnvollen Weise mit ihnen umzugehen. Wenn Sie sich Ihrer Teilpersönlichkeiten erst einmal bewußt sind, können Sie kreative Wege finden, ihre Energie für Ihre

Ziele nutzbar zu machen. Die „Parts Party" im Anhang ist ein Beispiel, wie Ihre Teilpersönlichkeiten zu erforschen und ihre Konflikte zu lösen sind, so daß Sie in Ihrem Verhalten kongruent sein werden.

KONGRUENZ: DIE INTEGRATION VON TEILEN

Wenn Individuen kongruent sind – wenn andere Menschen ihnen glauben, trauen, ihre Glaubwürdigkeit anerkennen – haben sie viel Power, welche Rolle sie im Leben auch spielen mögen. Kongruenz bietet viele Vorteile, für Sie und für diejenigen, mit denen Sie interagieren.

Kongruenz nimmt eine Feinabstimmung Ihrer Ziele vor. Die Suche nach Kongruenz zwingt Sie dazu, sich sowohl Ihrer bewußten als auch Ihrer unbewußten Ziele gewahr zu werden. Wenn wir keine bewußte Kenntnis unserer Ziele haben, herrscht oft unser Unbewußtes, und seine instinktiven Bedürfnisse werden zur Befriedigung drängen. Wenn wir nicht bewußt wissen, was wir wollen, wird unser Unbewußtes unsere Wahrnehmungsselektion steuern. Dann organisieren wir, mit Hilfe unserer Denkprozesse, diese Wahrnehmungen so, daß unser unbewußtes Streben befriedigt wird.

Wenn unbewußte und bewußte Ziele untereinander im Widerspruch stehen, gewinnt normalerweise das Unbewußte. Wenn die beiden jedoch zusammenarbeiten, stehen Ihre unbewußten Aktiva Ihren bewußten Zielen zur Verfügung. Die zwei ergeben ein starkes Paar.

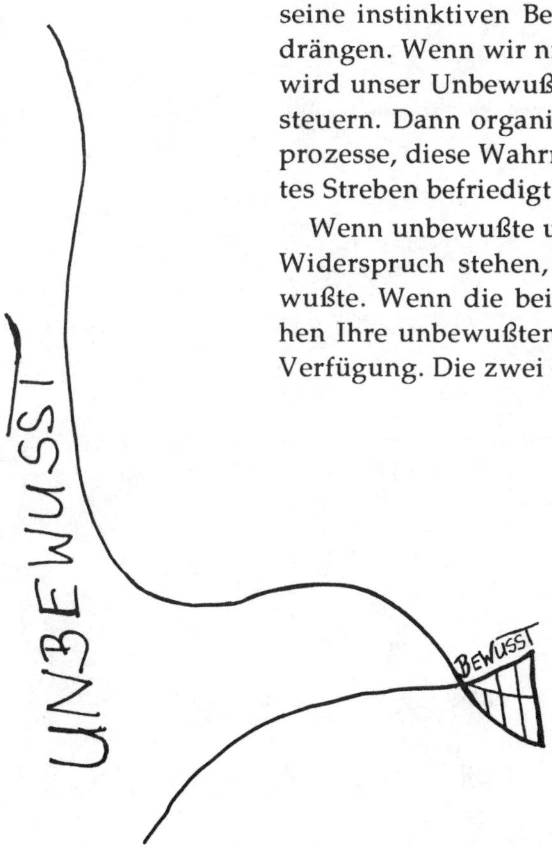

7 ± 2 Informationseinheiten – aktuelle Theorie, wie viel das Bewußtsein in einem Augenblick handhaben kann.

Kongruenz erhöht die Wirkung Ihrer Worte erheblich. Kongruenz bewirkt letztendlich, daß, wenn Sie irgend etwas Wichtiges oder Interessantes zu sagen haben, all Ihre Teilpersönlichkeiten dies wissen und Ihre Worte unterstützen werden. Sie werden eine einzige Botschaft aussenden, und diese Konzentration ist überzeugend. Kongruenz zu haben bedeutet, daß Sie nicht laut reden müssen, um die Aufmerksamkeit Ihrer Zuhörer zu erringen.

Kongruenz und Integrität sind natürliche Partner. Ein Synonym für Integrität ist Ehrlichkeit. Denken Sie daran, daß Kongruenz bedeutet, daß all Ihre Teile in einer einheitlichen Weise zur Erreichung Ihres Zieles zusammenarbeiten. Wenn wir nicht durch unsere Lebenserfahrungen schrecklich verkrüppelt wurden, haben wir einen ehrlichen Teil und einen Fairneß-Teil. Wenn wir die Attribute Ehrlichkeit und Fairneß in unsere Interaktionen inkorporieren, steigt unsere persönliche Befriedigung, während wir fortfahren, nach Kongruenz und Integrität zu streben.

Kongruenz bedeutet Frieden im Geist. Wenn Ihre Teilpersönlichkeiten mit Ihrem Ziel einverstanden sind, spüren Sie eine beachtliche Zielstrebigkeit und Zufriedenheit. Einige Menschen erreichen eine zweitklassige Version dieses Gefühls, indem Sie Ihr Leben einer Institution oder Person widmen, die für sie Entscheidungen treffen. Dieser zweitklassige Frieden des Geistes ist es, was Sekten entstehen läßt. Meiner Meinung nach stellt das einen Rückzug dar. Unsere Gehirne sind dazu bestimmt, Entscheidungen zu treffen. Wenn Sie kongruent sind, aufrichtig mit sich selbst und integer in Ihrer Entscheidungsfindung, werden Sie sich mit sich selbst in Frieden befinden.

Kongruenz bedeutet, daß Sie sich keine Sorgen machen müssen, daß Ihnen ‚Schnitzer' unterlaufen – egal, ob Freudsche Fehlleistungen oder hölzerne.

Kongruenz macht aus Fehlern Experimente. Kongruenz bedeutet, daß Sie sich keine Sorgen machen müssen, daß Ihnen ‚Schnitzer' unterlaufen – egal ob Freudsche Fehlleistungen oder hölzerne.[6] Ferner brauchen Sie sich keine Sorgen darüber machen, einen Fehler zu machen. Wenn Sie kongruent sind, stellt ein Fehler einfach einen Versuch dar, der nicht erfolgreich ist; er deutet nur auf die Notwendigkeit hin, irgend etwas anderes zu tun, etwas anderes auszuprobieren. Wenn Sie das Beste getan haben, was Sie können, können Sie aufhören, Vorkommnisse als „Fehler" zu etikettieren; statt dessen nennen Sie sie „Experimente". Einige Versuche funktionieren, andere nicht. Falls Sie es vorziehen, eher an Experimenten teilzuhaben als an Fehlern, dann ist Kongruenz der richtige Weg.

Freudsche Fehlleistungen

Meine Intrigität (Integrität) ist bekannt.
Ich denke, er hat sich sehr konkurrent (kongruent) verhalten.
Ich hoffe, daß (k)einer den Fehler bemerkt.

Verbale Kongruenz

In vielen Kommunikations-Interaktionen macht der Ton die Musik, d.h. die eigentliche Botschaft ist im Tonfall enthalten. Wenn Ihrem Tonfall zu entnehmen ist, „dies ist nicht wirklich wichtig", und Ihre Worte sagen, „dies ist wirklich wichtig", ist Ihre Kommunikation inkongruent. Und Ihr Zuhörer wird „nicht wichtig" hören, eben aufgrund Ihres Tonfalls.

Wenn Sie den Tonfall, die Sprechgeschwindigkeit und die Klangfarbe zur Unterstützung und Bekräftigung Ihrer zentralen Worte nutzen können, werden Sie kongruent sein. Wenn Sie kongruent sind, wird Ihre Stimme die Zusammenarbeit all Ihrer Teile widerspiegeln, und Sie werden in Ihrer Kommunikation eine viel größere Wirkung erzielen.

Kongruenz steigert die Glaubwürdigkeit. Auch wenn Sie nur ein bißchen kongruent sind, steigert das Ihre Glaubwürdigkeit bei anderen. Ich leitete vor Jahren einmal ein Training für einen Konkurrenten, der sagte, er wäre neugierig auf unsere neuen Fertigkeiten. Ich denke, er war auf der Suche nach Kongruenz.

Dieser Konkurrent war ein hervorragender Unternehmens-Berater von der Ostküste. Er war an einem Grad von Kongruenz angelangt, der ihm Glaubwürdigkeit bei 400 von den 500 besten Firmen (Fortune-Magazin) verschafft hatte. Diese Firmen bezahlten ihn für seine Arbeit, und zwar nicht schlecht. Dennoch wurde dieser Mann von inneren Konflikten zerrissen, was auch für jemanden, der wenig geschult war, offensichtlich war. Er schüttelte seinen Kopf von links nach rechts, als er einen „klaren" Standpunkt darlegte. Er lachte in unpassenden Momenten. Er sprach von Ehrlichkeit und zahlte mir weniger als ausgemacht war. Zugegebenermaßen fand ich es erstaunlich, daß er so erfolgreich war, wie er war. Konnte es sein, daß es so wenig Kongruenz im Geschäftsleben gibt, daß selbst das geringe Ausmaß, das er erreicht hatte, schon ausreichte.

Kurze Zeit nach dem Seminar wechselte er den Beruf. Ich habe mich oft gefragt, ob dieser Wechsel das Ergebnis von Einblicken in seine eigenen doppeldeutigen Botschaften war. Er machte im Verlauf des Seminars einige Fortschritte, aber für ihn wären mehr als drei Tage Arbeit nötig gewesen.

> Ein Investmentbroker lud mich einmal zum Mittagessen ein, um mich zu überzeugen, meine Optionen auf ein Wertpapier zu verkaufen, die ich besaß. Während des Essens beobachtete er die ganze Zeit über jeden im Raum außer mir und hörte mir nie bei meinen wohldurchdachten Anlageplänen zu. Als wir uns verabschiedeten, bat er, während er über meine Schulter hinweg guckte: „Sie rufen mich wegen dieser Optionen an, nicht wahr?" Er erhielt natürlich keinen Anruf.

Sich selbst zu kennen heißt, alle seine Teilpersönlichkeiten zu kennen.

Kongruenz bedeutet, daß Sie gelernt haben, sich selbst zu managen. Sie setzen Ziele und gehen Ihren eigenen Weg. Sie sabotieren nicht länger Ihre bestens geplanten Vorhaben. Und wenn Sie sich selbst managen können, sind Sie drauf und dran, andere zu managen.

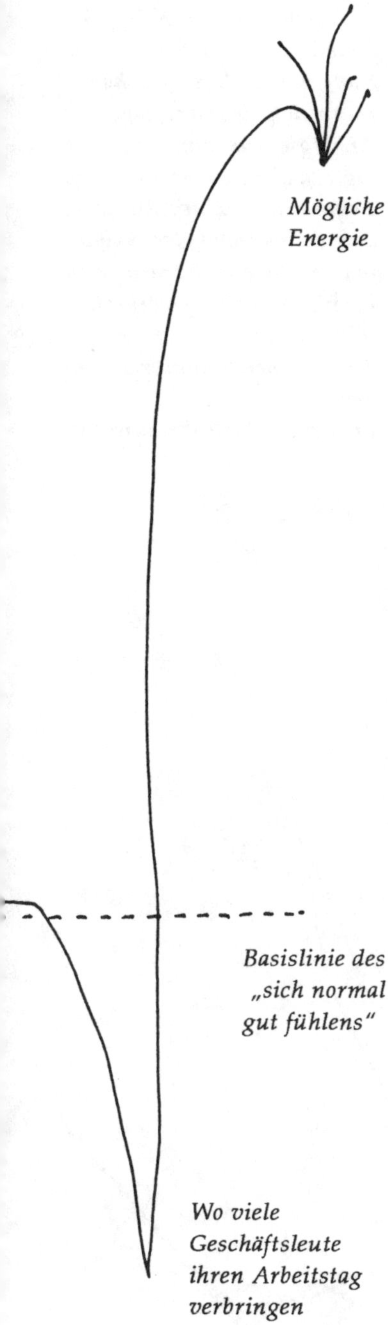

Kongruenz bringt Energie mit sich und dient der Heiterkeit. Für die meisten von uns sind Konflikte zwischen unseren Teilpersönlichkeiten so quälend und störend, daß wir sie unterdrücken – wir halten sie von unserem Bewußtsein fern. Diese Unterdrückung erfordert viel Energie, wie *Sigmund Freud* dargelegt hat. Trotz unseres intensiven Wunsches sie zu unterdrücken, zeigen sich bestimmte Aspekte des Konflikts fortwährend in unserem Verhalten. Wenn wir z. B. zu unserer Arbeit eine Haß/Liebe-Beziehung haben, werden wir womöglich viele Stunden arbeiten, uns sehr bemühen und dann eine wichtige Sitzung „vergessen". Wenn wir uns unserer inneren Konflikte bewußt werden, können wir die geistige Energie freisetzen, die wir für die Unterdrückung benutzt haben, einige innere Verhandlungen ausarbeiten, und die freigesetzte Energie in unserem Leben nutzen.

Wenn Sie erst einmal die Erleichterung, Energie und Erregung erlebt haben, die es mit sich bringt, wenn Ihre Konzentration in eine Richtung gelenkt ist, könnten Sie süchtig nach dem Gefühl werden. Sie werden nicht länger aufgrund der Unterdrückung von Konflikten der Energie beraubt. Sie gehen nicht mehr sechs Schritte vor und dann sechs Schritte zurück. Sie haben das wunderbare Gefühl, das daher rührt, daß all Ihre Teile glatt zusammenarbeiten und Ihnen Spitzenleistungen ermöglichen und zu Ihrer Erleichterung beitragen. Einige Leute bekommen dieses Gefühl beim Skifahren, oder wenn Sie Ton auf eine Töpferscheibe werfen, oder bei Boots- oder Autorennen. Es ist recht einfach, wenn Körper und Geist zusammenarbeiten, wenn all Ihre Aufmerksamkeit auf eine Sache konzentriert ist – das ist Kongruenz.

Laß uns zusammenarbeiten.

Für viele Menschen ist Skifahren ein gutes Beispiel für Kongruenz. Ein Geschäftsmann, den ich kenne, faßte die Analogie zusammen, als er sagte, daß die Sache, die er am Skifahren mochte, die war, daß er während des Skifahrens nicht ans Büro denken konnte. Er sagte, es erfordere seine ganze Aufmerksamkeit, den Berg heil hinunterzukommen.
Kongruenz hielt ihn aufrecht.

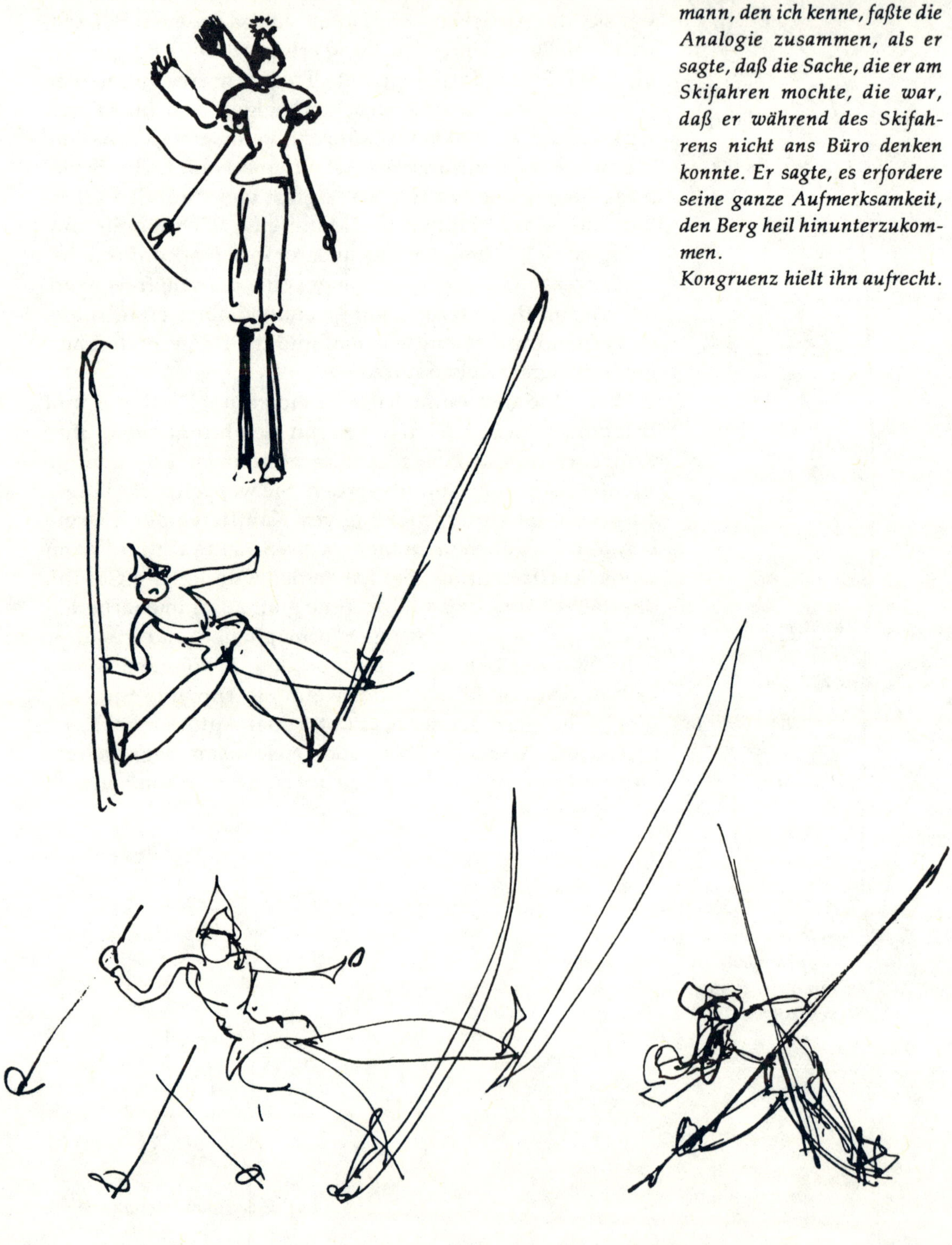

Kongruenz ist so wirkungsvoll, daß ihr richtiger Gebrauch genauso wichtig ist wie die Tatsache, sie zu haben.

Kongruenz ist so selten, daß schon ihr Vorhandensein persönliche Macht garantiert. Ich beziehe mich nicht nur auf die Macht, die mit einer Führungsposition verbunden ist, wie z. B. beim Präsidenten der Vereinigten Staaten von Amerika, sondern auch auf ruhige, gelassene und sogar auf „unter den Scheffel" gestellte Macht.

Ich bin seit vielen Jahren von persönlicher Macht fasziniert. Wer hat sie? Wer hat sie nicht? Basiert sie auf Geld, auf der hierarchischen Position? Gibt es eine persönliche Macht, die nichts mit diesem äußerlichen Drum und Dran zu tun hat?

Wenn Sie erst einmal die Erleichterung, Energie und Erregung erlebt haben, die es mit sich bringt, wenn Ihre Konzentration in eine Richtung gelenkt ist, könnten Sie süchtig nach dem Gefühl werden.

Wie ich in diesem Kapitel angedeutet habe, kann eine bestimmte Art von persönlicher Macht nicht gekauft werden; sie basiert auch nicht auf einem Titel. Ich habe ein paar Menschen gekannt, die sie haben. Nachdem ich ihr Verhalten studiert habe, glaube ich nun, daß Kongruenz das Fundament ihrer persönlichen Macht ist.

Angenommen, Sie stimmen mir zu, daß Kongruenz zu haben eine feine Sache zu sein scheint. Wie bekommen Sie sie? Das nächste Kapitel wird Ihnen zusätzliche Fertigkeiten vermitteln und Ihnen einige Dinge über sich selbst beibringen. Sie können sogar einige Ihrer Introjekte dazu überreden, aus der Versenkung aufzutauchen.

Naja ... wenigstens konnten wir den Tieren Namen geben.

7 Ein neuer Rahmen

Manchmal wissen Sie genau, was Sie wollen, aber Ihre Handlungen verhindern, daß Sie es erreichen. Mit anderen Worten, Sie zeigen ein Verhalten, das Sie daran hindert, Ihre Ziele zu erreichen. Nehmen wir beispielsweise an, Sie möchten befördert werden, und eine der Voraussetzungen für eine Beförderung ist, daß all Ihre Projekte rechtzeitig fertig sein müssen. Sie wissen das, vollenden Ihre Arbeit jedoch immer einen Tag zu spät, eine Woche zu spät, einen Monat zu spät. Vielleicht sind Sie sich des Konfliktes nicht bewußt, aber Ihr Verhalten zeigt, daß in der Tat ein Konflikt vorhanden ist. Ein Teil von Ihnen möchte die Projekte planmäßig vollenden, und ein Teil von Ihnen möchte das nicht.

Der Schlüssel zur Veränderung dieses Verhaltens besteht darin, die Absicht des Teiles herauszufinden, der Sie sabotiert – in diesem Fall des Teiles, der immer zu spät fertig wird. Teilpersönlichkeiten versuchen, Sie in irgendeiner Hinsicht zu schützen. Der Teil, der das Projekt verspätet zustande bringt, schützt Sie vor irgend etwas, aber wovor? Sie müssen mehr über diesen Schutz wissen. Wenn Sie die hinter diesem Verhalten steckende Absicht herausfinden können, können Sie so handeln, daß Sie die Beförderung erreichen. Sie werden anfangen, kongruent die Botschaft zu übermitteln, daß Sie eine Beförderung verdient haben. Oder Sie könnten sich, wenn Sie erst einmal die Absicht Ihres „verspäteten" Teiles kennen, entschließen, daß Sie gar nicht befördert werden wollen. Dann werden Sie in dieser Hinsicht kongruent sein.

Dinge vor sich herzuschieben lohnt ein Reframing.

Es ist schwierig für Ihr Bewußtsein, die Absicht, die hinter einer Verhaltensweise steckt, zu erkennen. Die Absicht Ihres „verspäteten" Teiles könnte sein, Sie davor zu schützen, zu eng mit einem reizbaren Kontrolleur zusammen zu arbeiten. Oder womöglich will er Sie so unglücklich werden lassen, daß Sie sich nach einer aussichtsreicheren Position in einer anderen Firma umsehen. Was auch immer die Absicht des Teiles im einzelnen ist, so können Sie doch sicher sein, daß er eine hat. Wenn Ihrem offensichtlich widersprechenden Teil erst einmal neue Verhaltensweisen zur Verfügung stehen, die seine Schutzabsicht befriedigen werden, wird Ihnen der Teil erlauben, in einer Art und Weise tätig zu werden, die mit Ihren wichtigsten Zielen übereinstimmt.

Sie können die Absicht eines widersprechenden Teils, einer widerspenstigen Teilpersönlichkeit herausfinden; und mittels eines Verfahres, das *Reframing* genannt wird, können Sie lernen, der Absicht auf eine andere Weise zu genügen – auf eine Weise, die für Ihre Ziele nicht schädlich ist.

Reframings

Zwei eindeutig verschiedenartige mentale Prozesse sind beide als Reframings bekannt geworden. Dies ist insoweit verständlich, weil die „Absicht", die hinter einem bestimmten Verhalten steckt, bei beiden mentalen Prozessen der Schlüssel für eine Veränderung ist.

Einfache Reframings werden für den Umgang mit Einwänden bei einer Versammlung oder einem Verkaufsgespräch verwendet. Bei einem einfachen Reframing muß die Person, die das Reframing macht, die Absicht, die hinter dem Einwand der anderen Person steckt, erraten. Bei einem komplexen Reframing, das vorwiegend dazu verwandt wird, unerwünschte Verhaltensweisen, wie z. B. Verzögerungen und Budgetüberschreitungen, zu verändern, liefert die betreffende Teilpersönlichkeit die Absicht. Die Person, die eine Veränderung erreichen möchte, liefert all die Information und macht im Grunde die Arbeit.

Blitz-Reframings

Uh, ist es heute heiß!
Reframe: Ja! Laß uns schwimmen gehen. Das Wasser wird ideal sein.

Mein Chef hat gekündigt.
Reframe: Ich bin gespannt, ob man mit dem neuen leichter zusammenarbeiten kann.

Ich habe eine Laufmasche in den Strümpfen.
Reframe: Das ist ein guter Vorwand, um sie auszuziehen und ohne zu gehen – das ist so bequem.

Mein Flugzeug wird 3 Stunden Verspätung haben.
Reframe: Welch eine Gelegenheit, sich in Schreibarbeiten zu vertiefen. Haben Sie genügend in Ihrer Aktentasche, um sich damit zu beschäftigen? Oder wollen Sie die Einzelheiten meiner Lösung für das heillose Durcheinander in Detroit hören?

Reframings in Verkaufsgesprächen

Dieses Auto kostet fast doppelt so viel wie jenes, was ich momentan fahre.
Reframe: Ja, so ist es. Und in fünf Jahren wird es immer noch fahren, was bedeutet, daß die jährlichen Ausgaben niedriger und die Wartungskosten geringer sein werden. Und warten Sie ab, bis Ihre Freunde Sie in einem Porsche sehen.

Diese Uhr schaut zerbrechlich aus.
Reframe: An Ihrem Handgelenk sieht sie grazil aus, und sie hat ein ausgezeichnetes Uhrwerk.

Das ist ein teurer Kopierer.
Reframe: Die Anfangskosten mögen hoch erscheinen. Darf ich Ihnen unseren hervorragenden Wartungsplan zeigen, und Sie werden sehen, wie selten eine Wartung erforderlich ist.

Reframing ist eine nützliche Methode, um Ihre Teilpersönlichkeiten miteinander bekannt zu machen.

Warum bin ich so unscheinbar und du so interessant?

REFRAMING

Diese wirkungsvolle Technik entstand, meines Wissens nach, aus der Gestaltübung des „heißen Stuhles". Die Videotapes von *Fritz Perls* zeigen, wie er die Absichten seiner Klienten ans Licht bringt, wenngleich sein Ansatz weniger fokussiert war als die Reframing-Technik.

Die erste veröffentlichte Version des Reframing, die ich kenne, befindet sich in *Leslie Cameron-Bandlers* Buch *Wieder zusammenfinden.* Inzwischen haben *Richard Bandler* und *John Grinder* ein Buch mit dem Titel *Reframing* veröffentlicht, das viele Variationen der Grundschritte enthält.

Das Reframing kann mit einem Freund gemacht werden. Suchen Sie sich jemand, zu dem Sie Vertrauen haben, und lassen Sie sich von ihm/ihr die folgenden Anweisungen vorlesen. Wenn Sie während dieses Vorgangs nicht reden möchten, sollte Ihr Freund aufmerksam genug sein, um zu wissen, wann Sie mit jedem Schritt fertig sind. Vielleicht ziehen Sie es auch vor, ihm/ihr ein Zeichen zu geben, wenn Sie zum nächsten Schritt bereit sind. Suchen Sie sich einen ruhigen Ort, wo Sie diese Schritte durchgehen können, ohne gestört zu werden.

Im folgenden finden Sie eine Gedächtnisstütze, mit deren Hilfe Sie durch die Abfolge der Schritte kommen.

R Registrieren Sie den Teil, der das unerwünschte Verhalten hervorruft.

E Erweisen Sie dem Teil Ihre Dankbarkeit für die vergangenen Dienste. (Dies könnte schwierig sein.)

F Finden Sie die Absicht heraus, die hinter dem Verhalten steckt.

R Richten Sie an Ihren kreativen Teil die Bitte, drei neue Wege zu finden, die der Absicht entsprechen.

A Appellieren Sie an den Teil, der das unerwünschte Verhalten hervorruft, zuzustimmen, die drei neuen Wege auszuprobieren, bevor er das alte, unerwünschte Verhalten verwendet.

M Maßarbeit: Stellen Sie sicher, daß alle Teile mit dem neu Gelernten, dem neuen Verhalten einverstanden sind.

E Einklang durch den Ökologie-Check. Werden die neuen Wege in Ihr Leben passen?

Wählen Sie nun ein Verhalten aus, daß Sie gerne verändern würden, und lassen Sie uns in die Feinheiten dieses Prozesses einsteigen.

Registrieren Sie den Teil, der das unerwünschte Verhalten hervorruft. Selbst wenn Sie sich nicht sicher sind, ob Sie Teilpersönlichkeiten haben, tun Sie, der Kongruenz zuliebe, so, als ob das unerwünschte Verhalten von einer Teilpersönlichkeit von Ihnen hervorgerufen wird. Identifizieren Sie den Teil, der das Verhalten hervorruft, indem Sie Ihre Aufmerksamkeit auf das Verhalten konzentrieren, bis Sie ein Bild vor dem geistigen Auge bekommen, oder ein deutliches Gefühl oder Worte. Geben Sie dem Teil einen Namen. Schließen Sie Ihre Augen und beginnen Sie einen inneren Dialog mit diesem Teil Ihrer Persönlichkeit.

Fragen Sie den Teil zuerst, ob er bereit ist, mit Ihnen zu kommunizieren. Als Reaktion könnten Sie ein Körpergefühl bekommen, wie z. B. ein entspanntes Gefühl in der Brust, oder irgendein anderes Zeichen der Zustimmung. Vielleicht hören Sie sogar ein ‚ja', das von den inneren Tonbändern kommt, die die meisten von uns mit herumtragen. Fast immer wird es irgendeine Art von Reaktion geben. Wenn nicht, gehen Sie davon aus, daß Schweigen ‚ja' bedeutet.

Erweisen Sie dem Teil Ihre Dankbarkeit für die vergangenen Dienste. Sagen Sie dem Teil in einem respektvollen Ton, immer noch im inneren Dialog, daß Sie all die Wege zu würdigen wissen, die er ausprobiert hat, um Sie zu schützen. Nehmen Sie sich einen Moment Zeit, um diese Würdigung zu spüren. Falls der Teil dafür gesorgt hat, daß Sie 200 Pfund zunahmen, mag das einige Mühe kosten. Denken Sie daran, daß der Teil sich nicht um Ihr Gewicht kümmert; er sorgt nur für Ihren Schutz. Sie können würdigen, welch gute Arbeit der Teil geleistet hat, ohne dankbar für die Form sein zu müssen, in der das geschah. Zweifellos stellen 200 Pfund eine Menge Schutz dar.

Finden Sie die Absicht heraus, die hinter dem Verhalten steckt. Bitten Sie den Teil sehr freundlich und höflich, Ihnen die Absicht, die hinter dem Verhalten steckt, mitzuteilen. Die Absicht ist das Ziel, der Zweck des unangenehmen Verhaltens, wie sie von dem Teil selbst gesehen wird. Sie werden wahrscheinlich eine aus Gefühlen, Bildern oder Klängen bestehende Antwort erhalten. Falls Sie, aus irgendeinem Grund, keine Antwort erhalten, äußern Sie ein paar Vermutungen, und bitten den Teil um eine ‚Ja'- oder ‚Nein'-Antwort.

Es ist effektiver, wenn der Teil mit seiner Absicht ‚herausrückt', weil die Absicht normalerweise für Ihr Bewußtsein eine ziemliche Überraschung ist. Falls Sie auf alle Vermutungen ein „nein" erhalten und die Absicht für Sie sehr wichtig ist, könnte es sein, daß Sie professionelle Hilfe beim Reframing in Anspruch nehmen wollen. Meiner Erfahrung nach können jedoch 90 Prozent derer, die es versuchen, die Absicht ohne zusätzliche Unterstützung ermitteln. Hüten Sie sich davor, die Absicht kennenzulernen und sie als „absurd" abzutun. Die Absicht erscheint dem Teil, der Sie schützt, nicht als absurd. Wenn Sie die Absicht kennen, bedanken Sie sich bei dem Teil und bitten Sie ihn, abzuwarten, während Sie Kontakt zu Ihrem kreativen Teil aufnehmen.

Richten Sie an Ihren kreativen Teil die Bitte, drei neue Wege zu finden, die der Absicht entsprechen. Wenn Sie keinen kreativen Teil haben, wie wäre es mit einem problemlösenden Teil oder einem höheren Selbst, oder mit irgendeinem anderen Teil, an den Sie sich wenden, wenn Sie wirklich Hilfe brauchen? Falls Sie keinen solchen Teil haben, tun Sie so, als ob. So zu tun als ob, funktioniert sehr gut.

Bitten Sie Ihren kreativen Teil, sich drei neue Verhaltensweisen auszudenken, die der Absicht entsprechen und das unerwünschte Verhalten nicht enthalten. In den 7 Jahren, in denen ich mit diesem Schritt gearbeitet habe, bin ich keinem begegnet, der nicht mindestens 2 neue Verhaltensweisen gefunden hat. Falls Ihnen nur 2 neue Verhaltensweisen in den Sinn kommen, können Sie Ihren kreativen Teil bitten, weiter an neuen Verhaltensweisen zu arbeiten und es Sie wissen zu lassen, wenn er sie gefunden hat. Wenn Sie 3 neue Verhaltensweisen haben, bedanken Sie sich bei Ihrem kreativen Teil.

Appellieren Sie an den Teil, der das unerwünschte Verhalten hervorruft, zuzustimmen, die drei neuen Wege auszuprobieren, bevor er das alte, unerwünschte Verhalten verwendet. Fragen Sie nun Ihren sabotierenden Teil, der inzwischen gewartet hat, ob er bereit ist, die neuen Verhaltensweisen auszuprobieren, bevor er auf das unerwünschte Verhalten zurückgreift. Falls er „ja" signalisiert, sind Sie fast fertig. Falls er „nein" signalisiert, versichern Sie dem Teil, daß Sie ihm nicht die Möglichkeit nehmen, das unerwünschte Verhalten zu benutzen. Sie möchten einfach, daß der Teil die neuen Verhaltensweisen vor dem unerwünschten Verhalten ausprobiert. Dies wird normalerweise ausreichen. Sie müssen ein eindeutiges „ja" erhalten. Wenn Sie es aus irgendeinem Grund nicht erhalten, bitten Sie den kreativen Teil, mit dem blockierten Teil (stuck part) zusammenzuarbeiten, um alternative Verhaltensweisen hervorzubringen.

Maßnahme: Stellen Sie sicher, daß alle Teile mit dem neu Gelernten, dem neuen Verhalten einverstanden sind. Überprüfen Sie innerlich, ob Sie sicher sein können, daß all Ihre Teilpersönlichkeiten mit den neuen Verhaltensweisen einverstanden sein werden. Wenn ein Teil einen Einspruch erhebt, verwenden Sie die REFRAME-Schritte erneut für diesen neuen Teil. Beginnen Sie diesmal damit, die Absicht herauszufinden, die hinter dem Einspruch steckt (das F in REFRAME), und die von dem neuen Teil bekundet wird, der sich gerade gezeigt hat.

Wenn alle Teile einverstanden sind, bedanken Sie sich bei dem Teil, der für das vergangene unerwünschte Verhalten verantwortlich war, für seine Kooperation. Bitten Sie dann den Teil, sich mit dem kreativen Teil zusammenzutun, so daß sie sich gegenseitig berühren – vielleicht mit einem Händeschütteln oder einer Umarmung. Manchmal tanzen Teile eine Gigue miteinander. Freuen Sie sich, wenn Sie bemerken, was passiert, wenn Sie die Energie dieser Teile freisetzen, die ihre Positionen verteidigt haben. Bitten Sie sie dann, sich in der Zukunft gegenseitig zu helfen, der Absicht zu entsprechen.

Einklang durch den Ökologie-Check. Werden die neuen Wege in Ihr Leben passen? Überprüfen Sie schließlich die wesentlichen Menschen und Aktivitäten in Ihrem Leben, um sicherzugehen, daß die Veränderungen, die sich aus Ihrer Nutzung der neuen Verhaltensweisen ergeben, völlig positiv sein werden. Wenn Sie mehr Vertrauen bekommen und infolgedessen Ihrem Chef „die Meinung sagen" und Ihren Job verlieren, sollten Sie vielleicht nochmals überlegen, wie Sie dieses neue Vertrauen besser geplant nutzen können. Kurz, stellen Sie sicher, daß das, was Sie neu gelernt haben, das ökologische Gleichgewicht aufrechterhält.

Bringen Sie zum Abschluß all Ihre Teile zurück nach innen, und kehren Sie ins Hier und Jetzt zurück. Sie haben eine Reise tief ins Innere Ihrer eigenen Psyche unternommen. Lassen Sie sich Zeit, bis Sie zu Ihren Alltagsaktivitäten zurückkehren. Einige ruhige Minuten wären nun nützlich und fruchtbar.

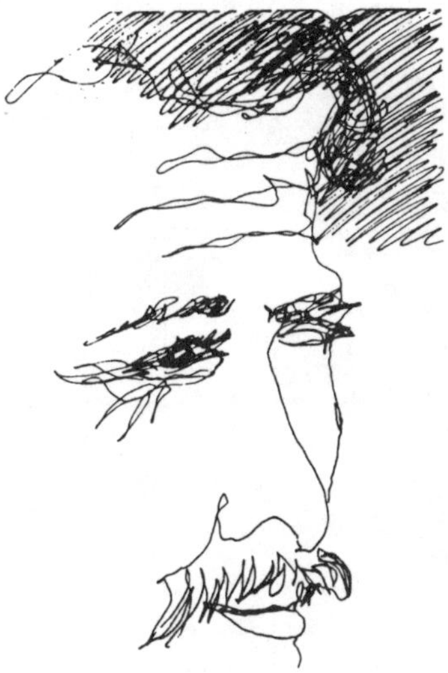

Rogers Reframe

Das folgende Beispiel zeigt, wie ein Reframing Roger, einem sehr erfolgreichen Handelsvertreter, half, sich selbst gut zu verkaufen. Sieben Jahre lang war Roger in seiner Firma ein Top-Verkäufer gewesen. Nun wollte er sein eigenes Geschäft aufmachen, Verkaufsseminare leiten. Er war als Verkäufer der Produkte seiner Firma sehr geschickt gewesen, entdeckte jedoch, daß er sich selbst gar nicht gut verkaufen konnte.

Ich bat Roger, sich mit seinem „Versagen-beim-Verkaufen"-Teil in Verbindung zu setzen. Das Versagen reagierte sofort mit einer inneren Stimme. „Ja, hier bin ich. Was möchtest du?"

Ich wies Roger an, dem Versagen zu sagen, daß er würdigte, wie hart es gearbeitet hätte, um ihn am Verkaufen zu hindern. Roger hielt abrupt ein und sagte: „Das kann ich nicht sagen. Ich hasse es."

„Atmen Sie tief durch. Der Teil versucht, Sie auf irgendeine Art zu schützen. Sie können doch würdigen, daß er das zu tun versucht."

„Okay, Versagen, vielen Dank für deine Versuche, mich zu beschützen. Laß uns ein neues Verhalten ausarbeiten."

Roger hörte der inneren Stimme zu und sah bestürzt aus. „Er hat Angst. Er möchte kein neues Verhalten. Er sagt, es ginge ihm gut[7] und er bräuchte keine Hilfe."

„Gut. Versichern Sie ihm nochmals, daß Sie ihm helfen werden, Sie noch besser zu schützen."

„Seine Stimme zittert nicht mehr. Er wird zuhören, aber er ist sich nicht sicher, ob er mitmachen wird."

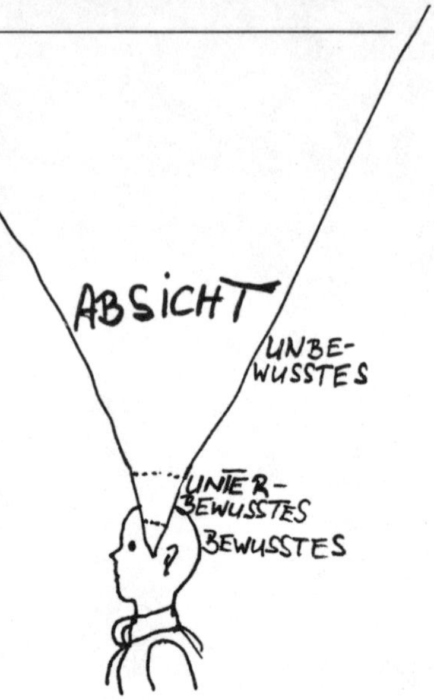

„Großartig. Fragen Sie den Versagen-Teil nun, wovor er Sie beschützt."

Kurze Pause. „Er möchte nicht, daß ich gekränkt werde. Falls ich mein Verkaufsseminar gut verkaufe und es geht schief, wäre ich sehr gekränkt und enttäuscht." Rogers Stimme klang unsicher und skeptisch.

„Bedanken Sie sich beim Versagen-Teil für die Kommunikation und beruhigen Sie ihn noch einmal."

Roger machte dies und wartete dann. Wir arbeiteten vor einer Gruppe, und die ganze Gruppe schien den Atem anzuhalten. „Roger", sagte ich, „atmen Sie tief durch". Jeder atmete tief durch.

„Würden Sie nun bitte Ihr kreatives Selbst bitten, sich zu uns zu gesellen?"

„Ich glaube nicht, daß ich ein kreatives Selbst habe."

„Wie wäre es mit einem problemlösenden Selbst?"

„Oh ja, so eines habe ich."

„Ist es da?"

„Ja."

„Bitten Sie Ihr problemlösendes Selbst, ein paar Wege zu finden, um Sie vor dem Scheitern zu schützen, wenn Sie ein Seminar verkaufen."

Lange Pause, dann: „Okay, ich habe vier Wege."

„Macht es Ihnen etwas aus, uns zu erzählen, welche Wege das sind?"

„Nein, natürlich erzähle ich sie Ihnen. Falls es im ersten Durchgang nicht so gut klappt, werde ich Feedback bekommen und das Seminar so verändern, daß es gut ist. Das ist Nummer eins. Ich war in der Vergangenheit immer bei allem erfolgreich, was ich getan habe. Ich werde mich jeden Tag daran erinnern. Das ist Nummer zwei. Ich werde fünf Verkaufsseminare von Konkurrenten besuchen, um sicherzugehen, daß meine besser sind. Das ist Nummer drei. Und ich werde Freunden Freiplätze geben, um zusätzlich Feedback bei allen Veränderungen zu bekommen, die ich vornehme. Das ist Nummer vier."

„Gut. Fragen Sie jetzt den Versagen-Teil, ob er bereit ist, diese neuen Verhaltensweisen auszuprobieren."

„Er sagt ‚Ja', aber er ist sich nicht sicher, ob sie funktionieren werden."

„In Ordnung. Aber er ist dazu bereit, sie auszuprobieren?"

„Ja."

„Sehen Sie jetzt nach, ob irgendein anderer Teil etwas gegen das neu Erlernte einzuwenden hat."

Es entstand eine lange Pause. Dann schaute Roger verlegen: „Na ja, es gibt einen anderen Teil, der damit nicht einverstanden ist."

„Wie heißt dieser Teil?"

Pause. „Risiko. Es ist mein „Risiken-eingehender"-Teil. Er ging mit 15 zur Armee. Er möchte nicht alle vier Schritte durchgehen. Er möchte jetzt vorwärtskommen."

„Bedanken Sie sich bei Risiko dafür, daß dieser Teil sich gemeldet hat."

„Okay. Er ist verblüfft. Er ist noch nie vorher gewürdigt worden. Er mag es."

„Fragen Sie ihn nun nach seiner Absicht, warum er Sie in das Seminargeschäft drängt."

Rogers archetypische Teilpersönlichkeiten: Versagen Problemlösend Risiko

„Er weiß, daß ich es gut machen kann, selbst ohne all die Übung. Er brennt darauf, es in Angriff zu nehmen. Er trägt Joggingschuhe."

„Bitten Sie ihn zu warten, während wir mit Ihrem problemlösenden Teil reden."

„Er meint: ‚Okay, aber beeil' dich.' Er ist ungeduldig."

„Ich weiß. Hat Ihr problemlösender Teil drei Verhaltensweisen für Risiko parat?"

Kurze Pause. „Ja."

„Um welche handelt es sich?"

„Erstens kann Risiko für die Geschwindigkeit verantwortlich sein, so daß ich bei der Vollendung aller vier Schritte gut vorankomme. Er kann auch dafür verantwortlich sein, daß ich ein Risiko eingehe, während ich diese vier Schritte mache. Risiko kann auch für neues Lernen zuständig sein, während ich mich darauf vorbereite, loszulegen."

„Hat Risiko dies gehört?"

„Ja."

„Ist dieser Teil einverstanden?"

„Er versteht nicht, was neu Erlerntes mit Risiko zu tun hat."

„Können Sie für ihn einen Zusammenhang herstellen?"

„Ja."

„Was sagt er dazu?"

„Er ist nicht gerade begeistert von dem neu Erlernten."

„Wird er damit einverstanden sein?"

„Er wird es versuchen."

„Gut. Gibt es nun noch irgendeinen anderen Teil, der einen Einwand hat?"

„Keine Einwände."

„Gut. Lassen Sie all Ihre Teile – Risiko inbegriffen – sich untereinander die Hand geben, und bringen Sie sie in sich zurück. Wir sind fertig."

Rogers Angst vor dem Versagen war das wichtigste Hindernis für einen Erfolg. Nachdem er diese Angst ins Bewußtsein gebracht hatte, war er in der Lage, die beteiligten Teilpersönlichkeiten miteinander zu versöhnen, so daß sie bereit waren, sich gegenseitig zu unterstützen.

Die gute Absicht einer Teilpersönlichkeit kann ein Verhalten hervorrufen, das Sie nicht mögen – ein Verhalten, das womöglich Ihre Karriere blockiert, Auswirkungen auf Ihre Beziehungen hat, vielleicht sogar Ihre Gesundheit schädigt. Mit Reframing können Sie Ihre Teile dazu bringen, miteinander zu verhandeln und kreative Alternativen für das unerwünschte Verhalten zu entwickeln. Diese Technik bietet aufregende Einsichten in die Ursachen unserer Konflikte; machen Sie sich daher auf einige Überraschungen gefaßt.

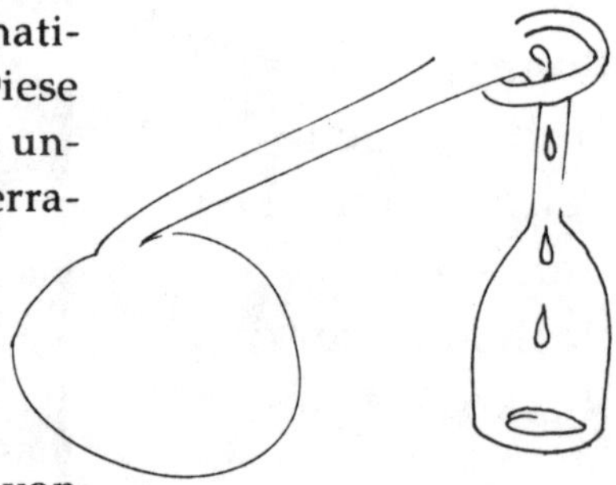

DIE ABSICHT HINTER DER KRANKHEIT

Ein Arzt namens *Georg Groddeck*, ein Zeitgenosse von *Freud*, brachte mich zuerst auf die Idee, nach der „Absicht" in der Krankheit zu suchen. Ich las *Das Buch vom Es* vor Jahren und vergaß seine Theorie nie wieder, die lautete, daß Krankheit eine kreative Methode für die Persönlichkeit ist, sich auszudrücken.

Groddeck nannte die Lebensenergie das *Es*. Er schrieb, daß das *Es* ambivalent sei, rätselhafte Sachen mache, die aber eine tiefere Bedeutung hätten, mit dem Willen und dem Gegenwillen spiele, ebenso mit dem Wunsch und dem Gegenwunsch, und daß es den kranken Menschen in eine zweifache Beziehung mit seinem Arzt treibe, so daß er ihn als seinen besten Freund und Helfer liebe, und dennoch eine Bedrohung in ihm sehe, eine Bedrohung der kunstvollen Leistung, die seine Krankheit darstelle.

Lassen Sie mich Ihnen ein persönliches Beispiel einer interessanten „Absicht" geben, die bei einer meiner eigenen Unpäßlichkeiten zum Vorschein kam. Diese Geschichte mag kaum glaubhaft klingen, aber Clarkes drittes Gesetz konstatiert: „Jede hinreichend fortgeschrittene Technologie ist von Magie nicht zu unterscheiden." Reframing produziert anscheinend magische Tricks, wie mein eigenes Erlebnis zeigt.

Ich fuhr nach Hongkong, um ein kleines Mädchen zu adoptieren. Damit die Transaktion legal war, mußte der Großvater des Mädchens, der ihr rechtmäßiger Vormund war, sie mir persönlich übergeben. Das Baby war zehn Tage alt und seit der Geburt in der Säuglingsabteilung des Krankenhauses gewesen. Ich besuchte es zweimal am Tag im Krankenhaus, aber es hätte viel mehr herumgetragen und liebkost werden sollen. Liebkosungen fehlten in der Krankenhausroutine völlig.

Donnerstag abend erklärte sich der Großvater damit einverstanden, daß ich das Baby am Samstag aus der Kinderabteilung holen könnte. Ich verbrachte den ganzen Freitag damit, Babysachen zu kaufen. Ich wohnte in einem Hotel, deshalb brauchte ich viele Sachen – Flaschen, Windeln, Kleidung usw. Als ich vom Einkaufen zurückkam, hatte ich eine fürchterliche Halsentzündung und war mir sicher, daß es eine Streptokokken-Infektion war. Ich wußte, daß Neugeborene keine Streptokokken-Erreger vertragen; Streptokokken-Infektionen sind für sie manchmal in der Tat tödlich. Dem Baby zuliebe konnte ich es einfach nicht aus den Armen seines Großvaters nehmen, solange ich eine solche Halsentzündung hatte.

Als ich ins Hotel zurückkam, stellte ich meine Einkaufstaschen ab, setzte mich aufs Sofa und fragte: „Unerwünschtes Verhalten, warum die Streptokokken? Welche Absicht steckt dahinter?"

Ich bekam keine Antwort, deshalb ging ich zu einer bewährten Methode über. Ich konzentrierte mich auf meinen entzündeten Hals und sagte: „Okay Hals, ich weiß, daß du versuchst, mich zu schützen, und ich würdige das. Aber welche Absicht steckt dahinter?"

Die Antwort war undeutlich und unklar, aber schließlich habe ich sie verstanden. Verschwommene, halbformulierte Gedanken schwirrten herum. Die Botschaft war, daß ein Teil von mir die Verantwortung für das Baby in meinem Alter nicht übernehmen wollte. Ein anderer Teil war hinsichtlich meiner Freiheit beunruhigt: und ein anderer bezüglich meines neuen Geschäfts, das sich gerade erfolgreich anließ.

Rechte Seite:
Eine visuelle Metapher für ein Reframing. Das erste Bild hat nur ein Auge. Jeder zusätzliche Rahmen umfaßt neue Komponenten – mehr Alternativen.

Ich dachte, daß ich diese Gefühle schon vor Monaten durchgearbeitet hätte, aber ich hatte es nicht. Ich dankte dem Streptokokken-Teil, was schwierig war. Ich holte mein kreatives Selbst dazu, und wir arbeiteten drei Wege aus, wie ich meine Freiheit behalten, weiterarbeiten und Zeit für ein Kind haben konnte. Keine dieser Informationen war für mein Bewußtsein neu, aber der Streptokokken-Teil hatte davon entweder nichts gewußt oder war nicht überzeugt gewesen, daß die geplanten Verhaltensweisen den Arbeitsteil beschützen würden. Der Schlüssel, den Streptokokken-Teil zu verändern, war, eine Kinderpflegerin fürs Wochenende zu engagieren, wenn ich eine brauchte. Der ganze Prozeß dauerte ungefähr 40 Minuten. Am Schluß schmerzte mein Hals immer noch, aber weniger. Am nächsten Morgen hatte ich überhaupt keine Entzündung mehr. Ich traf den Großvater, und er übergab mir um 10 Uhr morgens im Krankenhaus Kathryn. Ich liebkoste sie während des ganzen Weges zurück zum Hotel, und sie liebte es.

Reframing und ähnlich wirkungsvolle Techniken werfen interessante Fragen auf. Auch nachdem ich solche Techniken seit Jahren erfolgreich anwende, weiß ich immer noch nicht, warum sie funktionieren. Ich habe viel über die neuen Entdeckungen hinsichtlich der Gehirnfunktionen gelesen und immer noch viele unbeantwortete Fragen. Die folgenden Kapitel handeln von einigen dieser Aspekte – neue und alte Entdeckungen hinsichtlich des Gehirns, neue Fertigkeiten, um Ressource-Zustände zu nutzen, und Wege, um eine unerwünschte, erlernte Reaktion durch eine annehmbare neue Reaktion zu ersetzen. Wir werden mit Fragen anfangen, auf die wir keine Antworten haben.

Reframing hat einige interessante Verwendungszwecke. Was meinen Sie, wieviele können Sie finden?

SKI

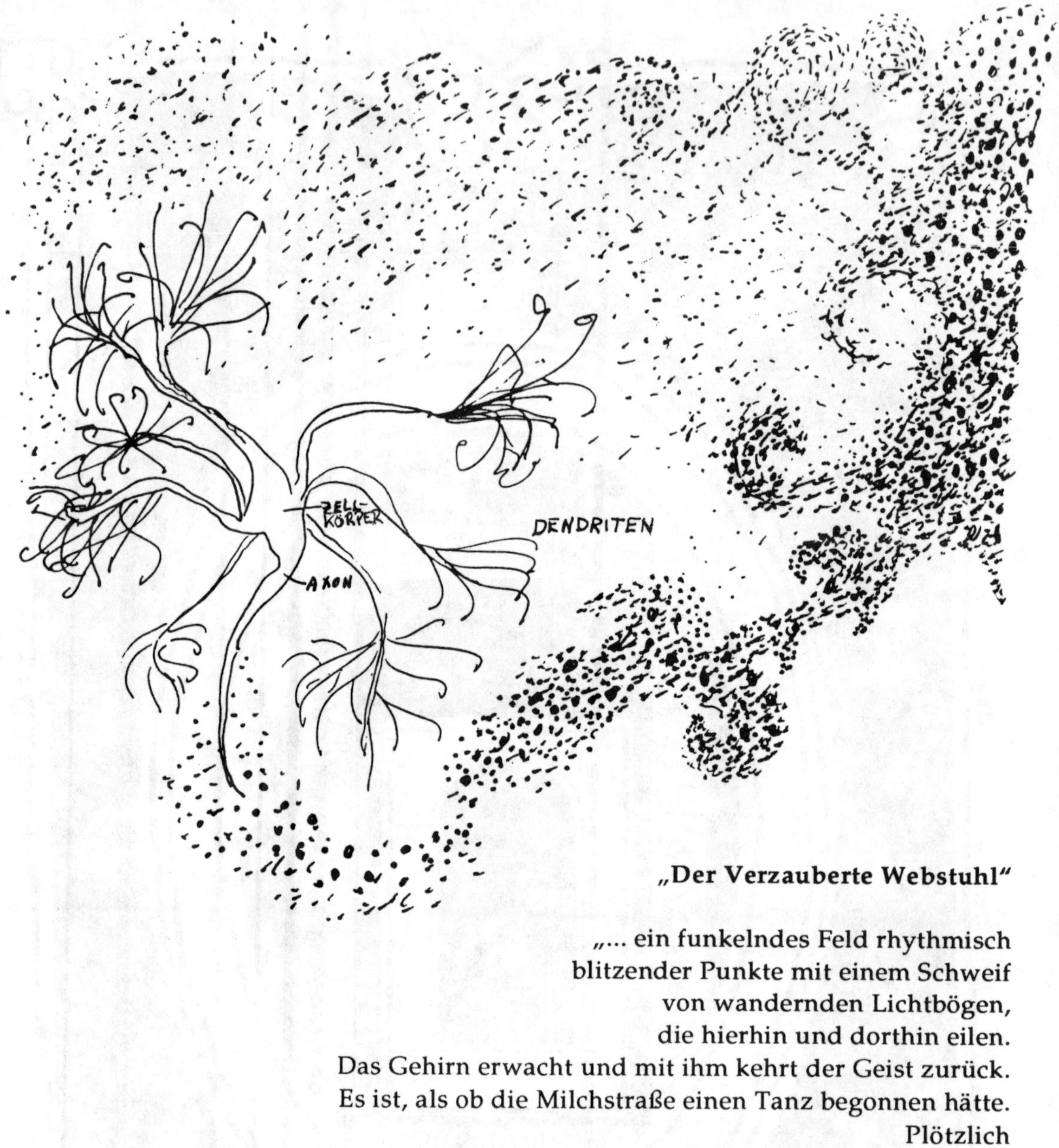

„Der Verzauberte Webstuhl"

„... ein funkelndes Feld rhythmisch
blitzender Punkte mit einem Schweif
von wandernden Lichtbögen,
die hierhin und dorthin eilen.
Das Gehirn erwacht und mit ihm kehrt der Geist zurück.
Es ist, als ob die Milchstraße einen Tanz begonnen hätte.
Plötzlich
wird der (cortex) zu einem verzauberten Webstuhl, wo Millionen von
blitzenden Weberschiffchen ein sich auflösendes Muster weben,
immer ein bedeutungsvolles Muster, obgleich niemals ein dauerhaftes;
eine sich wandelnde Harmonie von Untermustern.
Nun, während der erwachende Körper sich aufrichtet,
reichen Untermuster dieser großartigen Harmonie der Aktivität
bis in die unbeleuchteten Spuren (des unteren Gehirns) zurück.
Fäden von blitzenden und wandernden
Funken garantieren die Verbindungen."
– Charles Sherrington, *Man on His Nature*

8 Erkenntnisse über das Lernen: Eine Feier für das Gehirn

Warum sind einige von uns intelligenter als andere? Warum wird eine bestimmte Reaktion zu einer habituellen Reaktion bei einen bestimmten Reiz? Warum erlernen wir eine phobische Reaktion in wenigen Sekunden und vergessen sie niemals wieder? Warum lernen manche Menschen schneller als andere? Warum sind manche Menschen unfähig zu lernen, obwohl alle Teile ihres Gehirns intakt zu sein scheinen? Dies sind nur einige der Fragen hinsichtlich des Gehirns und seiner Funktionen, auf die wir keine Antworten wissen.

Karl Spenser Lashley widmete 30 Jahre dem Studium des Gehirns und schrieb dann:

> Diese Untersuchungsreihe hat etliche Informationen darüber erbracht, was die Gedächtnisspur nicht ist und wo sie sich nicht befindet. Sie hat, was die wirkliche Natur des Engramms (Erinnerungsbild) betrifft, nichts direkt enthüllt. Bei der Überprüfung der Beweismittel für die Lokalisierung der Gedächtnisspur glaube ich manchmal, die zwangsläufige Schlußfolgerung lautet, daß Lernen einfach nicht möglich ist.

Engramm – ein stabilisiertes Reaktionsmuster im Gehirn

Lashley schrieb dies 1950, und in der Zwischenzeit haben Gehirnforscher viel über das Lernen gelernt – mehr als wir in diesem Buch behandeln können. Die Kenntnis einiger ihrer Befunde wird jedoch für Sie nützlich sein, wenn wir uns in späteren Kapiteln den fortgeschrittenen Veränderungstechniken zuwenden. Die unbekannten und die bekannten Aspekte weben einen Teppich, der fast so faszinierend wie der „verzauberte Webstuhl" selbst ist.

Neue Forschungsarbeiten aus der Psychologie, der Biologie und aus neuen, damit zusammenhängenden Disziplinen liefern provozierend wirkende Informationen. Eine kopflose Heuschrecke kann immer noch lernen, ihr Bein in eine bestimmte Stellung zu bringen, um einen elektrischen Schlag zu vermeiden. Ein Frosch mit einem umgekehrt implantierten Auge kann lernen, so zu sehen, daß die richtige Seite oben ist; ein anderer Frosch jedoch, der das Implantat nur ein paar Stunden später bekommen hat, kann den Wechsel niemals schaffen und lebt in einer auf den Kopf gestellten Welt. Je mehr Untersuchungen in der Wissenschaft durchgeführt werden, desto mehr Rätsel bezüglich unserer Lernprozesse werden erkennbar.

Eine Bemerkung der Autorin

Beim Lernen und beim Erinnern haben wir es oft mit Rätseln zu tun. Die Gehirnprozesse, das Strukturieren eines Engramms und das, was das Engramm für Kurz- und Langzeit-Erinnerungen stabil macht, die Art und Weise, wie wir lernen – all das ist weitgehend unbekannt.

In diesem Kapitel habe ich bekannte und unbekannte Aspekte sorgfältig getrennt, und Theorien als solche gekennzeichnet. Einige der hier dargestellten Ideen mögen außerhalb der anerkannten Hauptrichtung der neurophysiologischen Theorie liegen. Ich schließe sie mit ein, da ich einen Weg suche, die magischen Effekte der Veränderungstechniken wie z. B. Reframing zu erklären – Techniken, die die natürlichen Prozesse des Gehirns zu nutzen scheinen, um positive Verhaltensänderungen zu bewerkstelligen. Falls Sie Standardtheorien der Gehirnneurologie kennenlernen möchten, empfehle ich die drei folgenden Texte:

Human Neuropsychology von Henry Hecaen und Martin L. Albert.

Clinical Neuropsychology, herausgegeben von Kenneth M. Heilman und Edward Valenstein.

Principles of Behavioral Neurology, herausgegeben von M. M. Mesulam.

Teile dieses Kapitels sind recht technisch. Sie werden diese Informationen nicht brauchen, um die Techniken in den folgenden Kapiteln zu verstehen und zu nutzen.

Lernen: Einfach und komplex

Einfaches Lernen wird Stimulus-Response (Reiz-Reaktion) genannt, oder Gewohnheitslernen. Ein Beispiel für ein Stimulus-Response-Muster ist, daß Sie auf die Nennung Ihres Vornamens reagieren. Bestimmte Aspekte komplexen Lernens sind unter dem Begriff „kognitives Gedächtnislernen" bekannt. Das Datum Ihres Hochzeitstages, mit all seinen emotionalen Zwischentönen, ist ein Beispiel für das kognitive Gedächtnis. Jede dieser Lernarten kann jeweils entweder im Kurzzeit- oder Langzeitgedächtnis gespeichert werden.

Neuronen im Gehirn

Kurzzeitgedächtnis

Das Kurzzeitgedächtnis ist der Mechanismus, den wir nutzen, wenn wir im Telefonbuch eine unbekannte Telefonnummer nachsehen, zum Telefon gehen und die Nummer wählen. *J.C. Eccles*, ein Neurophysiologe, der 1963 den Nobelpreis für Medizin und Physiologie bekam, äußerte sich folgendermaßen zum Thema Kurzzeitgedächtnis:

Das Kurzzeitgedächtnis hält die Neuronen für die Dauer der Erinnerung in einem aktivierten Zustand.

> Im allgemeinen wird angenommen, daß das Wiederaufrufen einer Erinnerung eine annähernd gleiche Wiederholung der neuronalen Vorgänge zur Folge hat, die ursprünglich die Ursache für das wieder ins Gedächtnis gerufene Erlebnis waren. Was Kurzzeiterinnerungen (für ein paar Sekunden) betrifft, so gibt es kein besonders schwieriges Problem. Vermutlich wird dies von den neuralen Vorgängen bewirkt, die während der verbalen oder bildhaften Einstudierung anhalten. Die unverwechselbaren Muster modularer Aktivität ... zirkulieren somit während der ganzen Zeitdauer dieser kurzen Erinnerung und stehen für die Abfrage zur Verfügung.

Das Kurzzeitgedächtnis bietet nur für 5 bis 10 Informationseinheiten gleichzeitig Platz, und normalerweise nur für bis zu 20 Sekunden. Für die Konsolidierung der Kurzzeiterinnerungen im Langzeitgedächtnis ist eine Zeitspanne ohne Störungen, Kalzium und ein neues Protein erforderlich; was dafür jedoch noch zusätzlich benötigt wird, ist nicht bekannt. Obwohl faszinierende Stücke des Puzzles Gestalt annehmen, wissen wir nicht, wie wir lernen oder wie oder was wir erinnern, und manchmal wissen wir anscheinend nicht, *was* wir lernen müssen.

„Wie das Verstehen der Ursprünge des Universums und der physikalischen Grundgesetze von Energie und Materie ist auch das Verstehen des Gehirns eine der größten Herausforderungen für die Menschheit. Es ist, soweit wir wissen, das höchstorganisierte drei Pfund schwere Bündel von Materie im Universum."

\- Inside the Brain

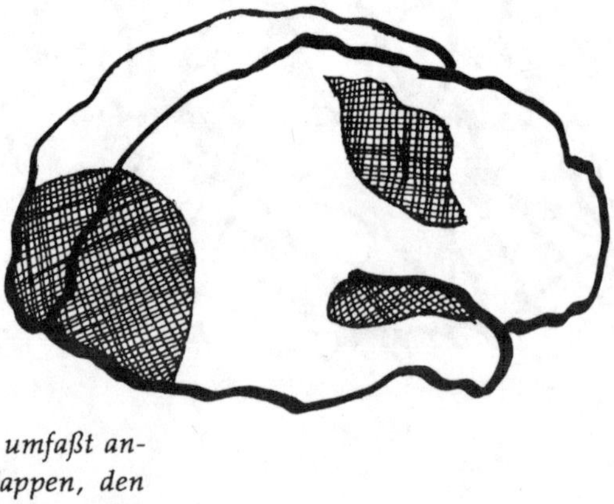

Das Kurzzeitgedächtnis umfaßt anscheinend den Scheitellappen, den oberen Schläfen- und Hinterhauptlappen.

Langzeitgedächtnis

Das Gehirn scheint eine unbegrenzte und andauernd bestehende Kapazität für die Speicherung unserer Lebenserfahrungen zu haben. Das Langzeitgedächtnis tritt bei Wiederholungen auf und es wird von der Intensität der emotionalen Färbung bzw. des emotionalen Beigeschmacks oder Beiklangs beeinflußt, die mit der Erinnerung verbunden sind. Dies mag erklären, warum eine Phobie innerhalb von Sekunden etabliert werden kann: Angst ist ein intensives Gefühl.

Der Hippocampus (1), der Cortex des Stirnlappens (2) und der Thalamus (3) sind nach gängiger Meinung Teile der Speicherung im Langzeitgedächtnis.

Quelle: The Brain, A User's Manual

Eccles schrieb 1970:

„Ich habe auch die Hoffnung, daß wir an der Schwelle zum Verständnis der Grundprinzipien stehen, die für das Anlegen von Gedächtnisspuren verantwortlich sind. Dieses Anlegen können wir uns folgendermaßen vorstellen: es ist auf eine andauernde Steigerung der synaptischen Effektivität durch den Gebrauch zurückzuführen. Auf diese Weise wird ein neuronaler Pfad, der von einem bestimmten sensorischen Input aktiviert wird, als Folge wiederholter Aktivierung eine Art von Stabilität erreichen, durch die gesteigerten synaptischen Funktionen seiner neuronalen Verknüpfungen. Dieses sogenannte Engramm-Muster steht für den Rückruf ins Gedächtnis zur Verfügung, wenn ein geeigneter Input in seine Schaltungsanordnung vorhanden ist."

- *Facing Reality*

Wie wird das Engramm geformt, und was ist ein geeigneter Input für den Rückruf ins Gedächtnis? Beides war 1970 nicht bekannt, aber jetzt wissen wir viel mehr darüber, wie das Gelernte abgebildet wird.

Eine amüsante Anekdote über das Langzeitgedächtnis wird von *William Dement* von der Stanford University in seinem Buch *Some Must Watch While Some Must Sleep* erzählt. *Dement* erzählt davon, wie er seinen Kurs vor 800 Studenten folgendermaßen begonnen hat:

„Geist, m. – Eine mysteriöse Form von Materie, abgesondert vom Gehirn. Seine hauptsächliche Aktivität besteht in dem Bestreben, seine eigene Natur in Erfahrung zu bringen; die Zwecklosigkeit des Versuchs beruht auf der Tatsache, daß es nichts als sich selbst hat, um sich selbst zu erkennen."
- The Devil's Dictionary

> *Sellar* und *Yeatman (1066 and All That)* stellen mit Bestimmtheit fest, daß „Geschichte das ist, an was Sie sich erinnern können." Sie behaupten, daß der durchschnittliche Engländer sich nur ungefähr zwei historische Daten merken kann, von denen eines fast immer die Schlacht von Hastings ist. Als ich das erste Mal den Schlaf- und Traumkurs hielt, schilderte ich diese bemerkenswerte These über die Geschichte und das Gedächtnis, und gab den Studenten zu verstehen, daß ich, wenn sich der durchschnittliche Engländer wenig mehr als das Datum 1066 merken könnte, kaum von ihnen erwarten könnte, daß sie sich an die unzähligen Einzelheiten erinnern würden, die in tausenden von Veröffentlichungen über Schlaf und Traum enthalten waren. Ich würde daher, sagte ich, einen etwas anderen pädagogischen Stil wählen, und mehr Nachdruck auf Prinzipien legen, vor allem auf ein paar wichtige Prinzipien, bezüglich derer ich von Ihnen erwartete, daß Sie sich Ihr ganzes Leben lang noch daran erinnern würden.
>
> Während des folgenden Semesters betonte ich verbal Dinge, die die Studenten „immer erinnern sollten", wie z. B. „es gibt zwei völlig unterschiedliche Arten von Schlaf, die die Bezeichnungen REM und NREM tragen", „Schlaftabletten verursachen Schlaflosigkeit", usw. Am Ende des Semesters verteilte ich, sehr zufrieden mit mir selbst und meinem pädagogischen Denkmodell, eine Multiple-Choice-Prüfung, mit einer zusätzlichen Frage: „Schreiben Sie eine Sache aus dem Kurs, an die Sie sich sicherlich Ihr Leben lang erinnern werden." Fast alle Studenten schrieben „1066". Bis zum heutigen Tag bin ich mir nicht sicher, ob sie mir irgend etwas sehr Profundes über den Unterrichtsprozeß mitgeteilt haben, oder ob ihre Antwort nur ein ungemein gut ausgeführter Bluff war.

Richard Bandler sagte einmal zu einem Publikum, in dem ich saß: „Haben Sie jemals über all die Gedanken nachgedacht, die Sie nie gehabt haben?"

Stimulus-Response (Gewohnheitslernen)

Stimulus-Response-Lernen oder Gewohnheitslernen scheint weniger Komponenten und kürzere Schaltungen als kognitives Gedächtnislernen zu enthalten, und es findet in einem anderen Teil des Gehirns statt. Stimulus-Response-Lernen geht rasch und ist daher für schnelle motorische Reaktionen geeignet, wie z. B. für den Griff, mit dem man ein Glas Wasser auffängt, bevor es umfällt.

Möglicherweise wird Stimulus-Response-Lernen im Streifenhügel (Corpus striatum), einem Komplex von Strukturen im Vorderhirn, kodiert. Der Streifenhügel empfängt Projektionen vom Cortex und sendet Faserstrukturen zu den Teilen des Gehirns, die motorische Bewegungen kontrollieren.

Der Streifenhügel ist ein alter Teil der Gehirnentwicklung, und die Gewohnheit (habit) scheint genauso ursprünglich zu sein. Der Streifenhügel, der manchmal als Teil der Basalganglien angesehen wird, besteht aus zwei Gebilden (eines befindet sich neben dem Thalamus, das andere im Hirnstamm).

Ist es nicht so, daß die meisten unserer Erfahrungen ohne jede Würdigung ihrer enormen Rätselhaftigkeit akzeptiert werden? ... Es gibt einen guten Grund zu glauben, daß Raum-Zeit-Muster, die etliche Zehnmillionen ... Zellen umfassen, aktiviert werden müssen, bevor wir auch nur die einfachste Empfindung erleben können.

\- Facing Reality

Stimulus-Response-Lernen (beispielsweise, wenn Sie sehen, daß Ihre Schuhbänder offen sind und sich bücken, um sie zu binden) ist möglicherweise nicht mit Emotionen verbunden. Falls es dies doch ist (wie z. B. mit einer Verärgerung darüber, daß die Schnürsenkel jetzt gebunden werden müssen), ist der ganze Prozeß immer noch einfacher als kognitives Gedächtnislernen.

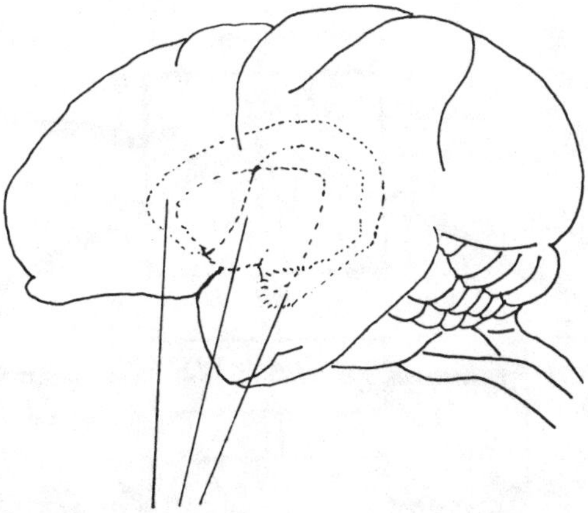

Streifenhügel

Kognitives Gedächtnislernen (Stimulus-Response plus Assoziationen)

Kognitives Lernen ist äußerst komplex, insofern, als es von dem ursprünglichen Reiz zu einer Reaktion übergeht, und dann zu Assoziationen der ursprünglichen Reaktion. Diese Assoziationen haben emotionale Komponenten mit Feedbackschleifen zurück zum sensorischen Stimulus. Die Emotionen färben die Wahrnehmungen, und die Wahrnehmungen lösen die Emotionen aus. Kognitives Gedächtnislernen scheint immer im Kreis herum zu gehen. Ein Beispiel ist der Verlust des Arbeitsplatzes und das Gefühl, zurückgewiesen zu werden, ängstlich und ärgerlich zu sein und besorgt in die Zukunft zu sehen. Vielleicht gehen Sie zurück in der Zeit, und dann vorwärts in der Zeit, und stellen sich dabei alle Arten von Katastrophen vor.

Es sind noch nicht alle komplexen Lernprozesse kartographisch erfaßt worden.

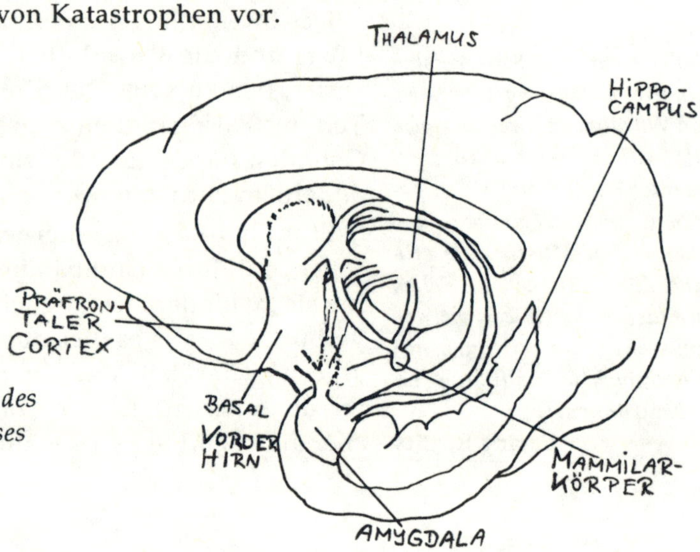

Mögliche Lernbereiche des kognitiven Gedächtnisses

Sensorische Daten

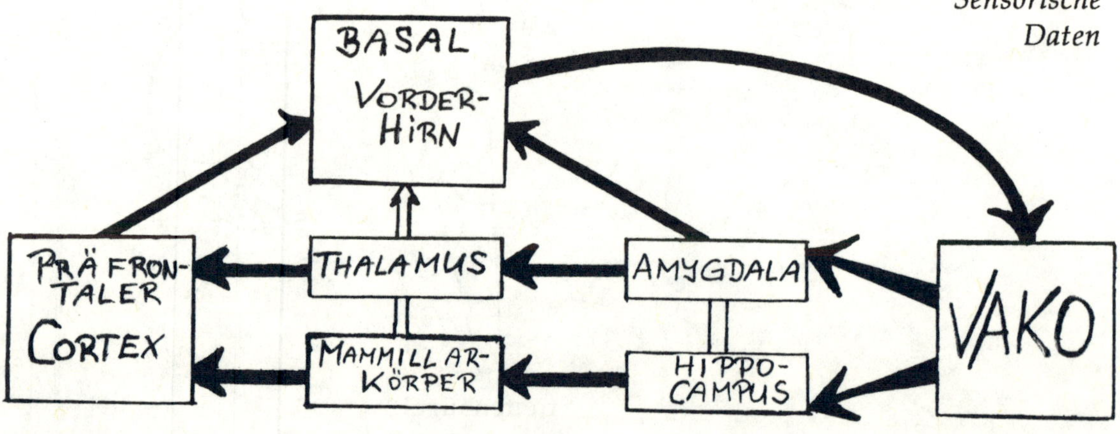

Das kognitive Gedächtnis stand im Mittelpunkt neuerer Untersuchungen von Gehirnforschern; zu ihnen gehören *Mortimer Mishkin, Tim Appenzeller* und *Barry Jones.*

Die Amygdala und der Hippocampus, die im subkortikalen Bereich des Gehirns liegen (d.h. unterhalb der Gehirnrinde), scheinen wichtige Teile des Lernbereichs des kognitiven Gedächtnisses zu sein. Indem sie bei Affen beide Organe entfernten, konnten *Mishkin* und *Jones* für erlernte Aufgaben Amnesie erzeugen. Die Affen, denen eine Amygdala und ein Hippocampus fehlte, konnten sich eine erlernte Aufgabe ungefähr eine Minute lang merken, aber nicht länger. Ähnliche Untersuchungen weisen darauf hin, daß die Amygdala Emotionen mit sensorischen Erlebnissen verknüpft. Warum speichern wir im Gedächtnis nur bestimmte Teile eines Erlebnisses? *Mishkin* und *Appenzeller* zogen folgenden Punkt in Betracht: „Wie wählt das Gehirn bedeutsame Stimuli aus dem Durcheinander von Eindrücken aus, die ihm von den Sinnen zugeführt werden? Falls Emotionen sich auf die sensorische Verarbeitung im Cortex auswirken können, könnten Sie den benötigten Filter liefern, der für eine Begrenzung der Aufmerksamkeit auf Stimuli mit emotionaler Bedeutung sorgt – und folglich zum Lernen führt."

Komplexes Lernen mit „emotionaler Bedeutung" scheint eine andere Art von Lernen zu sein als einfaches Stimulus-Response-Lernen. Komplexes Lernen beginnt mit einem Stimulus-Response-Mechanismus, und geht dann über zu Assoziationen. Jede Reaktion wird zu einem Reiz für wiederum eine andere Reaktion. Diese verknüpften Reaktionen sind die Assoziationen, die von verschiedenen Teilen des Gehirns ausgesucht werden. Komplexes Lernen könnte als Stimulus-Response-Lernen plus Assoziationen dargestellt werden.

Also lernen wir anscheinend sowohl mittels *Stimulus-Response* als auch mittels des *kognitiven Gedächtnisses.* Wenn wir einfache Gewohnheiten erlernen, werden sowohl ein Stimulus als auch eine Reaktion in unserem Gehirn aufgezeichnet. Unsere Wahrnehmung des Stimulus (was wir sehen, hören, spüren, schmecken und riechen) und unsere Reaktion auf diese Wahrnehmung sind in unserem Gehirn eng verknüpft. Wenn wir das komplexere kognitive Gedächtnislernen anlegen, haben wir eine Vielzahl von Stimuli plus Reaktionen plus Assoziationen, welche auch immer aktiviert werden.

Das limbische System scheint die Schaltstation zu sein, die unsere gegenwärtigen sensorischen Daten mit unseren Emotionen verbindet.

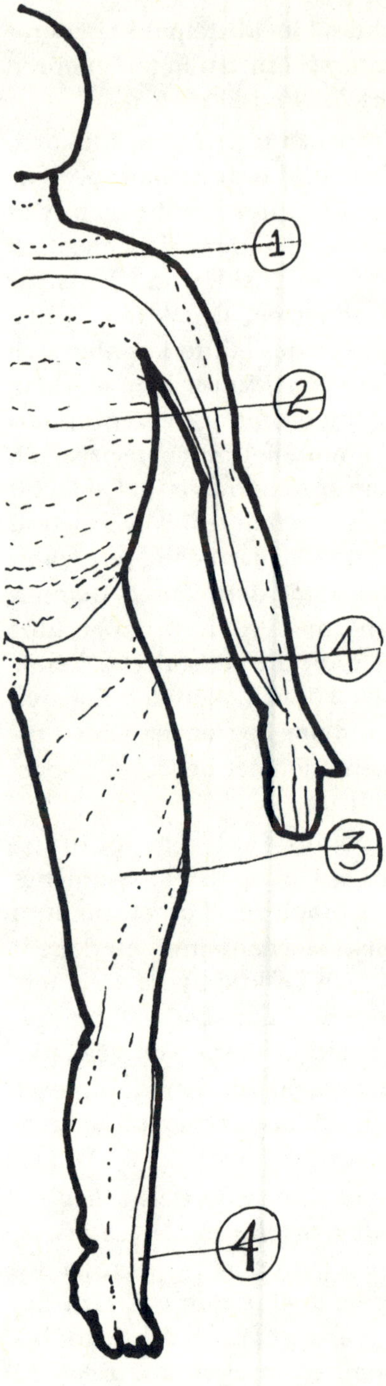

Gehirn-Körper-Verbindungen

Verändern Sie Ihre Körperhaltung – Verändern Sie Ihr Gehirn

Die Spinalnerven verbinden den Körper mit dem Gehirn und könnten als Ausdehnungen des Gehirns angesehen werden.

Verschiedene Spinalnerven senden und empfangen Botschaften zu und von bestimmten Bereichen der Körperoberfläche. Diese Zonen werden Dermatome genannt.

Zervikalnerven versorgen den Dermatom-Bereich 1.

Thorakalnerven versorgen den Dermatom-Bereich 2.

Lumbalnerven versorgen den Dermatom-Bereich 3.

Sakralnerven versorgen den Dermatom-Bereich 4.

Schmerz in einem Körperbereich bewirkt einen automatischen Reflex, so daß die Reaktion sofort kommt. Sexuelle Erregung kann durch die Stimulierung von 19 einzelnen Bereichen ausgelöst werden, was zu einer Reflexbewegung entlang einer Linie zu den Genitalien, zur Wirbelsäule und zum Gehirn und wieder zurück führt.

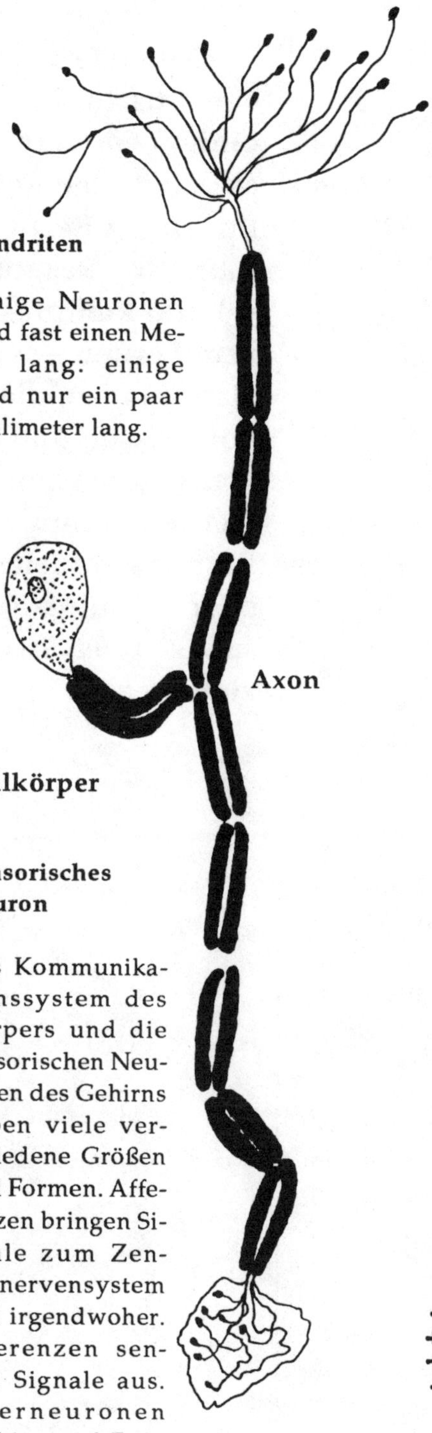

Dendriten

Einige Neuronen sind fast einen Meter lang: einige sind nur ein paar Millimeter lang.

Axon

Zellkörper

Sensorisches Neuron

Das Kommunikationssystem des Körpers und die sensorischen Neuronen des Gehirns haben viele verschiedene Größen und Formen. Afferenzen bringen Signale zum Zentralnervensystem von irgendwoher. Efferenzen senden Signale aus. Interneuronen (Gehirn und Rükkenmark) kommunizieren zwischen den anderen zwei Typen.

Elektrochemische Verbindungen

Die elektrochemische Natur der Neuronen-Synapse

Der enge Zwischenraum zwischen einem Neuron und einem anderen wird von einem chemischen Neurotransmitter überbrückt, der in dem anderen Neuron einen Impuls auslöst, indem er dessen Umhüllung für Natriumionen durchlässig macht. Die Knollenform am Ende des Axons wird synaptischer Knopf genannt. Die kleinen Beutel vereinigen sich mit der umhüllenden Membran und setzen den Neurotransmitter (Gehirnchemikalie) frei.

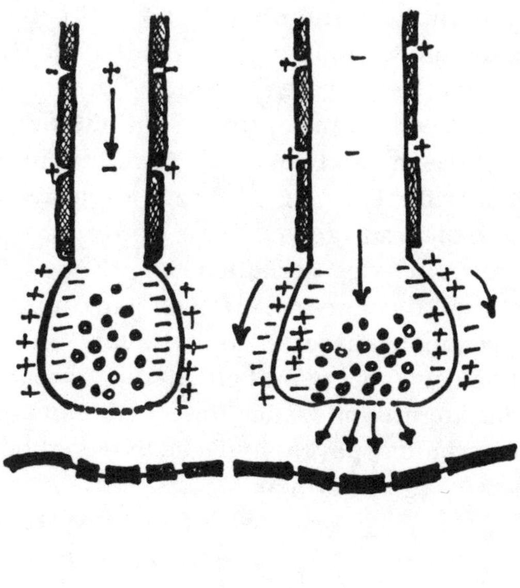

VERHALTENSPSYCHOLOGIE VERSUS KOGNITIVE PSYCHOLOGIE

Behavioristen und Kognitivisten waren lange Zeit unterschiedlicher Meinung darüber, wie wir lernen. Behavioristen konzentrieren sich auf Stimulus-Response-Lernen, oder auf Gewohnheitslernen, und Kognitivisten konzentrieren sich auf Lernen, das Wissen, Gedächtnis und Erwartungen umfaßt. Nun scheint es so, als ob beide Denkschulen recht haben könnten; das Gehirn könnte ja auf mehr als eine Art lernen.

Mishkin und *Appenzeller* bieten einen Weg, die widersprüchlichen Theorien der Behavioristen und Kognitivisten in Einklang zu bringen: „Verhalten könnte eine Mischung aus automatischen Reaktionen auf Reize und Handlungen sein, die von Wissen und Erwartung bestimmt werden."

Verhalten könnte eine Mischung aus **einfachem Lernen** – automatische Reaktionen auf Reize (Stimulus-Response) und **komplexem Lernen** – sein, Handlungen, die von Wissen und Erwartung bestimmt werden (Stimulus-Response-Muster oder Stimulus-Response plus Assoziationen).

Mortimer Mishkin und *Tim Appenzeller* offerieren eine Versöhnung der Behavioristen mit den Kognitivisten:

„Gewohnheiten, so wie wir sie definieren, erinnern an die automatischen Stimulus-Response-Verbindungen, von denen die Verhaltenspsychologen vor langer Zeit behaupteten, daß sie die Basis allen Lernens seien. Der behavioristische Standpunkt schließt Begriffe wie ‚Geist', ‚Wissen' und sogar ‚Gedächtnis' im üblichen Sinn aus. Er steht im Gegensatz zur kognitiven Psychologie, die sich auf genau diese Konzepte beruft, um vieles bezüglich des Verhaltens zu erklären. Die Möglichkeit, daß das Lernen auf zwei ganz unterschiedlichen Systemen aufbaut, eines davon ein Ursprung nicht-kognitiver Gewohnheiten und das andere die Basis des kognitiven Gedächtnisses, bietet einen Weg, um die verhaltenspsychologische und die kognitivistische Schule zu versöhnen."

– „The Anatomy of Memory", *Scientific American*, Juni 1987

Eine neue Theorie über Verhaltensänderungen

Wenn *Mishkins* und *Appenzellers* Theorie über die zwei Typen des Lernens – Gewohnheiten (Stimulus-Response) und kognitives Gedächtnis (Stimulus-Response plus Assoziationen) – richtig ist, könnte sie einige der Rätsel erklären, die ich in den vergangenen acht Jahren beobachtet habe, während ich die Prozesse Reframing, Marqueeing, Change History, Zugang zu einem Ressource-Zustand bekommen, usw. gelehrt habe. Es war mir nicht möglich, die weitreichenden Verhaltensänderungen, die ich gesehen habe, zu erklären. Der Hauptgrund dafür könnte ihre Einfachheit gewesen sein; die Menschen können nicht glauben, daß eine tiefgehende Veränderung so einfach ist.

Jetzt jedoch, wo die Forschung neue Informationen über die zwei verschiedenen Arten enthüllt hat, wie das Gehirn lernt, tauchen neue Theorien darüber auf, was bei den fortgeschrittenen Veränderungstechniken ablaufen könnte. Vielleicht ist das, was abläuft, ein Transfer von kognitivem Gedächtnislernen auf Stimulus-Response-Schaltkreise. Dies würde bedeuten, daß die Reaktionen auf Reize schneller, kürzer und effektiver sind. Oder vielleicht geht es in die andere Richtung – von Stimulus-Response zu Stimulus-Response plus Assoziationen. Ausgewählte Komponenten sind genau das, was wir in der Schaltungsanordnung brauchen – keine alten Emotionen, die nicht länger nützlich sind. Womöglich strukturieren wir unseren Gedächtnisakt um, wobei wir in unseren Schaltkreisen nur die Reaktionen lassen, die wir wollen.

Eine Möglichkeit, die sehr wirkungsvollen Veränderungen von Reframing, Change History und Ressource-Zuständen zu erklären, wäre die Annahme, daß diese eine Folge der Veränderung der Schaltkreise im Gehirn sind – weil sie die Prozesse nützlicher Muster verbessern und negative ersetzen. Eine noch wahrscheinlichere Erklärung bietet *Dr. Issy Katzeff*, der annimmt, daß diese Prozesse das kognitive Gedächtnis sind und daß der kognitive Gedächtnisprozeß seinerseits von diesen neuen Techniken verändert wird. (Siehe *Katzeffs* Beitrag auf der nächsten Seite.)

Wenn Menschen sich verändern, fragen sie: „Warum habe ich mich so lange niedergeschlagen gefühlt, wenn eine Verhaltensänderung so einfach ist?" „Warum habe ich, so lange ich mich erinnern kann, eine Höhenangst gehabt?"

Wenn Sie dieses Buch zu Ende gelesen haben werden, könnten Sie eine Vorstellung davon haben, ob diese Theorien stimmen. Vielleicht enthüllt auch irgendein Forscher neue Beweise, um mehr Licht in unsere Suche zu bringen.

Ein Physiologe und Gehirnforscher schreibt über Neurolinguistik und aktuelle Theorien über Gehirnprozesse

Die Anatomie und die natürlichen angeborenen Prozesse des Gehirns scheinen für neues kognitives Lernen entworfen zu sein. Um präzise zu sein:

1. *Parallele Schaltung* und Verarbeitung,
2. *Vielfältige Repräsentationen* derselben Information in einem einzelnen Gebiet und in verschiedenen Gebieten,
3. Entstehung elektrochemischer, neuronaler Muster oder Abbildungen von Informationen,
4. Einbeziehung von *Feedback-Schleifen*, insbesondere von jenen, die das limbische System und Emotionen betreffen, die mit Belohnungen und Bestrafungen verbunden sind,
5. *Innere Zustände*, sowohl physiologische Zustände als auch Bewußtseinszustände, die diese Feedbackschleifen beeinflussen.

Wahrscheinlich schaffen parallele Verarbeitung und vielfältige Repräsentationen viele neuronale Optionen für die Erzeugung veränderter oder neuer Muster. Die Einbeziehung von Feedbackschleifen und Geistesverfassungen bestimmt, ob diese neuen Muster langfristige neuronale synaptische Veränderungen bewirken werden. Wenn sie dies tun, werden diese neuen Muster eingeprägt oder gelernt werden.

Da das Verhalten der äußere Ausdruck neuraler Muster im Gehirn ist, ergeben sich daraus viele Optionen für eine Veränderung des Verhaltens, möglicherweise sogar sehr schnell, durch die Veränderung der Verarbeitung, der Abfolge oder der vom emotionalen Zustand abhängigen Feedbackschleifen. Jede Änderung in der Abfolge kann neue Muster und neue Verhaltensweisen produzieren, in Reaktion auf dieselben Stimuli, die früher unerwünschte oder nicht optimale Verhaltensweisen hervorbrachten.

Lange war bekannt, daß Gehirnmuster repräsentierende Abbildungen der äußeren Welt sind. (Siehe die graphischen Darstellungen des Homunkulus auf S. 149) Auf der primären sensorischen Stufe gibt es eine, wenn auch nicht notwendigerweise proportionale Punkt-für-Punkt Abbildung der Körperoberfläche auf der Oberfläche der hinter einem Hirnzentrum gelegenen Gehirnwindung des Parietallappens des zerebralen Cortex.

Es wurde nachgewiesen, daß elektrische Stimulierung jedes Punktes auf der Gehirn-Landkarte bestimmte Empfindungen in dem Teil des Körpers auslöst, der durch den Punkt auf der postzentralen Gehirnwindung repräsentiert ist.

Die Gehirnmuster, die durch kognitives Lernen angelegt wurden, repräsentieren ebenfalls Abbildungen von „realen" Erlebnissen. Da diese Muster von emotionalen Zuständen abhängig sind, und auch von Kulturkreisen und Glaubenssystemen, scheint es wahrscheinlich, daß weitere Optionen für die Änderung der Landkarten, Muster und Verhaltensweisen der Menschen möglich sind. Neuere Forschungsarbeiten erbrachten Bilder dieser Gehirn-Landkarten, mittels der Verwendung von spannungsempfindlichen Färbungen oder von positron-emittierender transaxialer Tomographie, und diese Bilder der Gehirn-Landkarten bestätigen die parallele Verarbeitung und vielfältigen Repräsentationen der neuronalen Muster.

Neuere Verhaltensstudien, die die hier beschriebenen Techniken benutzt haben, haben dramatische Verhaltensänderungen hervorgerufen. Diese Analyse hat zu einem besseren Verständnis der Schritte geführt, die erforderlich sind, um Individuen zu befähigen, hocheffektive Feinabstimmungen ihres Gehirns zu schaffen. Diese Schritte umfassen den Stimulus, die Verarbeitung, die Repräsentationen, die emotionalen Feedbackschleifen und den emotionalen Zustand. Solche Feinabstimmung hat zu bedeutsamen Änderungen von Verhaltensreaktionen geführt. (Der Einfachheit halber werden wir uns auf diesen Prozeß als Stimulus-Response-Lernen beziehen.) Diese Entdeckungen bezüglich des Verhaltens sind vollständig mit den Befunden der aktuellen neurologischen Forschung vereinbar.

Wenn Sie den Schritten des Ressource-Zustandes im nächsten Kapitel folgen und Ihren Ressource-Zustand aufbauen, werden Sie systematisch die passende Abfolge hervorbringen, um zu lernen, und um diese Verbindungen in den neuronalen Mustern in Ihrem Gehirn zu produzieren. Es scheint, daß diese Vorgehensweise Sie befähigen wird, die entsprechenden Gehirnmuster und Verhaltensweisen auszulösen, die durch kognitives Lernen mit diesem Ressource-Zustand verknüpft sein werden.

Issy Katzeff, M.D., ist Lehrbeauftragter für Physiologie des Department of Medical Physiology der Witwatersrand University Medical School in Parktown, Südafrika, und Berater des South Africa Brain Research Institute.

Lassen Sie uns nun einen Blick auf einige Teile des Gehirns werfen, die am Lernen beteiligt sind, sowie neuere Forschungsarbeiten und alte Rätsel betrachten. Das Gehirnpuzzle besteht aus vielen Teilen, und wir werden das Bild hier an dieser Stelle nicht vervollständigen. Dennoch beginnen immer mehr Teile zusammenzupassen, und neue Bilder tauchen auf.

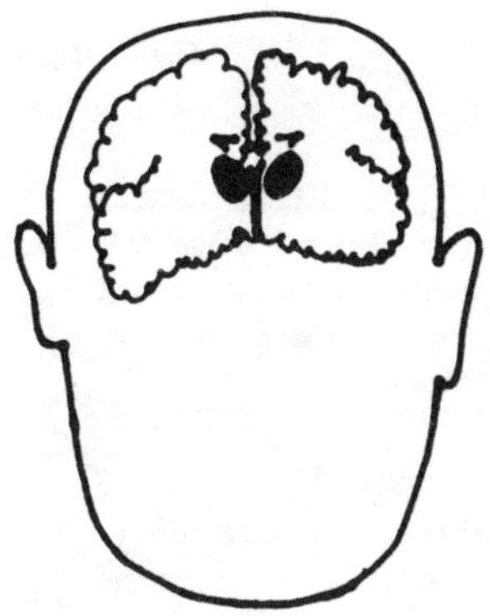

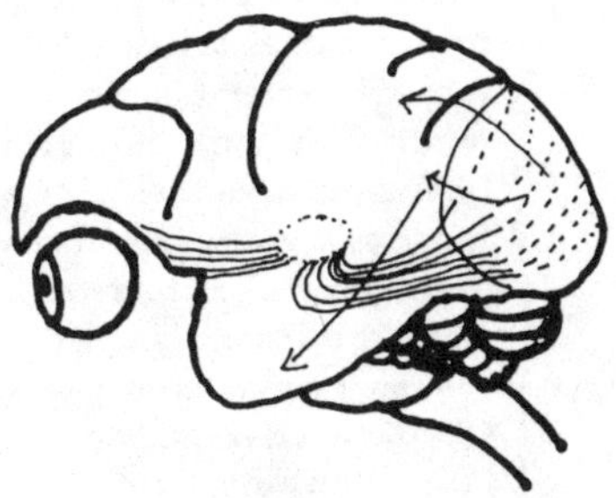

Das Puzzle selektiver Aufmerksamkeit hat Gehirnforscher jahrelang fasziniert. Einige der Antworten scheinen im linken und rechten Thalamus zu finden zu sein. Der linke Thalamus scheint seine Aufmerksamkeit auf Phänomene zu richten, die auf Worte hinweisen; der rechte Thalamus scheint seine Aufmerksamkeit den visuellen Bildern zu widmen.

Unsere Augen beginnen einen Prozeß, der zwei Pfaden in der äußeren Schicht des Gehirns folgt. Zuerst werden die „Bilder" durch den lateralen Geniculatus-Körper geschleust, der sie zum gestreiften Cortex sendet, um Informationen über Schärfen und Farbflecken zu erhalten. Ein tieferer Pfad wird für die Gesamtform oder -farbe verwendet. Zuletzt gehen die „Bilder" zur Vervollständigung zum unteren Temporalcortex. Der posteroparietale Cortex analysiert die räumliche Lage eines gesehenen Objekts.

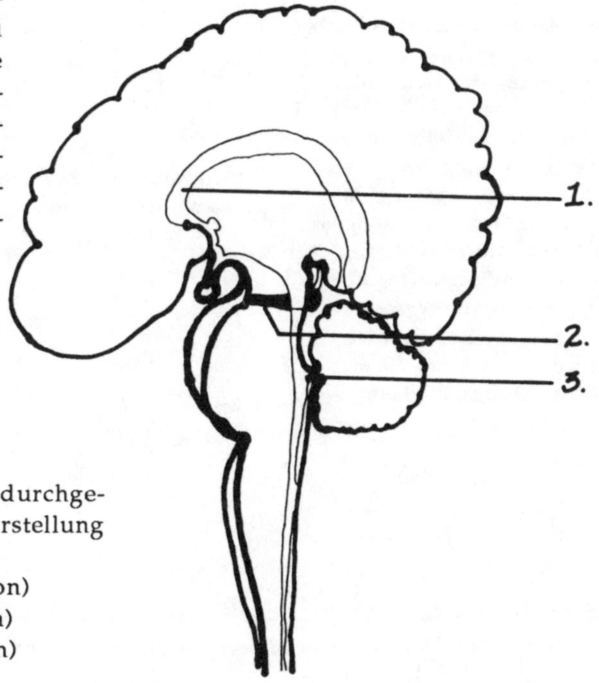

Ansicht eines in der Mitte durchgeschnittenen Gehirns, mit Darstellung der drei Teile:
1. Vorderhirn (Prosenzephalon)
2. Mittelhirn (Mesenzephalon)
3. Hinterhirn (Metenzephalon)

DAS HORMONALE PUZZLE

Hormone sind Chemikalien, die unsere Gesundheit, unser Gehirn und unser Verhalten beeinflussen.

Das Gehirn ist eine Drüse, die neben anderen Hormonen Opiate absondert – die Schmerzblocker.

Die Schilddrüse sondert Thyroxin (Schilddrüsenhormon) für das normale Wachstum ab.

Das Herz macht sein eigenes Hormon – welches das Blutvolumen reduzieren, die Blutgefäße entspannen und die Salzbereitstellung steigern kann.

Die Bauchspeicheldrüse produziert Insulin und schickt es aus, was den Kohlehydratstoffwechsel (Zucker) reguliert.

Die Nebennieren produzieren Adrenalin, welches eine Beschleunigung des Herzschlags bewirkt, ferner eine Kontraktion des raidalen Muskels der Iris; einen Anstieg des systolischen Blutdruckwertes und des Pulsschlags; ein Ansteigen des Herzminutenvolumens und der Atmung. Es reguliert die Verteilung von Wasser und Elektrolyten, den Kohlehydratstoffwechsel und die muskuläre Leistungsfähigkeit.

1970 waren nur 20 Hormone bekannt; jetzt sind es nicht weniger als 200.

ACTH (adrenocorticotropes Hormon) und Vasopressin (antidiuretisches Hormon) (bei Streß) stimulieren möglicherweise das Lernen und das Gedächtnis.

Die Hirnanhangdrüse (Hypophyse) reguliert das Wachstum. Sie setzt LH (luteinisierendes Hormon) und FSH (follikelstimulierendes Hormon) frei (das regt die Eierstöcke an, Östrogen zu produzieren). Sie weist die Hoden an, Testosteron zu produzieren; sie setzt Oxytocin (Hypophysenhinterlappenhormon) frei, für den Mutterinstinkt, und Prolaktin (Laktationshormon), welches die Muttermilchproduktion stimuliert. Sie setzt auch ein adrenokortikotrophisches Hormon frei (auf ein Signal vom Hypothalamus hin), welches – die Nebennieren veranlaßt, Cortisol (Hydrocortison) zu produzieren, was den Blutzuckerspiegel anhebt und den Stoffwechsel beschleunigt. (Schüchterne Kinder haben ein höheres Cortisolniveau als aggressive Kinder.)

Die Eierstöcke produzieren Östrogen. Progesteron (das Gelbkörperhormon) bereitet die Gebärmutterwand auf das Ei vor.

Die Nebenschilddrüsen (Epithelkörperchen) produzieren Hormone, die für den Kalziumstoffwechsel benötigt werden.

Diese alten und neuen Puzzleteile – die nur einen Teil des bekannten Hormonbildes darstellen – könnten unsere Lernprozesse beeinflussen.

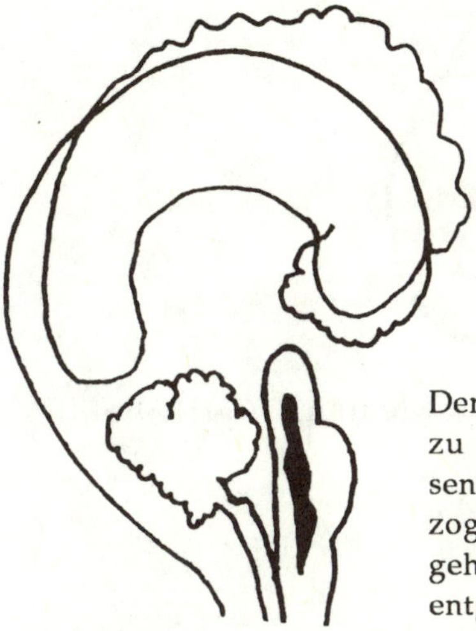

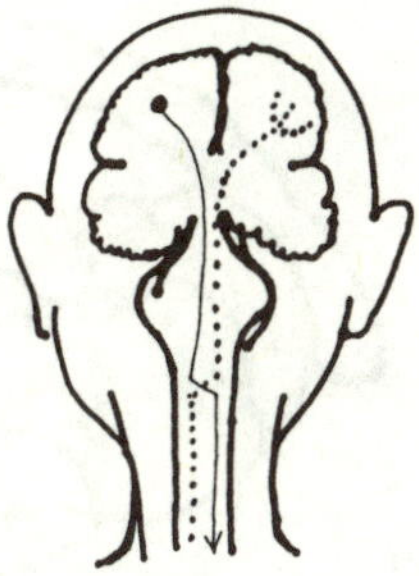

Der Hirnstamm befördert Informationen aus dem Rückenmark zu den Gehirnhemisphären. Die gestrichelte Linie deutet die sensorischen Signale an, die ins Gehirn fließen, und die durchgezogene Linie zeigt die motorischen Impulse, die zu den Muskeln gehen. Jede Seite des Gehirns kontrolliert die Bewegungen der entgegengesetzten Körperseite und erhält Information von dort.

Die Formatio reticularis, die in der Mitte des Hirnstammes liegt, enthält eine Reihe von Kernen, die Teil des retikulären Aktivierungssystems sind. Dieses System spielt auch beim Lernen eine wichtige Rolle.

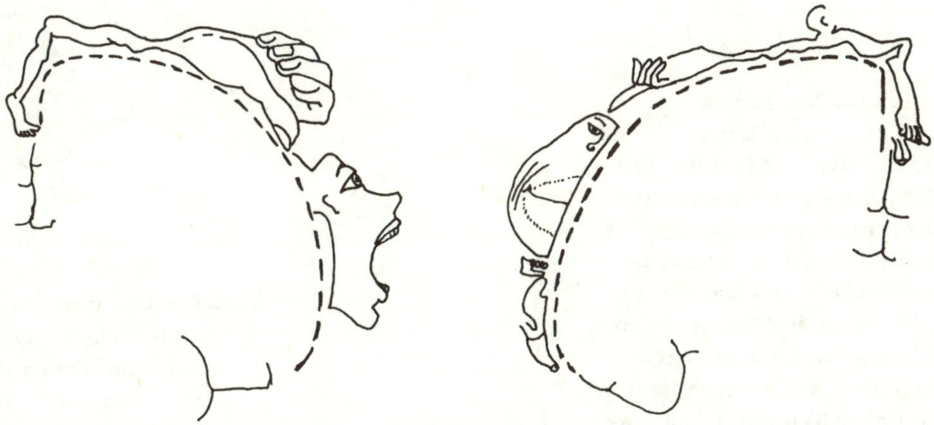

Homunkulus – ein kleiner Mensch, der durch die Imagination geschaffen wird

Repräsentierende Abbildungen von motorischen Impulsen aus Körpergebieten liegen in der vor dem Hirnzentrum gelegenen Gehirnwindung. Dieser Homunkulus basiert auf der Arbeit von *Wilder Penfield*.

Repräsentierende Abbildungen von sensorischen Impulsen von Körpergebieten liegen nach *Penfield* in der hinter dem Hirnzentrum gelegenen Gehirnwindung.

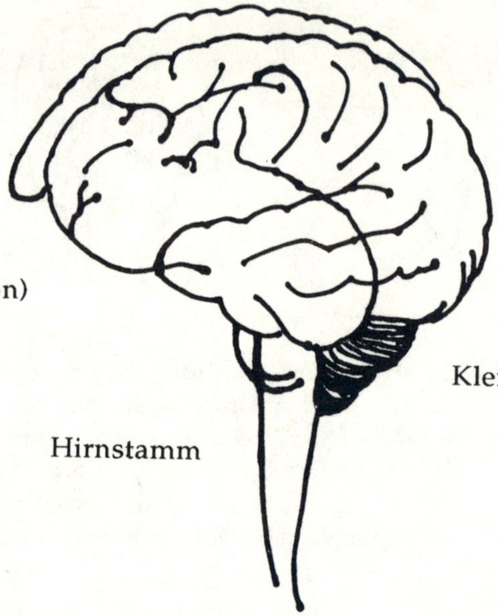

Sprache und das Gehirn

1. Der linke Frontallappen des Gehirns ist der Standort des Brocaschen Zentrums, welches die Sprachproduktion kontrolliert.
2. Hinter dem Brocaschen Zentrum befindet sich das Wernike-Zentrum, welches das Verständnis von Sprache regelt. Das Wernicke-Zentrum liegt in den linken Temporal- und Parietallappen.

Wenn die Verbindungen zwischen diesen beiden Zentren beschädigt sind, hindert dies die spontane Spracherzeugung, die Wiederholung von Sprache ist jedoch immer noch möglich.

Schreiben und das Gehirn
Mittels elektrischer Stimulation von Teilen des Gehirns konnten Wissenschaftler bestimmten Gebieten Funktionen zuschreiben. Obwohl das Gebiet, welches die Schreibfähigkeit kontrolliert, von Individuum zu Individuum etwas variiert, ist diese Position die häufigste.

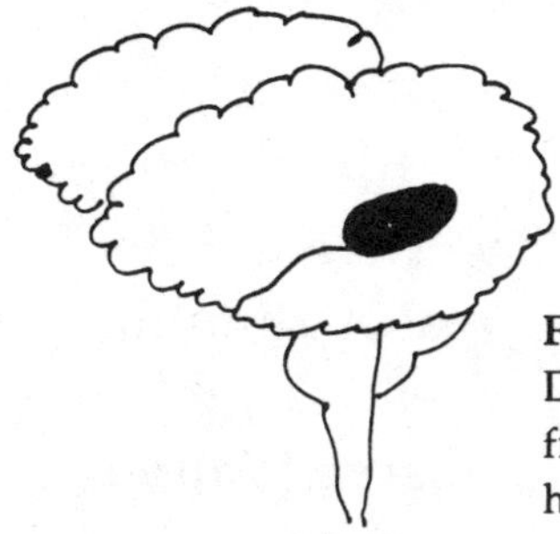

Farben und das Gehirn
Die Fähigkeit, Farben zu identifizieren, scheint hinten im Gehirn nahe dem visuellen Cortex zu liegen. Bestimmte Menschen, vor allem Künstler, treffen feinere Farbunterscheidungen als andere. Die Fähigkeit, Hautfarbenveränderungen zu sehen, kann erlernt werden. Ein wichtiger erster Schritt dabei ist der Glaube, daß feinste Farbunterschiede, die vorher nicht wahrgenommen wurden, existieren. Dann geht das Lernen ganz schnell vonstatten.

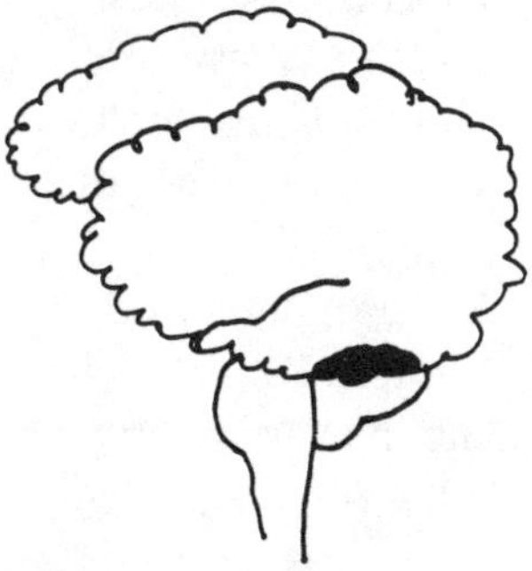

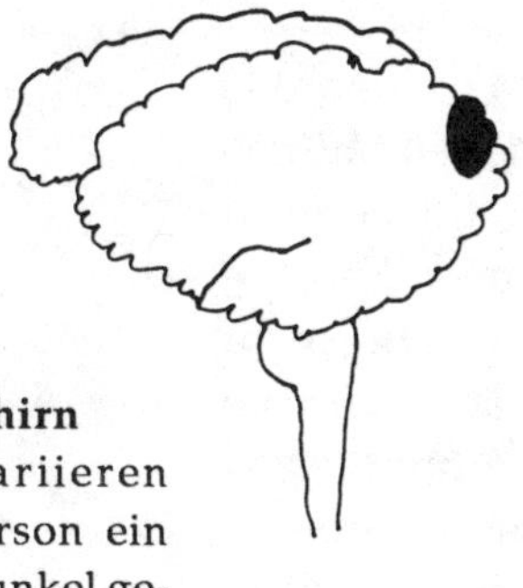

Lesen und das Gehirn
Sprachgebiete variieren von Person zu Person ein wenig. Das oben dunkel gezeichnete Gebiet ist in etwa das Gebiet, das es uns ermöglicht, Shakespeare, Zeitungen und Reklametafeln zu lesen.
Einige Menschen verstehen, was sie lesen, indem sie die Worte wiederholen; andere können diesen Schritt übergehen, indem sie die Worte in Bilder, Klänge oder Gefühle verwandeln.

Namengebung und das Gehirn
Die Sprach- und Gehirnforschung muß noch erklären, wie wir unsere Worte auswählen und wie wir diese Worte in einer bedeutungsvollen Weise anordnen. Wie wir bestimmte Bedeutungen mit bestimmten Empfindungen verbinden und dann unsere Worte auswählen, um diese Empfindungen widerzuspiegeln, ist ebenfalls noch unerklärt. Als Adam und Eva den Tieren im Garten Eden Namen gaben, haben sie vielleicht die Namen in diesem Gebiet gespeichert.

PAVLOV LÄUTET EINE GLOCKE

1901 zeigte *Ivan Pavlov* nicht nur, daß Reaktionen mit Reizen verknüpft sind, sondern auch, daß neue Reaktionen *erlernt* werden können. Als *Pavlov* eine Glocke läutete und die Hunde Speichel absonderten, demonstrierte er das Stimulus-Response-Muster, das die Hunde erlernt hatten: Glocke – Speichel. Das natürliche Stimulus-Response-Muster ist Nahrung – Speichel. *Pavlov* nahm einen natürlichen, körperlichen Mechanismus – Stimulus-Response – und baute einen „künstlichen" Stimulus ein. Weil Hunde Klänge oder Glocken nicht essen können, war die Speichelabsonderung auf die Glocke hin eine künstliche Reaktion.

Nicht alle Stimuli werden auf der Wahrnehmungsebene festgehalten. Unsere Wahrnehmungen des Stimulus sind wahrscheinlich in der Form von Mustern aufgezeichnet.

Wenn wir denken, verwenden wir ähnliche Stimulus-Response-Verbindungen in unseren Gehirnmustern. Die Prozesse, die wir durchlaufen – die chemischen und elektrischen Veränderungen, die stattfinden – entscheiden, welche Worte aus unserem Mund kommen und welcher Gesichtsausdruck, welche Gesten und Körperhaltungen wir verwenden, um unsere Meinung zu bekräftigen.

Jede einzelne Gehirnaktivität hat ihr eigenes Muster, mit entsprechenden elektrischen und chemischen Komponenten. Diese Muster, die wellenförmig und in ihrer Dauer meßbar sind, sind unsere Gedanken.

Nervenzellen, die *Neuronen* genannt werden, bilden das Netzwerk, in dem Denkmuster auftreten. Wir haben Milliarden dieser Nervenzellen, und wir nutzen sie, um Stimuli wahrzunehmen und auf sie zu reagieren – sie nach Kategorien zu ordnen, sie zu benennen und sich für Handlungen zu entscheiden. „In einem einzigen menschlichen Gehirn ist die Zahl der zwischen diesen Zellen möglichen Verbindungen größer als die Zahl der Atome im Universum", schreiben *Robert Ornstein* und *Richard Thompson*. Es sind diese Verbindungen, die uns erlauben, unsere Wahrnehmungen zu kodieren, zu denken und dann zu sprechen. Unsere Gedanken sind Muster, die von diesen Nervenzellen und ihren Verbindungen errichtet werden, und unsere Sprache ist das Resultat dieser Muster. Die Worte, die wir lernen und benutzen, werden in unseren Gehirnen in diese Muster umgesetzt.

Stimulus – ein Geruch, Geschmack, Bild, Klang, eine Berührung oder eine Empfindung, die ein bestimmtes Gehirnmuster hervorruft.

Response – das habituelle Gehirnmuster, das durch eine unmittelbare Wahrnehmung oder eine Erinnerung an bestimmte Wahrnehmungen hervorgerufen wird.

Wenn wir lernen, werden anscheinend sowohl ein Reiz als auch eine Reaktion in unseren Gehirnen aufgezeichnet. Unsere Wahrnehmung des Reizes (was wir sehen, hören, fühlen, schmecken und riechen) und unsere Reaktion auf diese Wahrnehmungen (Angst, Vergnügen, Schmerz) sind in unseren Gehirnen miteinander verknüpft. Die aufgrund des Originalstimulus registrierte Wahrnehmung kann zum Anfang eines Musters werden, selbst wenn der Originalstimulus als Ganzes nicht als Erinnerung kodiert wird.

UNNATÜRLICHE KOPPLUNGEN

Die meisten von uns haben einige unnatürliche Reaktionen, die zufällig an einen Reiz gekoppelt wurden. Ein Stimulus-Response-Muster ist so leicht aufzubauen, daß unwahrscheinliche Kopplungen häufig vorkommen. Beispielsweise haben viele von uns erlebt, daß wir in der Klasse aufgerufen wurden und eine Antwort geben sollten und nicht fähig waren, das zu tun – möglicherweise deshalb, weil wir die Hausaufgaben nicht gemacht hatten, uns bei der Vorstellung unwohl fühlten, einen Vortrag halten zu müssen, oder nicht sicher waren, ob wir den Stoff verstanden hatten. Jahre später, wenn wir in einer Geschäftskonferenz plötzlich zu einer Stellungnahme aufgefordert werden, zeigen wir vielleicht dieselbe Reaktion. Während der Chef und die Kollegen uns anschauen, fällt uns plötzlich nichts mehr ein, auch wenn wir diesmal die benötigte Information genau kennen. Dies ist eine unnatürliche Kopplung; daß einem nichts mehr einfällt, wenn man zu einer Stellungnahme aufgefordert wird, ist keine nützliche Reaktion.

Kognitives Lernen nutzt komplexere Schaltungen als Gewohnheitslernen.

Einige unnatürliche Kopplungen sind nützlich, und einige sind es nicht. Sie können lernen, wie Sie Ihre automatischen Reaktionen auf Reize erkennen und verbessern können – automatische Reaktionen, die oftmals das Resultat unnatürlicher Kopplungen sind, die während Ihrer

Der aktuelle Kenntnisstand und Theorien darüber, wie das Gehirn funktioniert, sind viel zu komplex, als daß sie in diesem Buch behandelt werden könnten; und bei einer Vereinfachung besteht die Möglichkeit von Fehlern. Die erstaunlichen Funktionen des menschlichen Gehirns können nicht genau auf Stimulus-Response-Muster reduziert werden. Und für viele Menschen hat der Ausdruck „Stimulus-Response" negative mechanistische Nebentöne. In diesem Buch möchte ich nachdrücklich die Wahlfreiheit hervorheben, die den Gehirnmustern eigen zu sein scheint. Der Begriff „Stimulus-Response-Muster" wird hier in einem erweiterten Sinn gebraucht, um auf die grundlegenden neurologischen Prozesse des Lernens zu verweisen – das elektrochemische Gewebe.

Sehen Sie das Gehirn ruhig als ein sich fortwährend veränderndes Gewebe an, mit der Wahlfreiheit als Faden, der an einigen Lernpunkten eingeflochten wird. Mit einem stärkeren Bewußtwerden Ihrer eigenen Stimulus-Response-Muster haben Sie sogar noch größere Wahlfreiheit.

Entwicklung in Ihrem Gehirn auftraten. Falls Ihnen nichts mehr einfällt, wenn Ihr Chef Sie während einer Konferenz zu einer Stellungnahme auffordert, werden Sie entdecken, wie diese Reaktion zu verändern ist. Falls für Sie die Angst vor einem Unglücksfall mit dem Klingeln des Telefons spät abends (in der Nacht) oder mit dem Anblick eines Telegramms gekoppelt ist, werden Sie entdecken, wie diese Reaktion zu verändern ist.

Können Sie sich einiger automatischer Reaktionen entsinnen, die Sie auf Reize zeigen? Wie fühlen Sie sich beispielsweise, wenn Sie autofahren und im Rückspiegel ein Polizeiauto mit blinkendem Blaulicht sehen? Wenn Ihr Chef in der Tür Ihres Büros erscheint, richten Sie sich dann auf und setzen einen ernsten Gesichtsausdruck auf? Müssen Sie den Impuls unterdrücken, zu salutieren, wenn Sie eine Militäruniform sehen?

Falls Sie so wie die meisten von uns sind, durchlaufen Stimulus-Response-Muster das Gehirn so schnell, daß Sie sich nicht bewußt sind, daß sie „unnatürlich" sind – d.h., sie wurden zufällig aufgebaut oder mittels einer ungeplanten Verknüpfung zwischen zwei getrennten Ereignissen, die miteinander nichts zu tun haben. Sie *müssen* sich nicht aufrichten und schneller atmen, wenn Ihr Chef erscheint, aber wenn Sie automatisch, mühelos und ohne Anstrengung auf diese Weise reagieren, zeigen Sie ein Stimulus-Response-Muster. Es könnte nützlicher sein zu lächeln, die Stirn zu runzeln oder eine Akte herauszuziehen. Sie werden es nie wissen, bevor Sie nicht das alte Muster aufgebrochen haben.

September-Einschreibung!

Ein starkes Stimulus-Response-Muster kann jahrelang funktionieren, ohne daß Sie sich dessen auch nur bewußt sind. Ich sammelte ein Diplom (B.A.), einen Magister (M.A.), arbeitete an einem anderen Magister (M.A.), arbeitete an einer Doktorarbeit (Ph.D.) und erwarb dann einen anderen Doktortitel (Ph.D.), bevor ich entdeckte, daß ich eine als Muster geformte Reaktion auf den Monat September hatte.

Der grundlegende Mechanismus meines Stimulus-Response-Musters war ähnlich wie derjenige, den *Pavlov* in den Hunden installierte. In meinem Fall war es nicht September – Speichelabsonderung; es war September – Einschreibung – für fast alles. Der Gegenstand, der Inhalt war nicht von Bedeutung – Hauptsache, ich verpflichtete mich, etwas zu lernen.

Schließlich wurde ich es leid, die Studentin zu spielen. Nachdem mir das klar geworden war, schrieb ich mich im September für keinen einzigen Kurs ein. Ich fühlte mich den ganzen Monat lang sehr unbehaglich; ich spürte, daß irgend etwas nicht stimmte. Ich erkannte schließlich, daß die Quelle meines Unbehagens darin lag, daß ich nicht an der Uni war und dort lernte. Aber ich lernte: Ich lernte etwas Wichtiges über meinen Vater, über Stimulus-Response plus Assoziationen und über mich. Indem ich das Unbehagen aushielt, konnte ich mir Klarheit verschaffen.

Mein Vater hatte sich sein ganzes Leben lang darüber frustriert gefühlt, daß er nicht mehr Zeit in der Schule verbracht hatte. Bevor ich fünf Jahre alt war, hatte er mir beigebracht, zur Schule zu gehen – für immer. Er hatte vergessen, die Einschränkung hinzuzufügen, „solange es angemessen ist". Daher erlebte ich, als ich mich weigerte, meine gewohnte, aber unnatürliche Muster-Abfolge der September-Einschreibung ablaufen zu lassen, ein starkes, negatives Gefühl. Da das Stimulus-Response-Muster plus Assoziationen mit meinem Vater begonnen hatte, stiegen alle Ängste hinsichtlich des Ungehorsams gegenüber dieser allmächtigen Figur auf. Das von meinem Vater eingepflanzte Muster hatte 35 Jahre lang jedes Jahr funktioniert. Es ist ziemlich erstaunlich, daß ich fähig war, solch ein fest verwurzeltes Muster zu unterbrechen, weil es mit jedem Mal, wenn ein Stimulus-Response-Muster plus Assoziationen abläuft, wahrscheinlicher wird, daß es wieder abläuft.

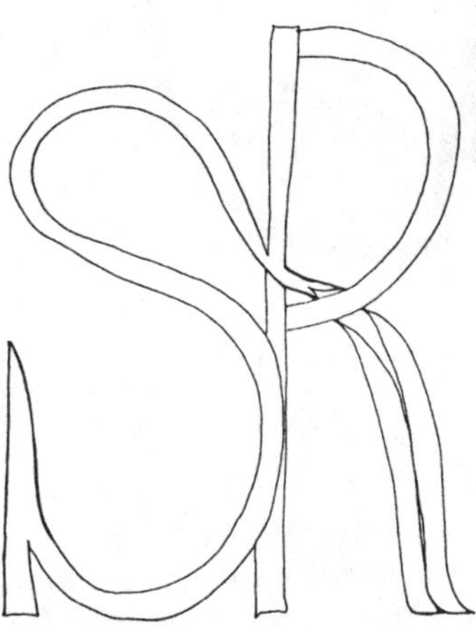

ENGRAMME

An einer früheren Stelle in diesem Kapitel haben wir auf ein „Engramm" hingewiesen. *J.C.Eccles* verwendete diesen Begriff, um ein gut gelerntes Reaktionsmuster zu beschreiben. In *Facing Reality* erklärt *Eccles*: „Ein neuronaler Pfad, der mittels eines bestimmten sensorischen Inputs aktiviert ist, wird, als Folge wiederholter Aktivierung, eine Art von Stabilität erreichen. ... Dieses Engramm-Muster, wie es genannt wird, ist für den Wiederaufruf ins Gedächtnis verfügbar, wenn ein geeigneter Input in seiner Schaltungsanordnung vorhanden ist." Daher läuft ein gut gelerntes Muster – ein sogenanntes Engramm – mit größerer Wahrscheinlichkeit ab als ein neues, schwaches Muster. Und wenn sich eine Gewohnheit oder kognitive Erinnerung stabilisiert hat – zu einem Muster geworden ist – folgt die gleiche Reihe von Reaktionen immer auf einen bestimmten Reiz.

Ein wirklich gut angelegtes Engramm – ein stabilisiertes Muster – läßt Ihnen keine Wahl. Es läuft schnell ab, automatisch und mühelos. Dies ist sehr nützlich, wenn die Reaktion so ist, wie Sie sich verhalten oder denken wollen, wie z. B. beim Tritt auf die Bremse, wenn Sie eine rote Ampel sehen. Wenn die Reaktion jedoch etwas ist, was Sie nicht wollen – wie z. B. zu viel essen, rauchen oder die Einschreibung in Kurse – ist es nötig, daß Sie das Muster erkennen und einige Veränderungen vornehmen. Die meisten Menschen, die etwas tun, was sie gar nicht tun wollen, sind auf einer automatischen Musterspur. Sie haben einfach keine Wahl.

Synaptische Verbindung

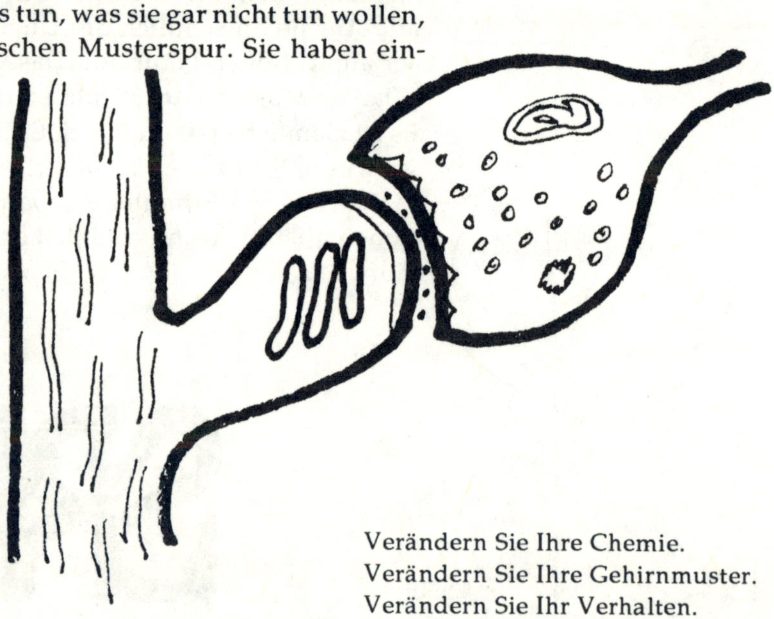

Die elektrochemische Natur der neuronalen Synapse

Der enge Zwischenraum zwischen einem Neuron und einem anderen wird von einem chemischen Neurotransmitter überbrückt, der einen Impuls in dem anderen Neuron auslöst.

Verändern Sie Ihre Chemie.
Verändern Sie Ihre Gehirnmuster.
Verändern Sie Ihr Verhalten.

Das automatische Muster eines Engramms ist auf Chemikalien angewiesen, bevor es mit den elektrischen Impulsen anfangen kann, die den Gedanken durch die Axone und Dendriten der Nervenzelle verbreiten. *Ornstein* und *Thompson* schreiben: „Neuronen sprechen miteinander, indem sie bestimmte chemische Moleküle freisetzen, die chemischen Boten oder Neurotransmitter an den Synapsen ... Wenn diese Moleküle die Ziel-Zellmembran erreichen, die postsynaptische Membran, verbinden sie sich mit chemischen Rezeptormolekülen, die Teil der postsynaptischen Membran sind." Die Methode, die die Boten benutzen, um den richtigen Rezeptor zu finden, ähnelt sehr der Verwendung eines Schlüssels, der nur in ein bestimmtes Schloß paßt. Gedanken verbinden sich mit anderen spezifischen Gedanken, oder aber nicht. Die Assoziationen, die das Wort „Heim" für Sie mit sich bringt – Sicherheit, Behaglichkeit, Vergnügen oder was auch immer –, werden von elektrischen und chemischen Verbindungen in Ihrem Kopf hervorgerufen.

Edward de Bonos sechs Wege des Denkens:

1. Tatsachen, Zahlen und objektive Information
2. Emotionen und Gefühle
3. Logische, negative Gedanken
4. Positive, konstruktive Gedanken
5. Kreativität und neue Ideen (Innovation)
6. Kontrolle der Denkprozesse und Schritte

Früher glaubte man, daß nur drei oder vier verschiedene chemische Boten-Moleküle existieren. Heutzutage schätzen die Forscher, daß Hunderte bei der Gedankenübertragung vorhanden sind. Diese Chemikalien bewirken elektrische Reaktionen an den synaptischen Spalten und in den Axonen, so daß elektrische Aktivität das Muster durch das Gehirn befördert. Ändern Sie Ihre Chemie; ändern Sie Ihre Gehirnmuster; ändern Sie Ihr Verhalten. Sie müssen nicht mit Verhaltensmustern leben, mit denen Sie nicht mehr das erreichen, was Sie wollen. Sie können neue Muster einrichten, um die alten zu ersetzen.

In „Die drei Augen der Erkenntnis. Auf dem Weg zu einem neuen Weltbild" stellt *Ken Wilber* ein überzeugendes Beispiel für drei Ebenen des Wissens dar:

sensorisch

mental

spirituell

Unsere Gehirne haben die grundlegende Hardware für alle drei Typen des Wissens.

Bewußtwerdung von Mustern

Wenn Sie nicht wollen, daß ein Muster automatisch abläuft, müssen Sie es bewußt unterbrechen. Zuerst müssen Sie sich bewußt werden, daß ein Stimulus-Response-Muster oder ein kognitives Gedächtnismuster abläuft. Nehmen Sie sich ein paar Minuten Zeit und denken Sie an einige Ihrer gut gelernten Gehirnmuster oder Engramme. Können Sie drei auswählen, die Sie mögen, und drei, die Sie nicht mögen? Um Sie in Schwung zu bringen folgen nun sechs persönliche Engramme, die ich mag:

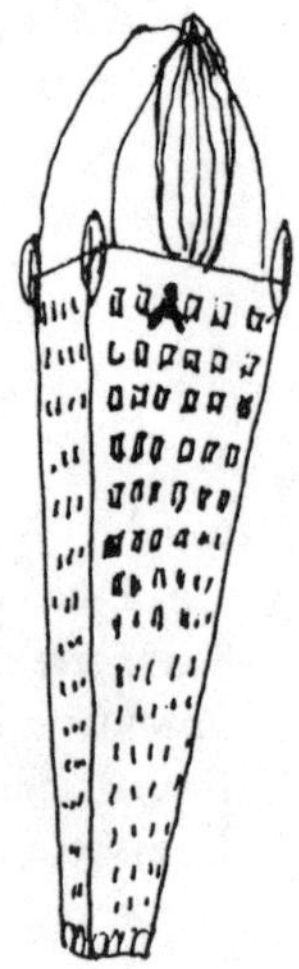

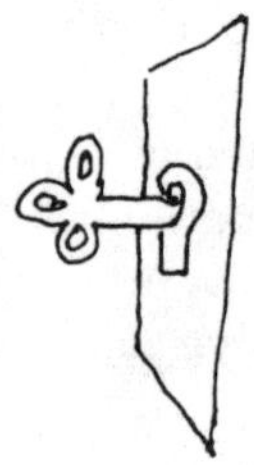

Reiz	**Reaktionsmuster**
Die Stimme meines Babys, das mitten in der Nacht schreit	Ohne richtig wach zu werden, springe ich aus dem Bett und gehe nachschauen, was sie hat.
Ein Feueralarm in einem Hotel in der Nacht	Ich stürze aus dem Bett und schaue aus dem Fenster (nicht immer angenehm, aber zweckmäßig fürs Überleben).
Der Anblick von meinem Hund	Ich fühle mich sicher beschützt.
Der Schlüssel meines Mannes abends im Türschloß	Ich fühle mich gut.
Ein schöner Ausblick	Ich wünschte, ich hätte meinen Malkasten dabei.
Der Anblick meiner sechs Kinder nach einer Abwesenheit	Ich bekomme einen Kloß im Hals. Ich schaue meine Kinder an und bin mir bewußt, wie schön sie sind. Ich möchte jedes von ihnen umarmen.

Diese Reaktionen laufen so schnell und so konsistent ab, daß ich weiß, ich habe keine Wahl, sie zu haben oder nicht. Falls ich Meinungsverschiedenheiten mit meinem Mann habe, erinnere ich mich erst nach dem guten Gefühl beim Geräusch des Schlüssels an den Streit. An diesem Punkt habe ich eine Wahl: Soll ich mich auf das unangenehme Gefühl oder auf das gute Gefühl konzentrieren? Es folgen nun einige Beispiele persönlicher Engramme, die ich nicht mag:

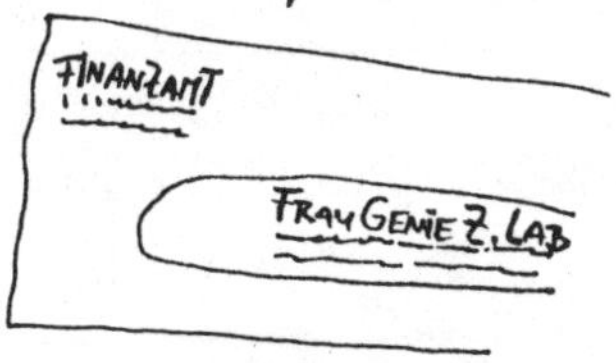

Reiz	Reaktionsmuster
Kontoüberziehungsmitteilung von der Bank	Mein Magen zieht sich zusammen
Bellende Hunde in der Nacht	Hellwach; Adrenalinstoß (möglicherweise zweckmäßig fürs Überleben, aber ärgerlich, weil es sich normalerweise um einen falschen Alarm handelt)
Einen eingeschriebenen Brief „mit Rückschein" vom Finanzamt	Mein Magen zieht sich zusammen, verspannte Schultern, steifer Nacken
Schroffe Kritik an meinem Unterrichtsstil	Mein Magen zieht sich zusammen
Eine noch so geringe negative Reaktion von einem meiner Kinder	Tränen und eine zusammengezogene Kehle
Die Worte „Ich habe eine schlechte Nachricht" in einem Ferngespräch	Lähmende Angst

Ich mag den keine Wahl lassenden Aspekt dieser Reaktionen nicht, obwohl die Reaktion und ihre Assoziation in vielen Fällen angemessen sein mag. Trotzdem hätte ich gerne eine Wahl. Ich habe letztlich viel öfter, als ich möchte, einen verkrampften Magen und steife Nackenmuskeln. Aber ich weiß, daß ich, wenn eine Reaktion mich genügend stört, sie ändern kann – genau so, wie ich mein September-Einschreibungs-Muster geändert habe.

Paradigma des Organismus?

Eine der strittigsten Theorien über das Gedächtnis und das Lernen ist *Rupert Sheldrakes* Hypothese der „formative causation", die nahelegt, daß Organismen durch „morphogenetische Felder" gebildet werden, die „mit vorausgehenden ähnlichen Systemen verbunden sind". Durch einen Prozeß, den *Sheldrake* „morphische Resonanz" nennt, werden diese Felder von „vergangenen Systemen für jedes nachfolgende ähnliche System *präsent*; die Strukturen vergangener Systeme beeinträchtigen nachfolgende ähnliche Systeme durch einen kumulativen Einfluß, der über Raum *und Zeit* hinweg wirkt." Deshalb werden, wenn Laborratten in London eine Aufgabe lernen, ihre französischen Vettern dieselbe Aufgabe schneller lernen (vorausgesetzt die Aufzucht- und Umweltbedingungen sind gleich), und genau das wird die nächste Generation von Ratten ebenfalls tun.

Sheldrake überträgt dieses Konzept auch auf menschliches Lernen. „Die Hypothese der ‚formative causation' bietet eine Alternativinterpretation, in deren Licht das Fortbestehen von erlernten Gewohnheiten trotz erlittener Gehirnschädigungen viel weniger rätselhaft ist: die Gewohnheiten hängen von motorischen Feldern ab, die überhaupt nicht innerhalb des Gehirns gespeichert werden, die aber über morphische Resonanz direkt von seinen vergangenen Zuständen stammen."

In den folgenden Kapiteln werden Sie lernen, wie Sie viele der Reaktionen und Assoziationen, die Sie nicht mögen, verändern können, und wie Sie eine neue Reaktion oder ein neues Muster von Reaktionen auf einen Reiz hin einrichten können. Indem Sie bestimmte Reaktionen mit bestimmten Reizen verknüpfen, können Sie jeden mentalen Zustand erzeugen, den Sie sich wünschen.

Denken Sie jetzt im Moment einmal an ein Ziel oder ein Ergebnis, das Sie erreichen möchten. Dann denken Sie an den besten mentalen Zustand, in dem Sie sich befinden könnten, um es zu erreichen. Können Sie sehen, wie es außergewöhnlich nützlich wäre, den optimalen mentalen Zustand in sich selbst zu erzeugen, bevor Sie eine neue Idee präsentieren, einen Verkauf abschließen, oder irgend etwas machen, bei dem Sie in Topform sein sollten? Wir nennen diesen optimalen Zustand einen *Ressource-Zustand*, oder einen *Zustand der Exzellenz*. Wenn Sie in einem Zustand der Exzellenz sind, sind Ihre mentalen Ressourcen – die Sie in früheren Erlebnissen erlernt haben – mühelos für den sofortigen Gebrauch verfügbar. Indem Sie die Stimulus-Response- und kognitiven Lernmechanismen verwenden, mit deren Hilfe Ihr Gehirn lernt, können Sie diesen Ressource-Zustand immer auslösen, wann immer Sie es wünschen.

Der Hippocampus, die Amygdala und der Zustand der Exzellenz

Unsere Persönlichkeiten können aus zufälligen Stimulus-Response-Mustern resultieren.

9 Der Ressource-Zustand

Ziehen Sie für einen Augenblick die Möglichkeit in Betracht, daß einige Aspekte Ihrer einzigartigen Persönlichkeit das Resultat von Zufalls-Stimulus-Response-Mustern sind, die durch zufällige Erfahrungen aufgebaut wurden. Diese Muster laufen so schnell ab, daß Sie Ihre Persönlichkeit als gegeben akzeptieren, ohne die zufällige Natur einiger, wenn nicht aller Muster, die für ihre Entwicklung verantwortlich ist, zu berücksichtigen. Persönlichkeitsmerkmale, wie z. B. Sparsamkeit, Verschwendungssucht, Ordentlichkeit, Pünktlichkeit, Unpünktlichkeit, Schüchternheit und Aggresivität können die Folge langvergessener früher Erlebnisse sein.

Wenn Sie sich Ihrer Muster erst einmal bewußt werden, können Sie diejenigen beibehalten, die darauf hinarbeiten, daß Sie glücklich, zufrieden, in heiterer Stimmung, oder friedlich sind, oder sich in irgendeinem anderen von Ihnen gewünschten Zustand befinden. Sie können auch Muster verändern, die zu anderen, weniger befriedigenden inneren Zuständen führen. Wenn Sie lernen, wie Sie Ihre Stimulus-Response-Mechanismen kontrollieren können, können Sie sich entscheiden, in einer Art und Weise zu reagieren, die emotional und psychologisch für Sie am günstigsten ist. Diese Art von Reaktion macht Ihnen alle Ressourcen zugänglich, die Sie während Ihres Lebens erworben haben. Indem Sie Ihre Lernmechanismen verändern, können Sie diesen *Ressource-Zustand* jederzeit, wenn Sie es wollen, hervorrufen. Sie brauchen nur zu lernen, wie ein neues Stimulus-Response-Muster oder ein neues Response-Muster auf einen alten Stimulus hin einzurichten ist. Beide Prozesse sind ähnlich.

Stimulus-Response-Muster (Stimulus-Response plus Assoziationen) - kognitives Lernen

DAS GEHIRN ALS LEUCHTANZEIGE

J.C. Eccles hat eine visuelle Metapher dafür entwickelt, wie Wahrnehmungen und Gedanken das Gehirn durchziehen und sich zu Sequenzen verbinden. *Eccles* vergleicht das Gehirn mit einer Theaterleuchtschrift, die ein ausgedehntes Geflecht von Lichtquellen enthält. Gedanken bewegen sich durch das Gehirn in Form eines sich immer wieder verändernden Musters, analog zu der Methode, mit der Leuchtanzeigen beleuchtet werden, um Worte zu schaffen. Dieselben Glühlampen, verwendet in verschiedenen Mustern, ergeben viele verschiedene Worte. Lichter werden für einige Worte eingeschaltet und für andere abgeschaltet.

Die Nervenzellen oder Neuronen im Gehirn arbeiten auf dieselbe Weise: Einige werden aktiviert, um bestimmte Gedanken zu übermitteln, während andere „dunkel" bleiben. Wenn wir ein bestimmtes Muster von Nervenzellen einschalten, um eine Reaktion auf einen Stimulus hin einzurichten, funktioniert unser Gehirn wie eine Theaterleuchtschrift. Genauso wie die Theaterleuchtschrift die Möglichkeit bietet, jeden beliebigen Namen zu bilden, hat unser Gehirn die Möglichkeit, jede beliebige Reaktion einzuschalten, die wir jemals gezeigt oder uns vorgestellt haben. Wenn wir ein Reaktionsmuster erst einmal erlernt haben – wie z. B. Vergnügen oder Vertrauen – können wir dieselbe Reaktion erneut einschalten. Der Trick dabei ist, zu wissen, wie und wann das Reaktionsmuster einzurichten ist, das Sie wollen.

Sie können auf Ihrer Theaterleuchtschrift alle zukünftigen Attraktionen beschreiben, die Sie wollen.

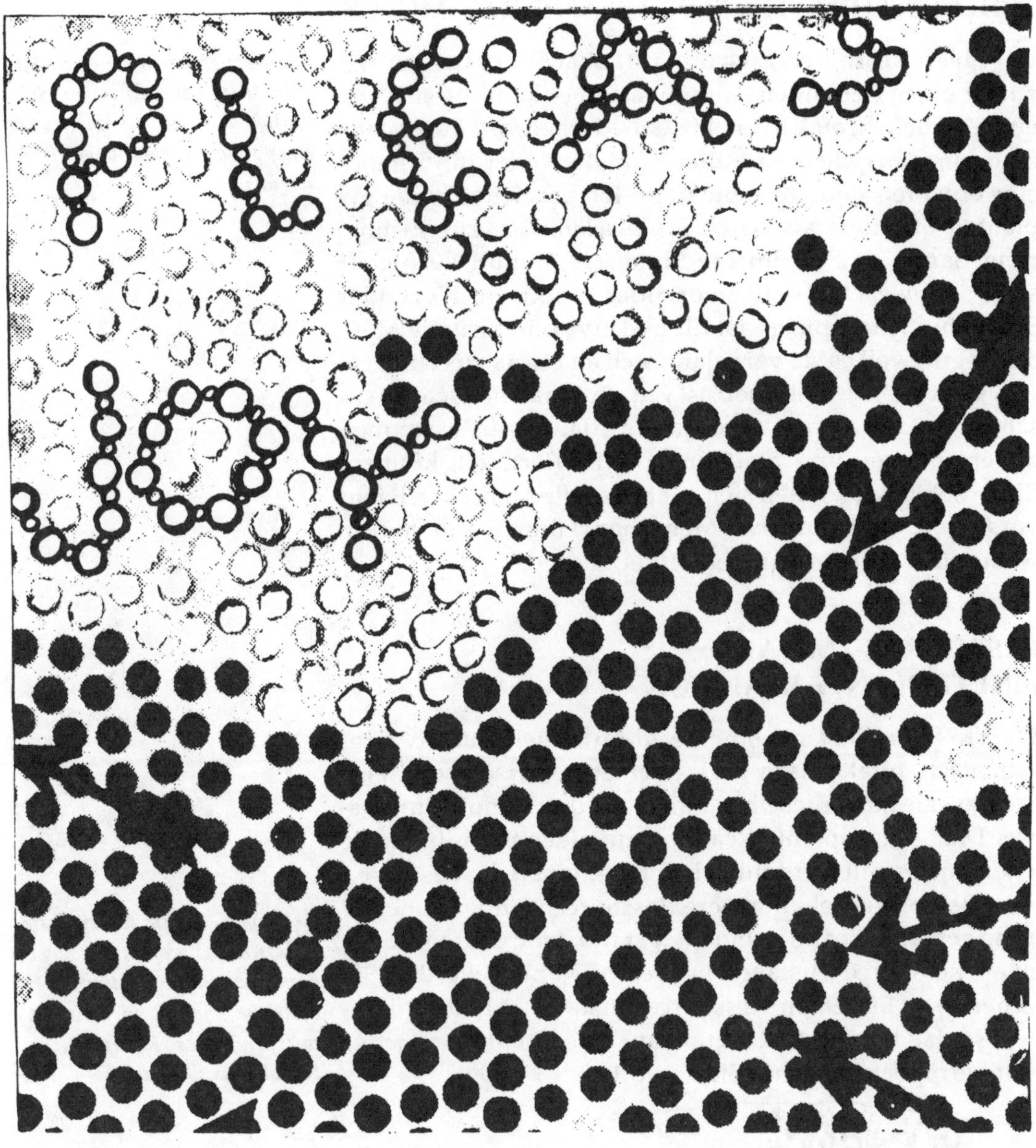

Leuchtanzeige – eine Metapher für Gedanken, die Teile des Gehirns erhellen. Vergnügen und Freude sind nützliche Engramme, mit denen Ihre Leuchtanzeige eingeschaltet werden kann.

SCHLÜSSELHINWEIS: EIN GEPLANTER STIMULUS

Schlüsselhinweis – ein neuer Stimulus; oder ein alter Stimulus, der mit einem neuen Response-Muster verknüpft wird.

Um einen Ressource-Zustand aufzubauen, brauchen wir zuerst einen geplanten Stimulus. Dabei kann es sich um einen visuellen, auditiven, kinästhetischen, olfaktorischen oder gustatorischen Stimulus handeln – oder um irgendeine entsprechende Kombination. Ich bezeichne einen geplanten Stimulus als einen *Schlüsselhinweis*, zur Erinnerung daran, daß all unsere Sinne als Stimuli verfügbar sind. „Hinweis" (als Stichwort oder Wink), ein Wort oder Signal für Schauspieler, ist für auditive und visuelle Menschen gut, weil es sie veranlaßt, sich an etwas zu erinnern, was sie wissen. „Schlüssel" ist gut für kinästhetische Menschen, um sie daran zu erinnern, daß ihre Ressourcen unverschlossen und greifbar nahe plaziert sein können. Einen Schlüssel können sich auch visuelle Menschen leicht vorstellen, und auditive Menschen können ihn hören, während er ihre Ressourcen öffnet.

RESSOURCE-ZUSTAND: EINE GEPLANTE REAKTION

Wie ein Stimulus kann eine Reaktion visuell, auditiv, kinästhetisch, olfaktorisch und/oder gustatorisch sein. Ferner muß sie nicht dieselben Sinne wie der Stimulus umfassen. Die beste geplante Reaktion auf einen Stimulus wäre jene, die von allen erdenklichen Reaktionen die beste ist – eine, deren Wurzel all unsere Ressourcen sind. Ich nenne diese geplante Reaktion einen Zustand der Exzellenz, oder einen Ressource-Zustand. In diesem Kapitel werden Sie lernen, wie Sie einen Ressource-Zustand aufbauen können, so daß Ihre beste Reaktion auf eine Situation zu jeder Zeit verfügbar ist, wenn Sie es wollen.

Zelltypen, die im Cerebellum (Kleinhirn) gefunden wurden. Die Natur zeigt eine unendliche Vielfalt in den Entwürfen ihrer Kommunikationskomponenten.

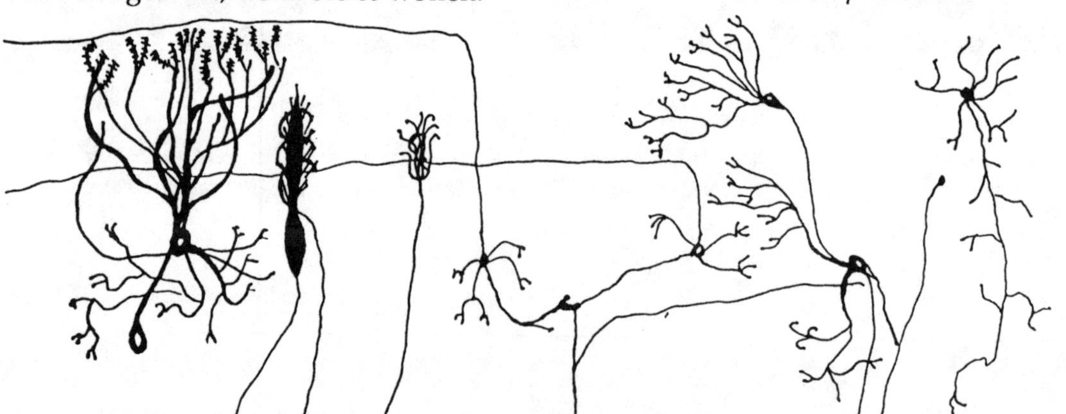

Rückschau auf Stimulus-Response-Muster

Engramm – ein geplantes oder gut gelerntes Stimulus-Response-Muster

Bevor wir einen Blick auf die einzelnen Schritte beim Aufbau eines Ressource-Zustandes werfen, lassen Sie uns wiederholen, was Sie über Stimulus-Response-Muster wissen.

- Der Stimulus-Response-Prozeß ist ein Basismechanismus des Gehirns.
- Ein Stimulus-Response-Muster, das sich stabilisiert hat – ein Engramm – ist ein erlerntes Muster, das unwillkürlich abläuft.
- Ein Stimulus-Response-Muster aktiviert elektrische und chemische Veränderungen im Gehirn.
- Bis jetzt wurden viele unserer Stimulus-Response-Muster zufällig gebildet.
- Sie werden es nützlich finden, zu wissen, wie ein Stimulus-Response-Muster absichtlich aufzubauen ist.

STIMULUS-RESPONSE-MUSTER

Stimulus
Verarbeitung
Repräsentationen
elektro-chemische Muster
emotionale Feedbackschleifen
emotionale Zustände

} **Reaktionen**

Der komprimierte Prozeß

AUFBAU EINES RESSOURCE-ZUSTANDES

Der erste Schritt beim Aufbau einer geplanten exzellenten Reaktion – eines Ressource-Zustandes – ist die Erinnerung daran, als Sie irgend etwas außergewöhnlich gut gemacht haben. Denken Sie an eine Zeit zurück, als Sie Außergewöhnliches leisteten, als Sie von Ihrer eigenen Fähigkeit überrascht waren. Es kann der Zeitpunkt gewesen sein, als Sie den Tennisball perfekt trafen, eine gute Präsentation machten, ein phantastisches Essen kochten, in einer Prüfung eine 1 erhielten, oder einen sehr erfolgreichen Vertrag aushandelten. Nehmen Sie ein bestimmtes Beispiel einer Leistung, das Sie wirklich zufriedenstellte, nicht eine Kategorie.

Die meisten Menschen, mit denen ich gearbeitet habe, können sich eines Beispiels entsinnen, bei dem sie sich wirklich hervortaten, und viele können sich daran erinnern, irgend etwas so gut gemacht zu haben, daß sie sich später wunderten, wie sie das geschafft hatten. Die ganze Sache ging so glatt, daß sie von sich selbst überrascht waren. Wenn Sie sich an eine dieser außergewöhnlichen Leistungen in Ihrem eigenen Leben erinnern können, verwenden Sie sie in dieser Übung.

Ressource-Zustand – ein neues Reaktionsmuster oder eine alte Reaktion, die mit einem neuen Stimulus verknüpft wird

Wenn Ihnen augenblicklich kein Beispiel einfällt, machen Sie sich keine Sorgen. Im nächsten Kapitel gebe ich Ihnen zusätzliche Anregungen und Ideen, die Ihnen helfen können, einen Ressource-Zustand aufzubauen. Lesen Sie sich zuerst hier die Schritte durch, so daß Sie den Prozeß verstehen.

Sehen, hören, fühlen Sie das Erlebnis

Wenn Sie Ihr Erlebnis ausgewählt haben, intensivieren Sie die Erinnerung:

- Was haben Sie *gesehen*, als Sie dieses außergewöhnliche Kunststück vollbrachten?
- Was haben Sie *gehört*?
- Was haben Sie *gefühlt*?

Stellen Sie sicher, daß Sie sich tatsächlich ein paar Minuten Zeit nehmen, um wieder zu sehen, zu hören und zu fühlen, was Sie zu diesem anderen Zeitpunkt wahrgenommen haben. Damit der Prozeß funktioniert, müssen Sie das Erlebnis wieder erschaffen. Falls Sie können, nehmen Sie die Körperhaltung ein, in der Sie sich befanden, als Ihr außergewöhnliches Ereignis stattfand.

Wenn Sie die Erinnerung vor Ihrem geistigen Auge sehen, stellen Sie sicher, daß Sie *in* Ihrem eigenen Körper sind, die Welt *draußen* mit Ihren eigenen Augen sehen, die Geräusche mit Ihren eigenen Ohren hören – wobei Sie all Ihre Sinne benutzen, um das Erlebnis wieder zu erschaffen und in dem Erlebnis zu sein.

Falls Ihre Erinnerung in einem dissoziierten Zustand aufgezeichnet worden ist, wird dieser Prozeß nicht funktionieren. Ein dissoziierter Zustand ist einer, bei dem Sie sich selbst von irgendeiner anderen Position im Raum her beobachten – bei dem Sie sich von einem anderen Standpunkt aus sehen. Dissoziieren Sie sich nicht, während Sie Ihren Ressource-Zustand aufbauen. Sehen Sie die Welt *draußen* mit Ihren eigenen Augen, um die Gefühlsanteile Ihrer Erinnerung wieder ins Gedächtnis zu rufen. Empfinden Sie dann tatsächlich die Aufregung, das Vertrauen, die Befriedigung. Diese Gefühlskomponenten sind wesentlich beim Aufbau eines Zustandes der Exzellenz.

Indem Sie sich auf den sensorischen Input konzentrieren – auf die Anblicke, Geräusche und Gefühle –, den Sie im Moment der außergewöhnlichen Leistung empfangen

Dissoziierter Zustand

Ein *dissoziierter Zustand* ist einer, bei dem Sie sich vorstellen, Sie sehen oder hören sich selbst aus einer anderen Position – außerhalb Ihres eigenen Körpers – oder bei dem Ihre Gefühle von einer Stelle außerhalb Ihres Körpers projiziert werden. In einem dissoziierten Zustand sind Sie sich oftmals Ihrer Gefühle nicht bewußt.

Viele Menschen speichern Erinnerungen in einem dissoziierten Zustand – indem sie die Szenen so aufzeichnen, als ob sie von einem Punkt an der Decke aus zu sehen wären. Dies kann in einigen Situationen nützlich sein, aber nicht beim Aufbau eines Ressource-Zustandes.

haben, aktivieren Sie dieselben elektrischen und chemischen Muster in Ihrem Gehirn, die zum Zeitpunkt des Ereignisses vorhanden waren. Diese Muster des Erfolgs – diese Reaktionen – sind es, die Sie aufrufen können möchten, wann immer Sie wollen.

Wenn Sie das Ereignis in Ihrer Erinnerung wieder erschaffen haben, haben Sie Zugang zu Ihrem Ressource-Zustand bekommen. Nun brauchen Sie einen geplanten Stimulus – einen Schlüsselhinweis –, um diese Reaktion jederzeit, wenn Sie es wollen, hervorrufen zu können.

Stellen Sie sich einen Kreis vor

Ein guter visueller Stimulus, der beim Aufbau eines Ressource-Zustandes verwendet werden kann, ist ein imaginärer Kreis, in den Sie hineinsteigen können. Der Kreis wird Ihr Schlüsselhinweis sein, der Sie sofort in eine Zeit der außergewöhnlichen Leistung zurückbringt. Es ist eine gute Idee, sowohl ein Codewort als auch einen visuellen Stimulus zu haben, um Ihre Reaktion zu wecken. Dann werden Sie sowohl ein Bild als auch ein Geräusch haben, so daß Sie zwei Sinne benutzen werden, um die Reaktion, die Sie wollen, wieder ins Gedächtnis zu holen – oder per Schlüsselhinweis hervorzurufen. Sie müssen das Codewort nicht laut aussprechen; Sie können es zu sich selbst sagen. Sie müssen auch keinen Kreis zeichnen, obwohl ich dies manchmal für Klienten mache, die den Kreis sehen müssen, damit er „real" ist. Wenn Sie Schwierigkeiten haben, sich einen Kreis vorzustellen, holen Sie sich auf alle Fälle ein Stück Kreide und zeichnen Sie einen auf den Boden oder den Teppich.

Aufbau Ihres Ressource-Zustandes

Wenn Sie Ihr Erlebnis, Ihren Kreis und Ihr Codewort haben, sind Sie darauf vorbereitet, sich Ihren Ressource-Zustand zu schaffen. Hier ist die Abfolge:

1. Stellen Sie sich eine Zeit vor, als Sie irgend etwas sehr gut gemacht haben.
   - Was sehen Sie?
   - Was hören Sie?
   - Was fühlen Sie?
2. Sobald die Bilder, Geräusche und Gefühle klar sind, stellen Sie sich einen Kreis auf dem Boden vor. Machen Sie den Kreis farbig.
3. Holen Sie tief Luft und steigen Sie in den Kreis hinein.
4. Stehen Sie in dem Kreis und intensivieren Sie die Erinnerung an das außergewöhnliche Ereignis.
5. Genießen Sie das Gefühl des Selbstvertrauens, das ein natürlicher Bestandteil ist, wenn man irgend etwas gut macht und dies weiß.

Gehen Sie jetzt die Sequenz noch einmal durch, wobei Sie Ihr Codewort hinzufügen.

1. Stellen Sie sich eine Zeit voller Ressourcen vor.
2. Sehen Sie einen farbigen Kreis.
3. Sagen Sie Ihr Codewort.
4. Steigen Sie in den Kreis hinein.
5. Intensivieren Sie das Gefühl.
6. Bleiben Sie solange im Kreis, solange Sie den Ressource-Zustand klar erleben.

Nehmen Sie sich nun Zeit, diese Schritte noch zweimal zu durchlaufen. Das wird das Muster etablieren, so daß Sie jederzeit, wenn Sie wollen, mühelos Zugang zu Ihrem Ressource-Zustand bekommen.

Falls Sie die Effektivität Ihres Ressource-Zustandes überprüfen wollen, probieren Sie folgendes mit einem Freund.

Bleiben Sie nicht länger als 20 Sekunden in einem Zustand mit geringen Ressourcen. Gehen Sie schnell in Ihren Ressourcen-Kreis.

Aufgaben des Freundes

1. Leiten Sie die Person, die seinen/ihren Ressource-Zustand überprüft, an, sich an einen Zustand mit geringen Ressourcen (einen Stuck-State) zu erinnern. Achten Sie auf die Anzeichen dieses Zustandes.
2. Leiten Sie ihn/sie an, sich von dem Stuck-State zu dissoziieren, indem er/sie zu einem Ressource-Zustand wechselt: a) sich sein/ihr positives Codewort wieder ins Gedächtnis zu rufen, b) den imaginären Kreis zu sehen und sich an seine Farbe zu erinnern, und c) körperlich in den imaginären Kreis zu steigen.
3. Stellen Sie sicher, daß die Person, die am Ressource-Zustand arbeitet, zu dem Zeitpunkt, wenn er/sie den Kreis betritt, alle äußeren Anzeichen von Ressourcen hat.
4. Stellen Sie sicher, daß er/sie den Ressource-Zustand wieder erreicht und dann im Innern des Kreises das Gefühl intensiviert. Wenn nicht, wiederholen Sie den Ressource-Zustand-Prozeß, bis er/sie einen fest etablierten inneren Zustand des Vertrauens hat.

Jetzt, da Sie wissen, wie man einen Stuck-State schnell in einen Ressource-Zustand verwandeln kann, kann diese Fähigkeit generalisieren.

Atmen Sie!

Der tiefe Atemzug ist beim Aufbau eines Ressource-Zustandes wesentlich. Ich habe viele Menschen dabei beobachtet, wie sie Ressource-Zustände aufbauen; wenn sie ihren erwünschten Zustand erreichen, fangen sie an, tief und mühelos zu atmen.

Sauerstoff ist wesentlich, wenn Menschen ihr Bestes geben sollen. Einer der Wege, wie wir unsere Verhaltensweisen und Denkprozesse einschränken, ist folgender: wir werden angespannt – wir ziehen unsere Schultern hoch und unsere Brust zusammen und reduzieren unsere Sauerstoffversorgung. Wenn wir schnell und gepreßt atmen, bekommt unser Gehirn und unser Körper nicht genügend Sauerstoff, um bei Spitzenleistungen zu funktionieren. Es kann sein, daß wir die Menge der hereinkommenden Luft durch solch eine Haltung körperlich einschränken, oder daß wir ein Muster des Versagens haben, das wir mit kurzen Atemzügen auslösen.

Jedesmal, wenn Sie in einer „gepreßten" Situation sind, ist das Beste, was Sie für sich tun können, tief durchzuatmen. Womöglich löst dies alleine schon Ihren Ressource-Zustand aus.

Ein Kreis in Aktion

Lassen Sie mich Ihnen erzählen, wie einer meiner Schüler seinen Ressource-Zustand dazu verwendete, zu verhindern, daß er selbst sein eigener schlimmster Feind in geschäftlichen Verhandlungen war. Bill wuchs in einem Viertel von Brooklyn auf, wo Straßenbanden zum Lebensalltag gehörten. Er war fast zwanzig, als er erkannte, daß es Welten gab, wo man nicht jeden Tag dazu bereit sein muß, ums Überleben zu kämpfen.

Schlau und schnell, wie er war, fand Bill heraus, daß er in diesen anderen Welten überleben und sogar mehr Geld verdienen konnte, als er für die Miete brauchte. Er fand Jobs anziehend, zu denen besondere Extras gehörten, wie z. B. den Job eines Hotelpromoters. Als Promoter konnte er in Restaurants mit zwanzigseitigen Speisekarten essen und die Rechnung auf seine Spesenabrechnung setzen. Er brachte nicht viel Geld nach Hause, aber er lebte ein Leben wie aus einem Hochglanzmagazin. Nachdem ein oder zwei Frauen ihn verlassen hatten, seines Geldes und seiner Selbstachtung beraubt, begann er beides für sich selbst wieder zu gewinnen.

Drei Fragen, die Bill auf Parties haßte:
Wo arbeiten Sie?
Wo wohnen Sie?
Was fahren Sie?

Bill besaß einen unwiderstehlichen Witz und hatte ein lebhaftes Funkeln in seinen blitzenden schwarzen Augen. Er mochte es, offen und geradeheraus zu sein – er hatte seine eigene Integrität. Er kam zur Beratung, weil er zu einem Experten für Immobilieninvestitionen geworden war, sich manchmal jedoch selbst beim Abschluß sabotierte.

Er drückte es so aus: „Wir sitzen da, dieser Kerl, der mit seiner Hand seinen Füller ergriffen hat, ist bereit zu unterzeichnen, und meine inneren Stimmen fangen an. Das nächste, was ich weiß, ist, daß ich irgend etwas sage, das ihn dazu bringt, den Füller niederzulegen und wegzugehen." Er machte eine Pause und fuhr dann fort: „Ich möchte damit aufhören. Ich werde so ängstlich, nur ja nichts falsch zu machen, daß ich das Falsche mache."

Wir saßen uns in meinen Büro gegenüber. Ich sagte: „Zuerst werden wir Ihre inneren Tonbänder leiser drehen. Dann wäre ein Ressource-Zustand das Beste, so daß Sie in geeigneter Weise reagieren werden."

„Was ist ein Ressource-Zustand?" Er saß auf der Stuhlkante und sah aus, als ob er jeden Moment aufstehen und davonlaufen könnte.

Meine Stimme war ruhig und fest, als ich sagte: „Ein internaler Zustand, der all die losen Fäden zusammenfügt, und aus dem, im Hinblick auf Ihr Ziel, das für die Situation geeignete Verhalten entsteht."

„Wie komme ich in diesen infernalen Zustand?" fragte er ohne viel Interesse. Er schaute weiterhin im Zimmer umher, anstatt mich anzusehen.

„Nicht ‚infernaler Zustand' – internaler Zustand. Ein mentaler Zustand, eine Einstellung, ein Ressource-Zustand. Machen wir's einfach mal, und dann werden wir sehen, ob es das bringt, was Sie wollen."

Ich brachte Bill bei, wie er seine inneren Tonbänder leiser drehen konnte, und bot dann an, ihm zu zeigen, wie er seinen Ressource-Zustand aufbauen könnte. Er zeigte nun mehr Interesse.

„Jetzt gleich?" Er schaute nervös im Raum herum, als ob er einen Ausgang suchte.

„Ja, jetzt gleich."

„Wird es wehtun?"

„Normalerweise nicht. Aber wir werden sehen. Gehen Sie zurück zu einem der Immobiliengeschäfte, die zum Abschluß kamen – zu einem großen, bei dem Sie mit Ihrer Leistung zufrieden waren." Er schloß seine Augen, hob das Kinn und zog die Schultern zurück. Ich fuhr fort: „Das ist es. Hören Sie jetzt auf die Stimmen beim Abschluß. Erinnern Sie sich nun an das Gefühl. Ja, das ist das Gefühl, das Sie wollen." Ich wartete drei oder vier Minuten und sagte dann: „Kommen Sie in die Gegenwart, ins Hier-und-Jetzt zurück, wenn Sie fertig sind." Er öffnete sofort seine Augen.

Ich fuhr fort: „Okay, Sie können einen Ressource-Zustand mühelos aufbauen. Lassen Sie es uns tun."

„Das war alles?" Seine Stimme klang überrascht.

„Ja. Lassen Sie uns dazu aufstehen. Können Sie sich einen Kreis auf dem Fußboden vor Ihnen vorstellen?"

„Flach aufliegend oder schwebend?"

„Das ist egal – was immer Sie vorziehen."

„Schwebend." Allmählich war er mit von der Partie.

„Welche Farbe hat er?" fragte ich.

Er öffnete seine Augen. „Ich soll ihm eine Farbe geben?"

„Na ja, Sie müssen nicht, aber es ist hilfreich."

„Hilfreich wofür?"

„Hilfreich für die Klarheit der Visualisierung."

Rufen Sie sich eine Zeit ins Gedächtnis, als Sie irgend etwas gut machten. Was haben Sie gesehen?
gehört?
gefühlt?

Pause. Seine Augen schlossen sich noch einmal. „Okay, er ist rot." Er freute sich, daß er eine Farbe gefunden hatte.

„Gehen Sie jetzt zurück zu dem Abschluß des Immobiliengeschäfts. Was sehen Sie?" Ich machte eine Pause, als er sein Kinn hob, und sich seine Schultern strafften und seine Atmung vertiefte. „Was hören Sie?" Ich machte eine ganze Minute Pause. Ich konnte eine kaum wahrnehmbare Bewegung seiner Augen hinter den Lidern sehen. Als sie langsamer wurde, fragte ich: „Nun, können Sie sich an das Gefühl erinnern?"

Seine Atmung hielt inne, dann setzte sie sogar tiefer in seinem Bauch wieder ein. Ich fuhr fort: „Atmen Sie nun tief ein und steigen Sie in den Kreis hinein." Ich nahm Bills Arm und stupste ihn in gewisser Weise vorwärts. Er war so tief in seiner Erinnerung, daß er nicht sofort reagierte. Langsam setzte er einen Fuß vorwärts, brachte dann den anderen Fuß nach vorne und stand im Kreis, leicht hin- und herschwankend. Nach drei Minuten bat ich ihn, aus seiner Erinnerung zurückzukommen.

Wir gingen dann den Prozeß noch einmal durch, so daß er das Wort hinzufügen konnte, das sein auditiver Schlüsselhinweis für den Zustand der Exzellenz ist. Dann zog ich ihn zur anderen Seite seines Kreises, so daß er in die entgegengesetzte Richtung wie vorher schaute – um ihm eine andere visuelle Orientierung zu bieten. Ich fragte ihn, ob er sich an einen der Zeitpunkte erinnern konnte, als sein Verhalten einen Immobilienabschluß verhindert hatte. Er nickte für „ja", während seine Atmung sich verflachte, sein Gesicht blaß wurde, und ein kleiner Muskel in seinem zusammengepreßten Kiefer leicht zuckte, wobei das Pulsieren mit seiner Atmung übereinstimmte.

„Okay, das reicht von dem negativen Erlebnis," sagte ich, während ich näher herankam und seinen Ellbogen leicht berührte. „Stellen Sie sich jetzt Ihren roten Kreis vor, sehen Sie Ihre Exzellenz-Bilder, hören Sie die Geräusche, atmen Sie tief ein, sagen Sie Ihr Codewort und steigen Sie in den Kreis hinein."

Er befolgte meine Instruktionen Wort für Wort, und ich beobachtete ihn sorgfältig, um sicherzugehen, daß wir in Einklang waren. Ich ließ ihn ungefähr eine Minute lang in seinem Kreis der Exzellenz; dann lenkte ich seine Aufmerksamkeit zurück zum Raum und zur Gegenwart.

Bill öffnete seine Augen weit. „Was für ein Trip!"

„Was ist passiert?"

„Es war wie ein Tennisspiel. Zuerst blitzt das negative Bild auf, und ich sehe den Klienten, wie er seinen Füller niederlegt; dann blitzt das positive Bild auf, und ich sehe die Unterschrift dieses Kerls unter einem 2-Millionen-Dollar-Vertrag, dann hin und her, bis schließlich das positive Bild das Spiel gewonnen hat."

„Wie fühlen Sie sich jetzt?"

„Wie auf dem Gipfel der Welt. Aber wie mache ich das ohne Sie?"

„Indem Sie tief einatmen und Ihr Codewort sagen. Probieren Sie es, jetzt."

Seine Augen schlossen sich und sein Atem wurde wieder tiefer. Dann fragte er: „Kann ich es mit offenen Augen machen?"

„Ich weiß nicht. Probieren Sie es aus. Sie werden komisch aussehen, wenn Sie jedes Mal, wenn ein Klient einen Füller nimmt, um einen Vertrag zu unterzeichnen, Ihre Augen schließen."

Er öffnete seine Augen sehr weit, in einer übertriebenen ovalen Form, und sagte: „Erfolg." Er wartete einen Moment, holte tief Luft und flüsterte: „Ja, es funktioniert – das Wort funktioniert ganz von alleine. Und jetzt ist es ein einseitiges Tennisspiel. Ich bekomme nur die positiven Bilder."

„Gut. Ich denke, wir sind fertig."

Innerhalb von ein paar Wochen war Bill einer der Hauptakteure bei einem der größten Immobilientauschgeschäfte der Geschichte. Ungefähr dreißig Leute tauschten alle gleichzeitig den Besitz, und seine Klienten waren der Schlüssel des ganzen Arrangements. Er rief mich an und sagte: „Ich benutze den Ressource-Zustand jeden Tag. Und ich denke immer noch darüber nach, was Sie sagten: ‚Wissen Sie, was Sie wollen, finden Sie heraus, was die anderen wollen, und kommen Sie zu einem Abschluß.'"

„Nein, das habe ich nicht gesagt. Ich habe nicht gesagt ‚Abschluß', ich habe gesagt ‚Zielkombination'."

„Das ist dasselbe."

„Wenn Sie an die Interessen der anderen Person denken, ist es dasselbe."

„Es ist die einzige Möglichkeit, in meinem Beruf im Geschäft zu bleiben," sagte er.

„Großartig! Und meine Gratulation."

Bills Leidenschaft ist Tennis, und sein Traum ist, eine Million zu erben und den ganzen Tag Tennis zu spielen. Er verdient vielleicht jetzt seine eigene Million, da er anfängt, sich selbst zu kennen, und sich konzentrieren kann, mit weniger inneren Konflikten.

Einige Monate später verdiente Bill vielleicht nicht ganz eine Million, aber viel Geld in einem anderen spektakulären Geschäft. Bei der Erklärung, wie dies geschah, sagte er, er sei schließlich zu dem Glauben gekommen, daß er es verdiente, Geld zu verdienen, und das habe er getan.

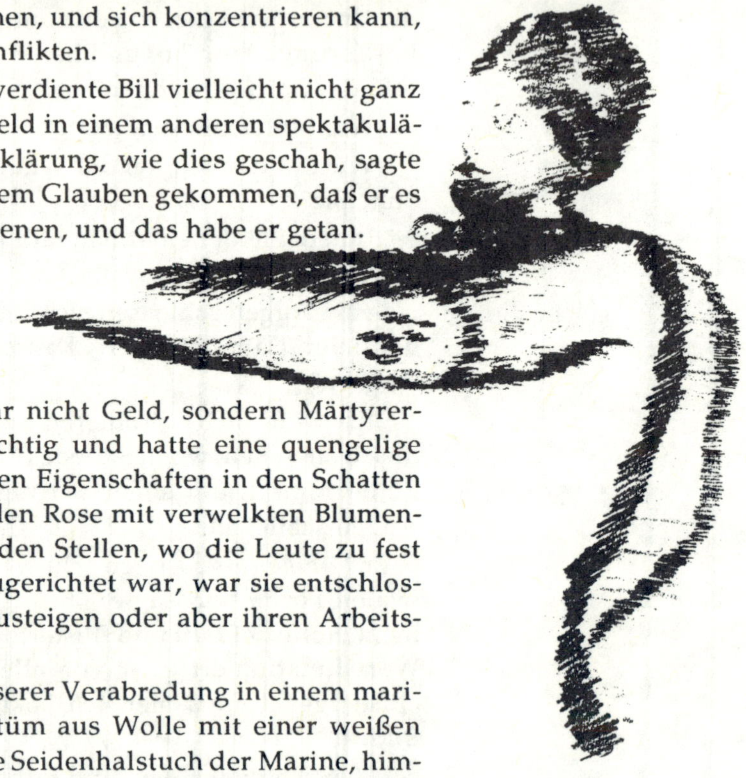

Ein Blumen-Kreis

Rosemaries Problem war nicht Geld, sondern Märtyrertum. Sie war übergewichtig und hatte eine quengelige Stimme, die ihre positiven Eigenschaften in den Schatten stellte. Einer verblühenden Rose mit verwelkten Blumenblättern ähnlich, die an den Stellen, wo die Leute zu fest gedrückt hatten, übel zugerichtet war, war sie entschlossen, in ihrer Firma aufzusteigen oder aber ihren Arbeitsplatz aufzugeben.

Rosemarie kam zu unserer Verabredung in einem marineblauen Gabardinekostüm aus Wolle mit einer weißen Bluse. Das obligatorische Seidenhalstuch der Marine, himmelblau und rosarot, war zu einer einfachen Schleife gebunden. Ihre Marineschuhe entsprachen ebenfalls den Gepflogenheiten der Firma. Sie hatte „Dress for Success“ gelesen und es ernst genommen.

Rosemarie leitete ein gut gehendes Regionalbüro für eine große Gesellschaft. Sie hatte als Schreibkraft angefangen und war nun regionale stellvertretende Direktorin, aber mit geringem Einkommen und langer Arbeitszeit. Sie hatte sich 12 Jahre lang zugunsten der Organisation zurückgehalten, und war bereit, ihr Verhalten zu verändern. Sie hatte sich sogar dazu entschlossen, ihre Position aufzugeben und sich nach einem anderen Job umzusehen, wenn die Gesellschaft nicht anfinge, sie in konkreterer Weise zu entlohnen. Ihre jährlichen, der Steigerung der Lebenshaltungskosten angepaßten Gehaltserhöhungen waren keine ausreichende Belohnung mehr. Sie hatte beobachtet, wie weniger kompetente Personen immer wieder in der Gesellschaft aufgestiegen waren, während sie bedeutendere Titel bekam, aber ansonsten sehr wenig.

Rosemaries Kollegen und Untergebenen ärgerten sich über ihr sich verändertes Verhalten. Angefangen hatte sie damit, daß sie sie bat, Überstunden zu machen, statt alle zusätzlichen Arbeiten selbst zu erledigen. Sie kamen dem Wunsch nach, taten dies aber unwillig. Sie dachte, daß sie womöglich beim Personal etwas ändern müßte.

Rosemarie informierte außerdem ihren Manager, daß eine neue Vorschrift auf ihr Büro nicht anwendbar sei und ihre Durchführung mehr kosten als einbringen würde. Nachdem sie jahrelang die Vorschriften loyal befolgt hatte, wußte er nicht, ob er sie entlassen oder ihr gratulieren sollte. Er dachte, daß sie recht hatte, aber ihre Weigerung brachte ihn in Schwierigkeiten.

Rosemarie kam zu mir, um zu lernen, wie sie ihr Rückgrat stärken könnte. Wir entschieden uns, einen Ressource-Zustand aufzubauen, in den sie in der Übergangszeit den ganzen Tag über hineingehen und herauskommen konnte.

An diesem Vormittag stand Rosemarie inmitten einer großen Blume auf meinem Teppich. Die Blume hatte eine rosarote Farbe und eine annähernd kreisrunde Form. Sie hatte Schwierigkeiten beim Visualisieren, und deshalb brauchte sie einen echten Kreis für ihren Kreis der Exzellenz. Sie schaute auf den Blumenkreis herunter, als sie fragte: „Sind Sie sicher, daß das funktionieren wird?“

„Nein“, erwiderte ich. „Wo es sich um Verhaltensweisen, besonders um neue Verhaltensweisen handelt, bin ich mir niemals über irgend etwas sicher. Aber es dauert nur ungefähr zehn Minuten, und es ist sicher einen Versuch wert.“

Sie schaute widerstrebend, während sich ihre Füße unruhig inmitten der rosaroten Blume bewegten. Ich stand neben ihr auf dem beigen Hintergrund des Teppichs, und bat sie, aus dem Blumenteppich herauszusteigen.

„Warum?“ fragte sie.

„Weil ich Sie nur dann innerhalb des Kreises, der Blume haben will, wenn Sie in Ihrem Zustand der Exzellenz sind.“

„Okay.“ Sie bewegte sich aus der Blume heraus und sagte: „Ich weiß nicht, ob ich fähig sein werde, dies zu tun. Ich bin nicht gut darin, mir Dinge vorzustellen.“

„Ich weiß“, sagte ich. „Sie haben mir das bereits erzählt.“

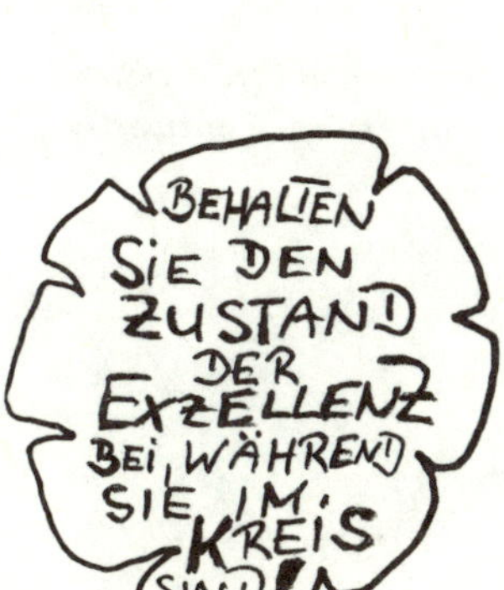

„Ach ja", erwiderte sie. „Aber die meisten Menschen hören nicht zu, und ich muß es ihnen zweimal sagen. Sie haben zugehört. Es ist verwirrend."

„Können Sie sich an eine Zeit erinnern, als Sie mit Ihrer eigenen Leistung zufrieden waren?" fragte ich.

Keine Antwort.

Ich fuhr fort: „Sie haben Ihr ganzes Leben zur Auswahl, um etwas auszusuchen – jedes Alter. Gehen Sie so weit zurück, wie Sie wollen. Suchen Sie eine Zeit aus, als Sie sich gut fühlten."

Keine Antwort. Ich wartete.

Sie antwortete schließlich: „Na ja, ich fühlte mich in etwa gut, als mein Chef in die Stadt geflogen kam, nur um mir zu sagen, daß ich zur stellvertretenden Direktorin gemacht wurde – die erste weibliche Direktorin in unserer Gesellschaft. Dennoch wußte ich, daß sich dadurch in meinem Job keine große Veränderungen ergeben würden. Es gibt 200 regionale Direktoren." Rosemaries Stimme büßte Energie ein und verlor sich.

„Können Sie sich erinnern, wann er Ihnen zum ersten Mal von Ihrem neuen Titel erzählte?"

„Ja." Mehr Energie und Resonanz wurde in ihrer Stimme hörbar.

„Erinnern Sie sich nur daran, wie er es Ihnen erzählte. Beenden Sie den Film, bevor das ‚dennoch' und ‚ja, aber' anfängt." Meine Stimme war fester und gebieterisch.

„Oh, okay, aber es ist ein kurzer Film."

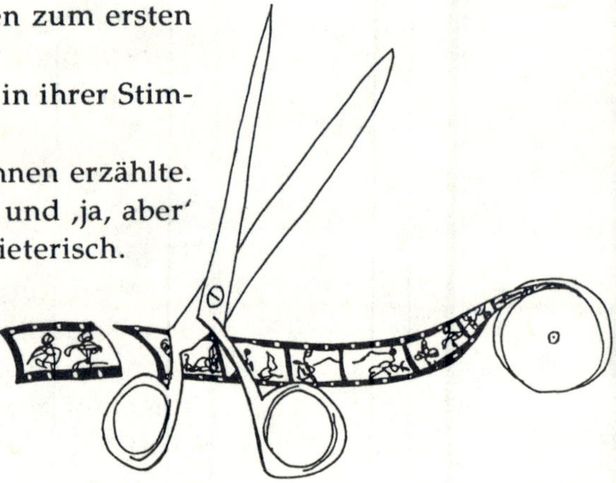

„Lassen Sie ihn immer wieder laufen. Machen Sie die Farben heller."

„Er ist in grau und weiß. Keine Farben."

„Können Sie es farbig machen?"

Pause. „Na ja, sie sind etwas blaß."

„Können Sie ihre Intensität verstärken?"

„Nur ein bißchen."

„Können Sie seine Stimme hören, wie er Ihnen erzählt, daß Sie Direktorin sind?"

„Er übergab mir eine Liste der neu ernannten Direktoren."

„Hat er irgend etwas gesagt?"

Sie können Ihre eigenen Filmerinnerungen entwerfen.

„Oh, das hatte ich vergessen. Ja, er sagte, ‚Gratulation'."

Als Rosemarie ‚Gratulation' sagte, hörte sie auf zu atmen.

„Atmen Sie tief ein, und hören Sie, wie er wieder ‚Gratulation' sagt – immer wieder. Wie fühlen Sie sich jetzt?"

„Ich kann jetzt richtig seine Stimme hören. Ich glaube nicht, daß ich mich zu dieser Zeit wirklich auf seine Stimme konzentriert habe, aber ich muß sie gehört haben, weil ich sie nun hören kann." Als sie dies sagte, wechselte Rosemarie zu einer hellen pinkfarbenen Hautfarbe.

„Okay, behalten Sie jetzt dieses Gefühl bei und steigen Sie in die Blume."

Als sie erst einmal vorwärts gegangen war, sagte ich: „Intensivieren Sie jetzt das Gefühl, wenn Sie ‚Gratulation!' hören. Machen Sie es noch einmal. Und nochmal."

Rosemarie hob ihr Kinn, ihre Gesichtszüge wurden weicher. Sie sah zehn Jahre jünger aus, aber irgendwie gebieterischer. Nach einer Minute öffnete sie ihre Augen und sagte: „Was für ein wunderschönes Gefühl."

„Steigen Sie aus dem Kreis heraus. Sparen Sie sich den Kreis für dieses Gefühl auf. Jetzt möchte ich, daß Sie ein Wort für Ihren Zustand der Exzellenz finden."

„Oh, das Wort ist ‚Gratulation'."

„Natürlich." Ich fuhr fort, sie mit den folgenden Worten anzuleiten: „Gehen Sie jetzt zu dem Moment zurück, als Ihr Chef Ihnen die Liste der neu ernannten Direktoren überreichte; lesen Sie dann Ihren Namen auf der Liste; hören Sie ihn dann sagen ..."

Rosemarie unterbrach mich: „Na, eigentlich haben wir über einige Dinge gesprochen, bevor er sagte ..."

Ich unterbrach sie schnell: „Überspringen Sie diesen Teil Ihrer Erinnerung. Springen Sie einfach vom Sehen Ihres Namens auf der Liste dazu, wie Sie Ihren Chef sagen hören ‚Gratulation!'" Als sie den Tonteil Ihres Films erreichte, drängte meine Hand auf ihrem Ellbogen sie vorwärts in den Blumenkreis. Ihre pinkfarbene Hauttönung kam wieder auf, ihr Atem wechselte zu einem tiefen Punkt in ihrem Leib, und sie hob ihr Kinn. Dieses Mal ließ ich sie gut drei Minuten im Kreis.

Als Sie mit ihrer Erinnerung fertig war, setzten wir uns, um über ihr Erlebnis zu sprechen, und sie fragte: „Was wird passieren, wenn ich dies fünf- oder sechsmal am Tag benutzen muß?"

„Da bin ich mir nicht sicher. Verschiedene Menschen machen verschiedene Erfahrungen mit ihren Ressource-Zuständen. In meinem Fall wurde es einfacher, sich daran zu erinnern, ihn zu benutzen."

„Das wird schwierig sein ... sich daran zu erinnern, ihn zu benutzen."

„Nur, wenn Sie denken, daß es schwierig werden wird." Sie machte eine etwas ruckartige Bewegung und schaute mich durchdringend an.

Dann sagte sie: „Oh, Sie meinen, es *könnte einfach* sein, sich zu erinnern."

„Wenn Sie denken, daß es einfach sein wird, wird es einfach sein. Wenn Sie denken, daß es schwierig sein wird, wird es schwierig sein. Zumindest ist das meine eigene Erfahrung", sagte ich, während ich aus dem Fester sah, auf die weißen Wolken am blauen Himmel.

„Ich höre Sie. Ich weiß nicht, ob ich Ihnen zustimme." Ihre Stimme wurde etwas härter.

Ich fuhr fort: „Es gibt keine Garantien. Sie fangen an, eine Reihe von Verhaltensweisen zu verändern, die Sie 34 Jahre lang benutzt haben. Diese Verhaltensweisen haben tiefe Rillen in Ihr Gehirn gegraben; sie stellen Muster dar, die sehr tief eingegraben sind. Die Synapsen zwischen Ihren Neuronen sind sehr stabil. Tiefsitzende Verhaltensweisen zu ändern ist keine geringe Aufgabe. Sie werden gut etablierte Muster unterbrechen müssen. Sind Sie sicher, daß Sie das tun wollen?"

„Oh ja."

„Dann nehmen Sie jede Verhaltensweise, unterbrechen Sie das Muster und probieren Sie eine neue Reaktion. Beginnen Sie mit einem Muster in der Stunde. Sagen wir, zwölf pro Tag. Das ist eine ganze Menge. Aber wenn es Ihnen ernst damit ist, und ich kann sehen, daß es Ihnen das ist, können Sie zwölf alte Reaktionen pro Tag verändern."

„Wie wäre es, wenn wir jetzt entscheiden, welche zwölf alten Reaktionen ich am ersten Tag verändern werde." Ich nickte für „ja", und sie fuhr fort: „Das ist das erste. Drei meiner Angestellten kommen oft zu spät zur Arbeit. Ich sage nie etwas darüber, weil es nur 15 Minuten sind und ich Konfrontationen nicht mag." Pause. „Ich werde sie damit konfrontieren, wenn sie zu spät kommen."

„Das ist eine, oder vielleicht sind es drei."

„Mein Chef besteht darauf, daß ich alles unterbreche, was auch immer ich mache, wenn er anruft. Ich möchte fähig sein, ihn zurückzurufen, wenn mir die Unterbrechung gerade nicht paßt."

„Können Sie mit ihm darüber reden?"

„Ja."

„Das sind zwei, oder fünf."

„Ich möchte eine ganze Stunde Mittagspause. Ich habe nur alle zwei Wochen eine ganze Stunde."

„Können Sie das einrichten?"

„Ja."

„Das sind drei, oder sechs."

„Ich möchte Cindy sagen, daß drei persönliche Telefongespräche pro Tag genug sind."

„Können Sie das tun?"

„Ja."

„Das sind vier, oder sieben."

Das Ergebnis all dieser Planung war, daß Rosemarie in einer Weise Kontrolle über ihr Büro bekam, die die Produktion, die Kommunikation und ihr Selbstbild verbesserte. Sie lernte, Gruppenziele festzusetzen und Gruppensynergie zu nutzen, anstatt all die Verantwortung selbst zu übernehmen.

Innerhalb von drei Monaten hatte sie personell etwas verändert, einen wöchentlichen Informationsaustausch mit ihren Mitarbeitern eingerichtet, sie an ihren Zielen beteiligt und eine 25prozentige Gehaltserhöhung erhalten. Sie hatte sich so viele Jahre zurückgestellt und für ihre Arbeit gelebt, daß ihre Mitarbeiter verärgert über die Verwandlung des Wurmes waren – aber eine Verwandlung war es.

Der Wurm verwandelt sich

Es ist spannend, ein Licht angehen zu sehen – so wie es geschah, als Rosemarie sich bewußt wurde, daß sie sich zu ihrem gegenwärtigen Verhalten bekennen und sich dabei gut fühlen kann. Ein Baum entschuldigt sich nicht dafür, daß er seine Wurzeln nach dem Wasser und den Mineralien ausstreckt, die er für sein Wachstum braucht. Wenn Rosemarie sich selbst akzeptiert, werden positive Veränderungen folgen.

Verändern Sie Ihren Zustand.
Verändern Sie Ihre Chemikalien.
Verändern Sie Ihre Realität.

GENERALISIEREN SIE DIE REAKTION

Wenn Sie erst einmal gelernt haben, wie Sie einen Ressource-Zustand aufbauen können, wie Bill und Rosemarie es getan haben, *benutzen Sie diese Fertigkeit*. Je mehr Sie sie benutzen, um so automatischer wird sie werden. Je automatisierter die Reaktion ist, um so mehr generalisiert wird sie werden. Sie wird von anderen Stimuli ausgelöst werden.

Wenn wir lernen, helfen uns Generalisierungen, das, was wir in einer Situation gelernt haben, auf andere, ähnliche Situationen zu übertragen. Wenn Generalisierungen auftreten, können wir ähnliche Ereignisse mit vergleichbaren Bedeutungen in Verbindung bringen. Wenn wir z. B. lernen, wie ein Schlüssel funktioniert, können wir dieses Wissen auf andere Türen und andere Schlüssel generalisieren. Die positiven Aspekte eines geplanten Stimulus-Response-Musters tendieren natürlicherweise dazu, zu generalisieren. Das heißt, wenn Sie sich entschließen, Ihren Ressource-Zustand jedesmal zu benutzen, wenn Ihr Chef/Ihre Chefin seine/ihre Stimme hebt, werden Sie vielleicht bemerken, daß Sie beim Anblick Ihres Chefs/Ihrer Chefin in einen Ressource-Zustand gehen. Oder der Stimulus generalisiert sich womöglich, um einen Ressource-Zustand auszulösen, wann immer irgend jemand Ihnen gegenüber seine/ihre Stimme hebt. Sie werden vielleicht bemerken, daß Sie immer mehr Zeit in einem Ressource-Zustand verbringen, da die Stimuli für den Zustand durch den Prozeß der Generalisierung zunehmen.

Generalisierungen treten auf, wenn ein neues Reaktionsmuster seine Assoziationen auf ähnliche Ereignisse, Menschen, Stimuli ausdehnt.

Je öfter Sie in Ihrem Ressource-Zustand bleiben, um so leichter wird es für Sie sein, Ihre Ziele zu erreichen. Wenn Sie spontan handeln, mit großem Vertrauen – wie es die meisten von uns in ihrem Ressource-Zustand tun – haben Sie ein Leben voller gespeicherter Ressourcen zu Ihrer Verfügung. Sie sind flexibler bei der Reaktion, weil Sie sich anderer möglicher Handlungsweisen bewußt sind.

Die Benutzung eines Ressource-Zustandes hat das Leben vieler Menschen in drastischer Weise verändert – meines beispielsweise. Unterschätzen Sie nicht, wie wirkungsvoll dies sein kann. Wenn Sie nicht fähig sind, eine starke emotionale Wallung zu bekommen, wenn Sie Ihr Wort sagen und sich Ihren Kreis vorstellen, finden Sie einen Freund, und probieren Sie den Prozeß zu einem späteren Zeitpunkt erneut. Sie haben ein Recht auf einen Zustand der Exzellenz, der schnell, glatt und mühelos abläuft. Verwöhnen Sie sich mit diesem Zustand.

Im nächsten Kapitel werden Sie lernen, wie Sie Ihren Ressource-Zustand intensivieren und erweitern können, und wie Sie Ressourcen stapeln können, um einem starken, negativen Stimulus entgegenzuwirken.

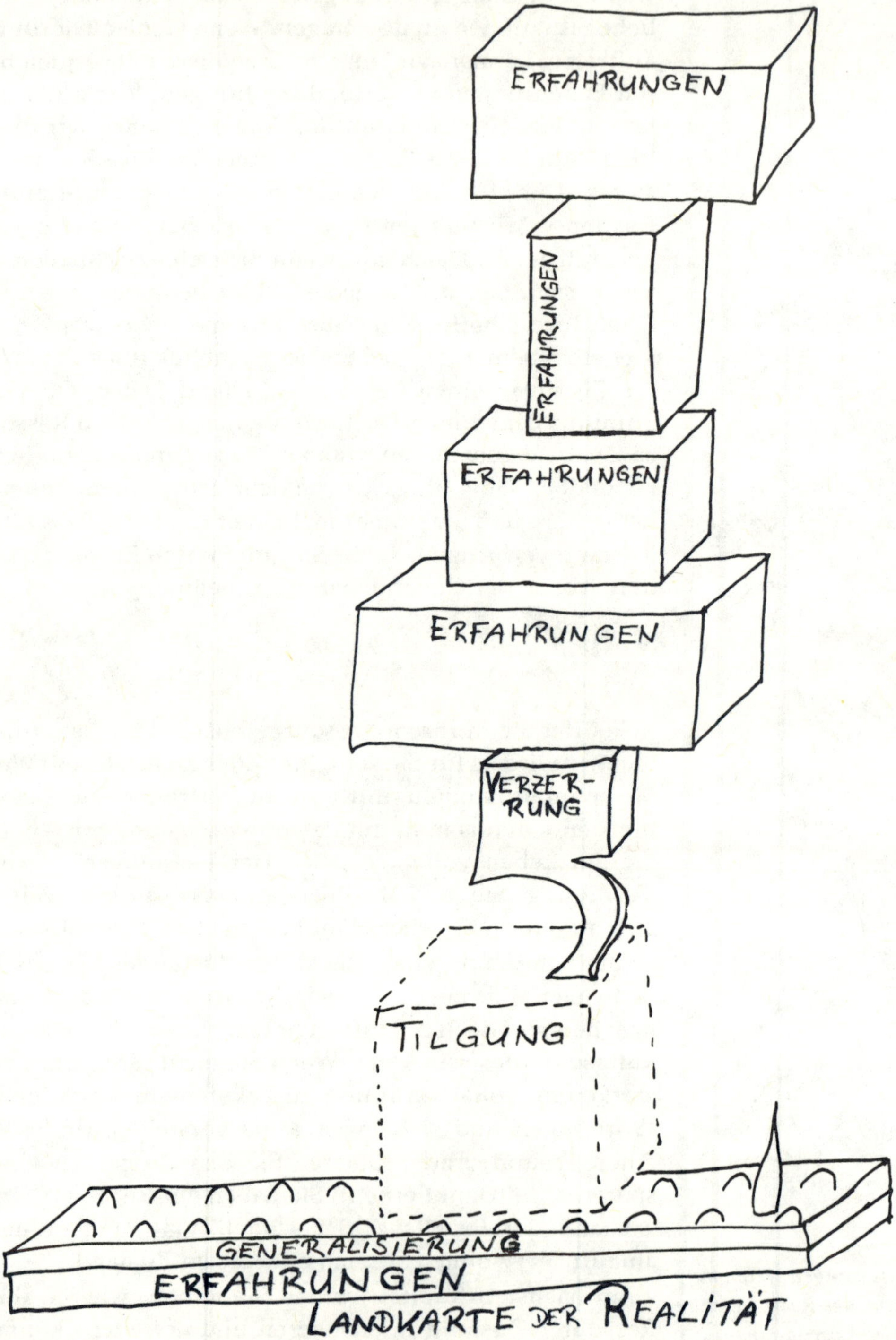
ERFAHRUNGEN
ERFAHRUNGEN
ERFAHRUNGEN
ERFAHRUNGEN
VERZER-
RUNG
TILGUNG
GENERALISIERUNG
ERFAHRUNGEN
LANDKARTE DER REALITÄT

10 Das Stapeln von Ressource-Zuständen (Stacking Resource States)

Jetzt haben Sie gelernt, wie ein Ressource-Zustand geschaffen wird, aber Sie fragen sich vielleicht, ob der Zustand das Gegengewicht liefert, das Sie brauchen, um mit einer starken negativen Reaktion fertig zu werden – mit einer, die sich durch schmerzhafte Erlebnisse fest etabliert hat. Oder einmal angenommen, Sie hatten Schwierigkeiten, einen Ressource-Zustand aufzubauen, als Sie den Schritten in Kapitel 9 folgten.

Wenn Sie finden, daß Ihr Ressource-Zustand nicht so gut funktioniert, wie Sie sich das für eine bestimmte Situation wünschen, oder wenn Sie im vorhergehenden Kapitel Schwierigkeiten hatten, eine außergewöhnliche Leistung zu erreichen, dann können Sie Erinnerungen an verschiedene positive Ereignisse übereinander stapeln, um Ihren Ressource-Zustand zu erschaffen oder zu intensivieren – um die elektrischen und chemischen Reaktionen in Ihrem Gehirn, die mit einem Zustand der Exzellenz verbunden sind, zu zünden. Niemand weiß warum, aber wenn Sie genügend positive Erinnerungen zusammenfügen, können sie sogar schwerwiegende negative ausgleichen. Vielleicht ist dabei Freuds Lustprinzip am Werk. Sie brauchen das *Warum* nicht zu wissen, um die Resultate zu genießen.

Freuds Lustprinzip konstatierte einfach: Wir ziehen Lust dem Schmerz vor, und werden ersteres wählen, wenn beide Alternativen als möglich wahrgenommen werden.

STAPELN SIE IHRE RESSOURCEN

Um Ressource-Zustände zu stapeln, denken Sie zuerst an eine Zeit, als Sie irgend etwas sehr gut gemacht haben. Falls Sie keine klare Erinnerung daran haben, irgend etwas Außergewöhnliches vollbracht zu haben, verwenden Sie die beste Erinnerung, die Sie haben. Gehen Sie dann die Schritt-für-Schritt-Abfolge aus Kapitel 9 durch.

Sie müssen nicht verstehen, warum ein Telefon funktioniert, um eine Nummer zu wählen.

Als nächstes denken Sie bitte an einen anderen Zeitpunkt, als Sie wirklich zufrieden mit irgend etwas waren, das Sie vollbracht hatten. (Die zwei Ereignisse müssen nicht miteinander zusammenhängen.) Wählen Sie ein Codewort für dieses zweite Ereignis. Wenn Sie in der Lage sind, das zweite Ereignis zu sehen, zu hören und zu fühlen, holen Sie tief Luft, sagen Sie Ihre *zwei* Codeworte (eines für jede Erinnerung), und steigen Sie in den Kreis. Stellen Sie sich den Schritt nicht nur vor; machen Sie es tatsächlich körperlich, während Sie mental in den Kreis steigen. Stellen Sie sich den Kreis vor, wenn Sie wollen, aber bewegen Sie sich körperlich – steigen Sie in den Kreis.

Wenn Sie sich immer noch nicht großartig fühlen, steigen Sie aus dem Kreis und denken Sie an einen *dritten* Zeitpunkt, als Sie irgend etwas so gut gemacht haben, daß Sie selbst davon überrascht waren. Gehen Sie den Seh-, Hör- und Fühlvorgang bei dieser Erinnerung ebenfalls durch, und wählen Sie ein Codewort für die dritte Erinnerung. Sagen Sie dann die *drei* Codewörter (eines für jede Erinnerung), holen Sie tief Luft, und steigen Sie in den Kreis. Sie können jedes Mal denselben Kreis benutzen, aber wählen Sie drei unverwechselbare Codewörter, so daß Sie alle drei als Stimuli verwenden können.

Falls der Prozeß des Stapelns von Ressource-Zuständen bei Ihnen aus irgendeinem Grund nicht funktioniert – falls Sie keine Veränderung bemerken – lesen Sie den Rest dieses Buches und probieren Sie es erneut. Falls der Prozeß immer noch nicht funktioniert, schreiben Sie mir. Ich werde Ihnen einen Termin bei jemandem vermitteln, der dazu ausgebildet ist, Menschen zu helfen, die Schwierigkeiten haben, sich einen Ressource-Zustand zu schaffen.

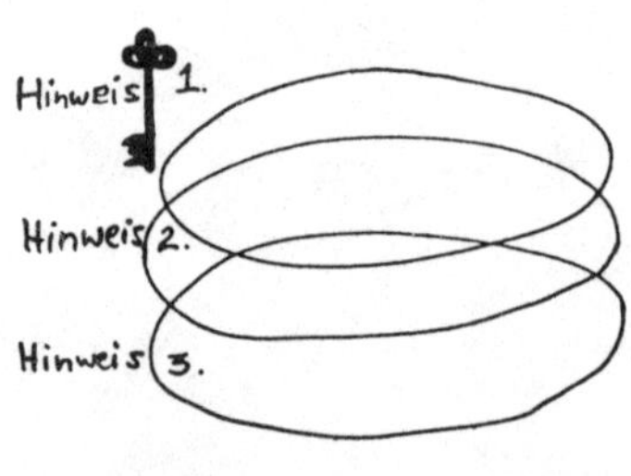

Ein Gegenmittel gegen Eifersucht

Eifersucht beeinflußt berufliche wie auch private Beziehungen. Diejenigen von Ihnen, die an Eifersucht leiden, scheinen nie zu merken, daß sie sich nie zeigt, wenn Sie sich sicher fühlen. Ich habe mit etlichen Klienten gearbeitet, die daran leiden, und ich habe festgestellt, daß die zwei inneren Zustände sich gegenseitig aufheben: Wenn Sie sicher sind, sind Sie nicht eifersüchtig; wenn Sie eifersüchtig sind, sind Sie nicht sicher.

Ein einfacher Denkprozeß kann sofortige Sicherheit bringen. Sie kennen den Prozeß schon – es ist eine Art, Ihre Ressourcen zu stapeln. Mit der folgenden Methode können Sie Eifersucht dazu nutzen, Ihre Sicherheit zu erhöhen.

Jedes Mal, wenn Sie bemerken, daß Sie auch nur eine Spur von Eifersucht spüren, erinnern Sie sich an eine Zeit, als irgend jemand Ihnen ein Kompliment machte, von dem Sie wußten, daß es stimmte. Beispielsweise könnte jemand voller Aufrichtigkeit gesagt haben: „Wie schöne Augen du hast." Erinnern Sie sich an das Gesicht dieser Person, ihren Gesichtsausdruck, und an Ihre Gefühle, als Sie diese Äußerung hörten.

Wählen Sie zwei weitere positive Erinnerungen bezüglich Ihres Selbstwertes. Machen Sie diese Erinnerungen für ein paar Augenblicke farbig, bringen Sie sie zum Klingen und statten Sie sie mit Gefühlen aus, erlauben Sie ihnen, ihren Zauber zu entfalten. Speichern Sie dann die Erinnerungen dort, wo Sie sie mühelos wiederfinden können.

Überprüfen Sie nun Ihre Gefühle. Die Eifersucht sollte geringer geworden oder völlig weg sein. Wenn Sie das nächste Mal eine Spur von Eifersucht spüren, können Sie dieselben Erinnerungen verwenden oder drei neue, positive wählen. Stapeln Sie diese Selbstwerterinnerungen aufeinander, so daß Sie, wenn Sie ein Wort wie „phantastisch" zu sich selbst sagen, alle Ihre Bilder, Klänge und Gefühle in schneller Folge für Ihr Bewußtsein verfügbar haben. Die mentale Übung geht so:

Eifersucht →1. Selbstwert
2. Selbstwert
3. Selbstwert

Bald können Sie den Stimulus der Eifersucht in den Stimulus des Selbstwerts verwandeln.

Columbus veränderte unsere Landkarten der Realität

Wir haben alle individuelle Glaubenssysteme – individuelle Landkarten der Realität. Jede dieser Landkarten ist durch Erinnerungen geschaffen worden, codiert mithilfe von Tilgung,
Verzerrung,
Generalisierung.

Unsere individuellen Landkarten bedeuten, daß wir mehr als einen Weg brauchen, um einen Ressource-Zustand aufzubauen. Es ist vielleicht nötig, daß Sie mit den grundlegenden Bestandteilen experimentieren, um sich Ihren eigenen Ressource-Zustand zu schaffen.

EXZELLENZ KANN ZUR GEWOHNHEIT WERDEN

Wodurch werden Sie daran erinnert, Ihren Ressource-Zustand aufzurufen – Ihren Zustand der Exzellenz –, wenn Sie in einer schwierigen Situation sind? Wenn Sie in der Schußlinie stehen, wie finden Sie dann die Zeit, Ihr Wort zu sagen und sich Ihren Kreis vorzustellen?

Übung: Je öfter Sie Ihren Zustand der Exzellenz auslösen, desto wahrscheinlicher ist es, daß er gezündet wird, wenn Sie ihn brauchen. Denken Sie an *J. C. Eccles'* Beobachtung: Es gibt eine andauernde Steigerung der synaptischen Effektivität durch den Gebrauch. Mit anderen Worten, Gewohnheiten treten mit größerer Wahrscheinlichkeit auf als neue Verhaltensweisen. Gewohnte Denkmuster werden mit größerer Wahrscheinlichkeit gezündet als neue synaptische Wege – neue Denkmuster. Verwandeln Sie Ihren Zustand der Exzellenz in eine Gewohnheit, indem Sie ihn oft verwenden.

Es ist keine gute Idee – zu versuchen, Leute zu ändern, die sich nicht ändern wollen.

Ein Wort für Skeptiker

Diejenigen von Ihnen, die einen starken skeptischen Teil haben (wie ich), werden vielleicht nicht glauben, daß dies funktionieren kann. Wenn Sie die in Kapitel 9 skizzierten Schritte nicht durchgegangen sind, könnte es sein, daß Sie sagen: „Ich glaube nicht, daß dies funktionieren wird, und wenn ich es nicht glaube, wird es nicht funktionieren."

Was wir glauben, beeinflußt unsere Empfindungen, unser Denken, unser Verhalten. Aber auch dann, wenn Sie denken, daß der Prozeß nicht funktionieren kann, empfehle ich Ihnen, ihn auszuprobieren. Folgen Sie der auf Seite 170 dargestellten Abfolge. Sie werden wahrscheinlich herausfinden, daß ein Ressource-Zustand – ein Zustand der Exzellenz – eintritt. Die körperliche Veränderung scheint stark genug zu sein, um einen Mangel an Glauben zu überwinden.

In Business-Trainings erkläre ich, wenn ich lehre, wie ein Ressource-Zustand aufzubauen ist, zuerst den Prozeß und das erwünschte Ziel. Dann frage ich nach einem Freiwilligen, der *nicht* glaubt, daß der Prozeß funktionieren wird. (Es gibt *immer* einen Freiwilligen.) Und 99 von 100mal funktioniert es, obwohl die Leute zuschauen und bekannt ist, daß der/die Betroffene glaubt, daß der Prozeß nicht funktionieren wird. Warum dieser spezielle Prozeß stärker als unser Glaubenssystem ist, weiß ich nicht. Vielleicht verändert der Prozeß tatsächlich festgefügte Glaubenssätze bezüglich unserer Fähigkeit, innere Zustände leicht und schnell zu verändern. Zum Glück können wir von Ressource-Zuständen profitieren, ohne genau verstehen zu müssen, wie sie funktionieren.

In den acht Jahren, in denen ich Menschen beibrachte, wie sie Ressource-Zustände erschaffen können, habe ich nur einige Male Schwierigkeiten gehabt. Ein Freiwilliger, ein Ingenieur, weigerte sich, den Prozeß auszuprobieren. Er meinte: „Ich bin damit zufrieden, wie mein Kopf arbeitet, und ich möchte ihn nicht durcheinander bringen." Der Chef dieses Mannes hatte mein Seminar bereits durchlaufen und seinen Untergebenen angemeldet, weil er wollte, daß er diese Fertigkeiten erlernte. So entschloß ich mich, etwas anderes zu probieren. Ich bat den Ingenieur, ob er den Prozeß später alleine zu Hause probieren würde. Er sagte, er glaube, er könnte es, nachdem er all die Auswirkungen erwogen hätte. Ich beließ es dabei.

Nutzen Sie Ihren Ressource-Zustand für

- Interviews
- Verhandlungen
- Präsentationen
- Überprüfungen der Geschäftsentwicklung
- Verkäufe
- wütende Kunden
- Konferenzen
- Konflikte
- Coaching
- Bitten um eine Gehaltserhöhung

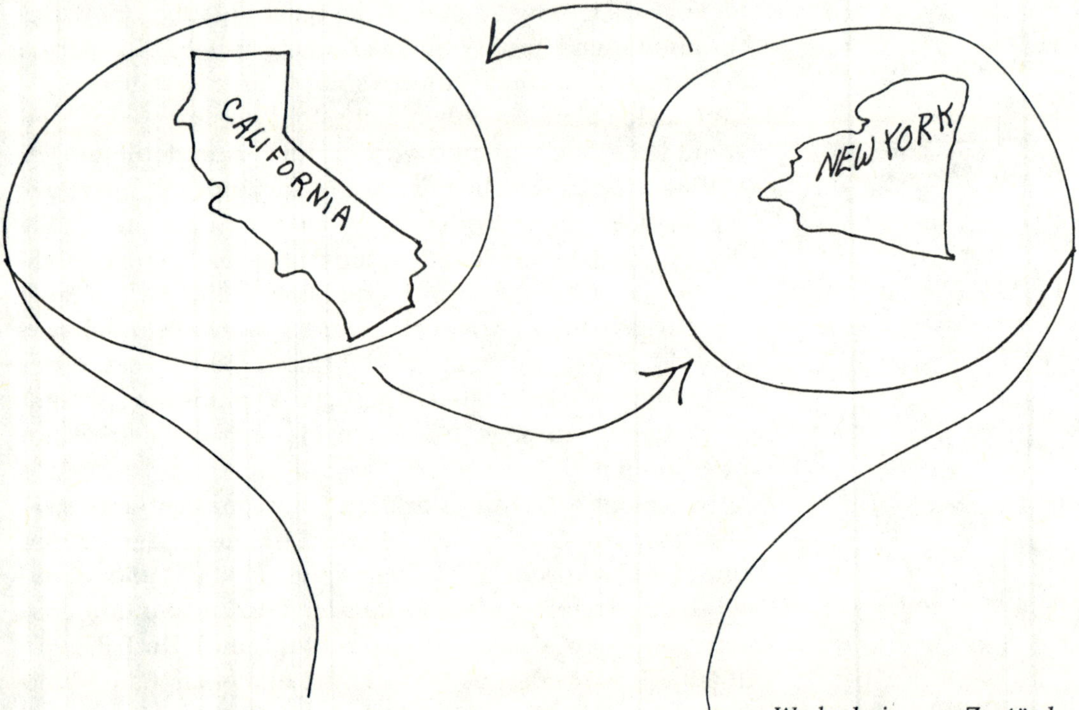

Wechseln innerer Zustände

Auditive Menschen haben manchmal Schwierigkeiten, Gefühle ins Bewußtsein zu bringen.

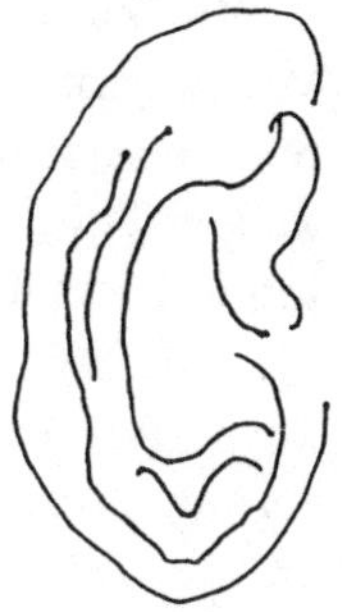

In einem anderen Seminar hatte ich einen Freiwilligen, dessen primäres Sinnessystem das auditive war: Er sammelte die meisten seiner Informationen über die Welt über das, was er hörte. Das kinästhetische Bewußtsein dieses Mannes war so schwach, daß der Wechsel in einen Ressource-Zustand nicht dramatisch zu sein schien. Als er in seinen Kreis stieg, sagte er, er könne eine leichte Veränderung spüren, aber nichts wirklich Bedeutsames.

Ich hatte diesen Prozeß so oft erfolgreich gelehrt, daß ich erstaunt war. Ich befürchtete, daß der ganze Kurs seinem Beispiel folgen würde. Ich atmete tief durch, und bat dann zwei andere Freiwillige, ihre Ressource-Zustände zu demonstrieren, so daß das Publikum die dramatischen Veränderungen sehen könnte, die auftreten können. Beide waren erfolgreich, und nun hatte der Kurs Rollenmodelle. Jeder Seminarteilnehmer war dann in der Lage, sich einen Zustand der Exzellenz zu schaffen.

Ein anderes Mal sagte ein Freiwilliger, „dies funktioniert bei mir nicht“, als er aus dem Kreis stieg. Er hatte jedoch im Kreis eine aufrechte Haltung eingenommen, sein Kinn gehoben, die Farbe gewechselt und sein Atemmuster verändert. Ich schaute ins Publikum, welches die Veränderungen bemerkt hatte. Sie schienen alle verblüfft. Als ich nichts sagte und einfach nur ebenfalls verwirrt aussah, wiederholte er: „Dies funktioniert bei mir nicht.“

„Oh“, sagte ich, „lassen Sie uns etwas anderes ausprobieren, während die anderen ihre Ressource-Zustände aufbauen“. Er hatte seinen Ressource-Zustand bereits, aber er war sich dessen nicht bewußt. In 10 Minuten brachte ich ihm bei, wie er sich dessen bewußt wird.

Wie kann sich jemand einer drastischen, emotionalen Veränderung nicht bewußt sein? Auditive haben manchmal Schwierigkeiten, Gefühle ins Bewußtsein zu bringen; dieser Teilnehmer war jedoch nicht auditiv. Er war ein kinästhetischer Mensch, der seine Körperreaktionen so viele Jahre lang negiert hatte, daß er sie kaum spürte. Diese Art von Unbewußtheit ist im Geschäftsleben nicht selten. Wenn Sie den Verdacht haben, daß Sie sich vieler Dinge unbewußt sind, verbringen Sie einen Tag damit, Ihre inneren Zustände (Emotionen) alle fünf Minuten aufzuschreiben (z. B. neugierig, gelangweilt, schläfrig, ängstlich, furchtsam, zufrieden, friedfertig, fröhlich, glücklich). Am Ende des Tages werden Sie eine Menge mehr über sich selbst wissen.

Ihre Gefühle sind erstklassige Informationen – ein Protokoll darüber, wie es Ihnen im Leben geht.

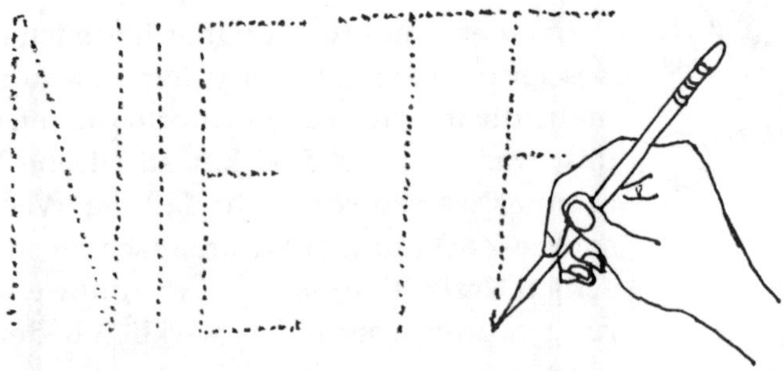

WENN SIE EINE NIETE ZIEHEN

Einige wenige Menschen haben vielleicht keine bewußte Erinnerung daran, sich außergewöhnlich erfolgreich oder kompetent gefühlt zu haben. Aber einige von ihnen können sich an irgend jemand erinnern, den sie kennen, der Außergewöhnliches leistete oder große Taten vollbrachte. Diese Menschen können Zugang zu einem Ressource-Zustand bekommen, indem sie sich vorstellen, sie selbst leisteten ähnliches, mit denselben Gefühlen. Andere, die Schwierigkeiten haben, sich an die Gefühle zu erinnern, die damit verbunden sind, etwas Besonderes vollbracht zu haben, könnten sich mit Sporthelden, historischen Figuren oder Filmcharakteren identifizieren, die bestimmte Ziele erreicht haben. Indem sie das Erlebnis eines anderen benutzen, können diese Individuen den Schritt-für-Schritt-Prozeß durchlaufen und einen Ressource-Zustand erschaffen. Wenn sie dies erst einmal gemacht haben und anfangen, aus einem Ressource-Zustand heraus zu operieren, werden sie ihre eigenen erfolgreichen Erlebnisse haben, die sie dazu heranziehen können, um diesen Zustand zu verstärken.

Etwas geht schief

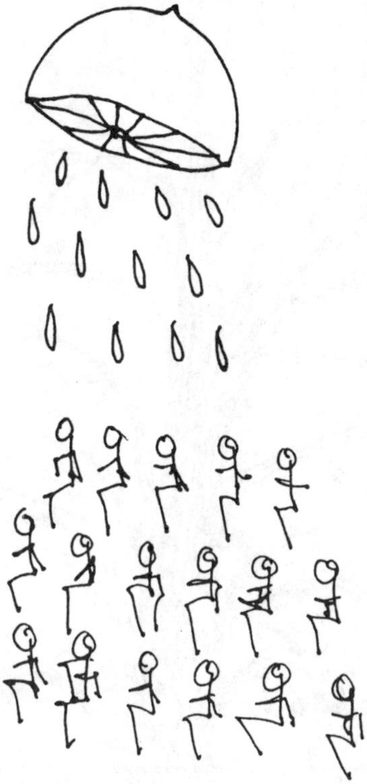

Gelegentlich werden Sie vielleicht sogar in Ihrem Ressource-Zustand feststellen, daß eine Situation sich nicht so entwickelt, wie Sie erwarten. Als ich einmal ein wichtiges Business-Training leitete, hatte ich ein Problem. Ich erkannte plötzlich, daß im Raum etwas schiefgegangen war. Ich hatte den Stoff in dieser Firma schon vorher unterrichtet und gute Resultate erreicht. Jetzt hatte ich irgendwie verschiedenen Teilnehmern die Lust genommen, und diese Leute beeinflußten die anderen in negativer Art und Weise. Ich wußte, daß ich in Schwierigkeiten steckte.

In solch einer Situation bin ich darauf programmiert, sofort in meinen Ressource-Zustand zu gehen, in dem ich mein Gewicht zu gleichen Teilen auf beide Beine verteilt habe. Bei meiner normalen Unterrichtshaltung ruht mein Gewicht auf dem linken Fuß, und der Kopf ist leicht geneigt. Also veränderte ich meine Gewichtsverteilung, und als ich fühlte, daß das richtige Plätzchen für meinen Ressource-Zustand gefunden war, versuchte ich es mit einem Scherz. Er ging gründlich daneben. Ich wechselte dann zu einer alten Weisheit aus der Gestalttherapie: „Konstatiere das Offensichtliche und sondiere Ziele." Ich sagte: „Ich sehe, daß einige von Ihnen unglücklich aussehen. Was hätten Sie gerne?"

Einige Leute schauten verdutzt; sie waren nicht unglücklich. Einige Leute schauten erleichtert; sie spürten, daß irgend etwas nicht stimmte. Zwei oder drei Personen sahen so aus, als wenn sie zum Kampf bereit wären. Sie waren die Quelle des Problems im Raum. Eine von ihnen sagte: „Ich hätte gerne etwas Fundiertes." „Wie würden Sie wissen, ob es fundiert wäre?" fragte ich. „Es wäre irgend etwas, was ich heute benutzen könnte", antwortete die Person.

Da ich Fertigkeiten unterrichtet hatte, die genau an diesem Tag benutzt werden konnten, war ich sprachlos. Wenn die Person nicht wußte, daß die Fertigkeiten sofort zu gebrauchen waren, leistete ich *keine* gute Arbeit beim Unterrichten. Aber mein Ressource-Zustand war zur Stelle. Ich überprüfte es sorgfältig und war immer noch sprachlos. In diesem Moment traf mein Partner ein, um wie geplant den Kurs zu übernehmen. Seine Ankunft brach den Bann, und der Rest des Tages verlief prächtig. Ich konnte später einen Teil bei derselben Gruppe unterrichten und gewann den Rapport wieder. Es ist ermutigend zu wissen, daß Sie auch dann überleben, falls Ihr

Sofort zu erkennen, daß Sie in Schwierigkeiten sind, wenn diese auftreten, gibt Ihnen Zeit, irgend etwas anderes zu machen.

Ressource-Zustand versagt. Dies war das einzige Mal in meiner achtjährigen Tätigkeit als Seminarleiterin, daß mein Ressource-Zustand mir nicht half, Schwierigkeiten zu überwinden.

Sie sind womöglich gespannt, zu erfahren, was ich gemacht hätte, wenn mein Partner nicht gekommen wäre. Ich hätte die Teilnehmerin mit der Bitte um „Fundiertes" bitten können, sich für eine Problemlösungsdemonstration zur Verfügung zu stellen, die direkt mit der gegenwärtigen Situation verbunden war, in der sie sich befand. Ich hätte auch den Führer im Raum auswählen und demonstrieren können, wie ein Ressource-Zustand geschaffen wird – das hätte zwar etwas außerhalb der Seminarplanung gelegen, wäre aber möglicherweise ein guter Schritt gewesen. Schließlich hätte ich eine Kaffeepause vorschlagen können, da wir gewöhnlich die mentale Haltung verändern, wenn wir die Körperhaltung ändern. Zweifellos funktionierte das, was ich getan hatte, *nicht*, so daß ich irgend etwas anderes tun mußte.

Obwohl der Ressource-Zustand ein sehr nützliches Mittel ist, wird er nicht jede Schwierigkeit meistern, auf die Sie in Ihrem Leben treffen. Er wird Sie mit Ressourcen ausstatten und Ihnen so helfen, in schwierigen Situationen mit neuen und kreativeren Wegen zu reagieren. Ich weiß, daß ich in meinem Ressource-Zustand, verglichen mit meinem normalen Wachzustand,

- erfolgreicher darin bin, meine Ziele zu erreichen,
- sensibler für Menschen und Ereignisse um mich herum bin,
- mehr Vertrauen in meine Reaktionen habe,
- passendere Worte finde und mich angemessener verhalte,
- kreativer bin, unerwartete Lösungen für plötzliche Defekte in Interaktionen zu finden.

Eine Person in einem Zustand der Exzellenz ist wie ein fest verwurzelter Baum, dessen Blätter und Zweige auf sich verändernde Bedingungen reagieren.

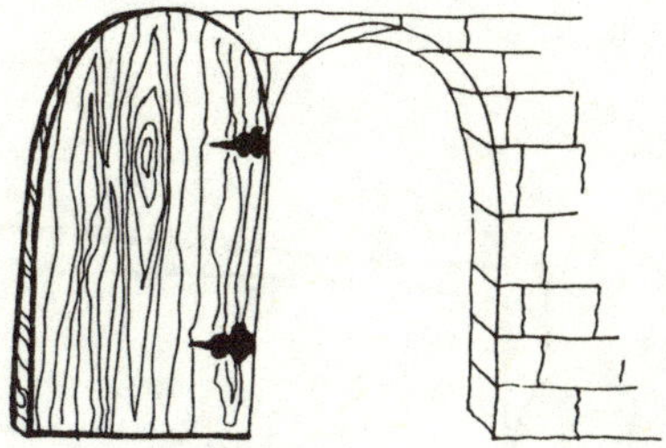

Die Tür zum Unbewußten?

NEUE RICHTUNGEN

Ich werde jetzt ein Wagnis eingehen, und eine Theorie über Ressource-Zustände darstellen, die auf meinen eigenen Erfahrungen basiert. Ich weiß nicht, wie die Richtigkeit dieser Theorie zu beweisen oder zu widerlegen ist. Sie besagt folgendes: Der Zustand der Exzellenz ist die Tür zu unserem Unbewußten. Ich glaube, daß in der Vergangenheit Erlerntes, das nicht so organisiert ist, daß es bewußt wiedergefunden werden kann, im Zustand der Exzellenz schnell und mühelos wiedergefunden werden kann.

Warum? Ich habe ein oder zwei Anhaltspunkte, aber ich habe das Rätsel nicht gelöst. Hier ist jedoch ein Beispiel dafür, wie ich unbewußte Ressourcen verwendete, während ich mich in einem Zustand der Exzellenz befand, um eine Situation ‚umzudrehen', in der alle Chancen auf Erfolg gleich Null waren. Dieses Erlebnis hatte ich, als ich in einer der 100 erfolgreichsten Firmen eine Lösung für ein Problem suchte – ich werde die Firma JCO nennen.

Ein berufserfahrener Trainer bei JCO hatte *Influencing with Integrity* gelesen und mehrere der Fertigkeiten aus dem Buch in ein Fünftagesseminar eingebaut, das er für die Ingenieure der Firma konzipiert hatte. Die Reaktionen waren befriedigend, und das Seminar war sehr erfolgreich, bis ein anderer Angestellter von JCO anfing zu versuchen, seine Kollegen in offensiver Weise zum Neurolinguistischen Programmieren zu bekehren. Dieser „Missionar" stieß so viele Leute durch sein Verhal-

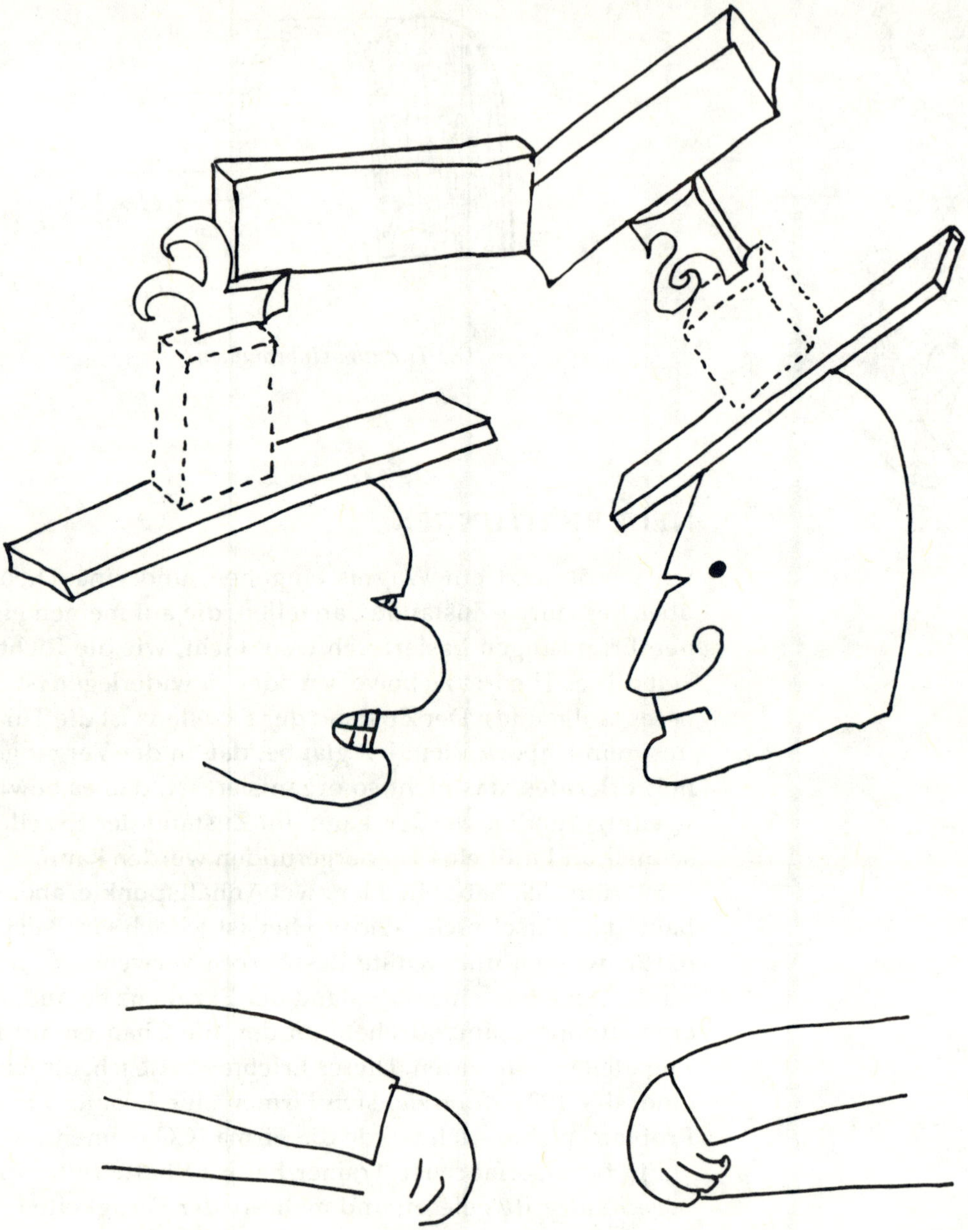

Zwei verschiedene Sichtweisen:
Zwei Landkarten der Realität

Landkarte der Realität

ten ab, daß das ganze Wort in Verruf kam – nichts mehr von diesem verrückten Stoff in JCO-Seminaren.

Mein Fürsprecher krempelte die Ärmel hoch und machte sich daran, NLP, sein Seminar und mich zu verteidigen – in dieser Reihenfolge. Er machte dem Chef seines Chefs gegenüber den Vorschlag, daß, bevor ein Edikt wie dieses verkündet würde, mehr Informationen zum Thema NLP zweckmäßig wären. Er verschickte Kopien von *Influencing with Integrity* an seinen Chef und den Chef seines Chefs; dann rief er mich an. Er war hinsichtlich der Situation so beunruhigt, daß ich anbot, in jeder mir möglichen Weise zu helfen. (Ich hatte Telefonkonferenzen im Sinn, aber er hörte aus meinem Angebot etwas anderes heraus.)

Er beschloß, mich dem Chef seines Chefs zu offerieren; tatsächlich setzte er einen Termin fest. Die Tatsache, daß ich durch vier Zeitzonen reisen mußte, um die Verabredung einzuhalten, hielt ihn nicht von seiner Offerte ab; sein Seminar war in Gefahr. Als mein Fürsprecher anrief, um mich über den Termin zu informieren, erhob ich Einspruch. Er erinnerte mich daran, daß ich versprochen hatte, alles mir Mögliche zu tun, um ihm zu helfen, die Sache von NLP zu vertreten.

Ich kaufte ein Flugticket, flog quer übers Land, nahm einen Mietwagen, und kam um 9.00 morgens im nördlichen Teil des Staates New York an – in der Höhle des Löwen, am Ende der Welt, am Meer der Verzweiflung. (Die Metaphern durchstreiften an diesem kalten Wintermorgen wild wuchernd mein Gehirn. Die Landschaft außerhalb des Bürogebäudes war beige, der Himmel grau, die Bäume kahl.) Die passendste Metapher für dieses Treffen war ein Tanker, der einem Zerstörer ausweicht, verborgenen Eisbergen und tödlichen Unterwasserminen. Ich war der Tanker, der Chef des Chefs war der Zerstörer, und das unschuldig aussehende moderne Büro war das Meer voller Eisberge und Unterwasserminen.

Mr. X sah ernst aus, als er begann: „Ich verbrachte letzte Woche einige Zeit damit, Leute in JCO anzurufen, die Ihre offenen Seminare besucht haben."

Ich dachte: „Oh, welche Leute hat er wohl erreicht?" Ich hatte viele Leute in meinen Seminaren unterrichtet, auch einige von JCO. Von welchen sprach er? Ich konnte die Eisberge spüren. Ich konnte die Unterwasserminen

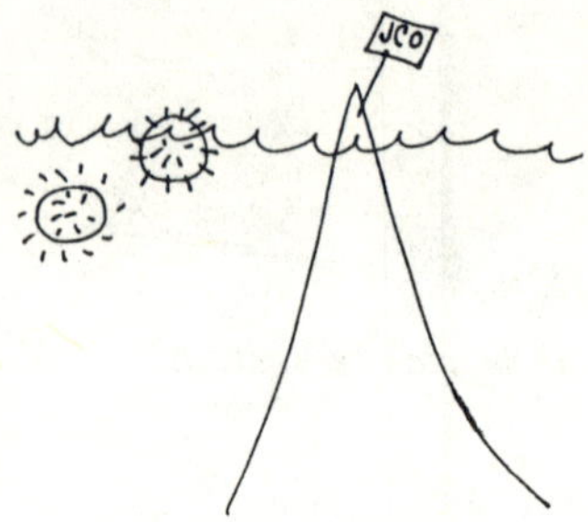

ahnen. Ich entschloß mich, nichts zu sagen. Ich versuchte es mit einem leichten Lächeln der Ermutigung, aber es erstarb aus Mangel an Nahrung. Ich wartete. Die Pause wurde länger.

Er stieß barsch hervor: „Einige von ihnen haben niemals verwendet, was Sie ihnen in dem Seminar beigebracht haben."

Ich erwiderte ruhig seinen Blick, mit einem leichten Achselzucken, um ihn wissen zu lassen, daß ich ihn gehört hatte, und mein Ausdruck besagte, „das ist traurig". Mein Mund sagte nichts.

Er wurde etwas nachgiebiger: „Einige von ihnen mochten Ihre Information." Pause. „Einige von ihnen sagten sogar, daß sie es verwendet haben." Pause. „Einige von ihnen sagten, daß sie alles vergessen haben und nicht wußten, ob es funktioniert hat oder nicht." Lange Pause.

„Ja, das ist Erziehung. Sie gewinnen einige. Sie verlieren einige." Nicht gerade brillant, Genie.

Er nickte, lächelte aber nicht. Ich lächelte nicht und nickte nicht. Er fragte unvermittelt: „Wie sorgen Sie durch die Art und Weise Ihrer Darbietung dieses Stoffes dafür, daß er nicht manipulativ ist? Das ist, soweit ich verstehe, Ihr Anspruch."

Jetzt nickte ich. „Ja, ich nehme das für mich in Anspruch. Ich nehme in Anspruch, daß Sie, wenn Sie bereit sind, das Ziel des anderen herauszufinden und zu versuchen, es zu erfüllen – zur gleichen Zeit, wie Sie versuchen, Ihr eigenes Ziel zu erreichen, in einer Weise, von der Sie beide profitieren – dann beeeinflussen Sie, dann manipulieren Sie *nicht*."

Er schnauzte: „Machen Sie das im Moment?"

„Was mache ich im Moment?"

„Mein Ziel herausfinden?"

„Noch nicht."

„Wann werden Sie es tun?"

„Wenn wir genügend Rapport haben, um damit anzufangen."

Sowohl den Prozeß als auch den Inhalt zu erkennen, ist der Schlüssel zu erfolgreicher Kommunikation.

„Was ist Ihre Definition von Rapport?" Schroff. Schroff. Schroffer Ziegenbock. Neue Metapher.

„Vertrauen in die Kompetenz für die vorliegende Aufgabe."

„Was ist die vorliegende Aufgabe?"

„Meine Kompetenz zu beweisen."

Einige Prozesse in der Kommunikation:

Rapport

kein Rapport

Vertrauen

kein Vertrauen

sich auf Ziele zubewegen

Stillstand

Zielkombination (Dovetailing)

Einschüchterung

Anspornen

Frustrieren

Sammlung von Daten

Verschleppungstaktik

Senden von Daten

Verschleppungstaktik

Small Talk

Unnützes (Bla, Bla)

Langes Schweigen. Widerwillig: „Ich denke, Sie sind kompetent."

Ich erwiderte: „Ich denke, Sie sind kompetent."

Lange Pause. Er schnauzte: „Und jetzt?"

„Die Aufgabe verändert sich," knurrte ich.

„Wozu?"

„Werden Leute von JCO von den neurolinguistischen Fertigkeiten in dem Seminar profitieren?" Meine Stimme war ein leises Knurren.

„Was haben *Sie* dazu zu sagen?" Seine Stimme wurde etwas weicher.

„Haben Sie die Beurteilungen der Leute gelesen, die das Seminar bis zum Ende besucht haben?"

„Ja."

„Ich schließe mein Plädoyer ab."

„Was ist Ihr Ziel?" Er hatte seine Hausaufgaben gemacht. Er verwendete meine Sprache, um Rapport zu mir aufzubauen. Dies war eine unerwartete Wendung. Die Unterwasserminen waren entschärft, die Eisberge schmolzen – immer noch umhertreibend, aber kleiner.

„Ich würde meine Materialien gerne an JCO verkaufen."

„Wir haben im diesjährigen Etat kein Geld mehr."

„Gut. Ich werde bis zum nächsten Jahr warten." Es war Februar. Es würde eine lange Wartezeit sein. Dann erkannte ich, daß JCO's Gebrauch meiner Materialien über einen Zeitraum von 10 Monaten hinweg mein Copyright gefährden würde. Also fragte ich: „Wie wäre es mit einer Gebühr von 1 Dollar für den Gebrauch des Materials während der übrigen geplanten Seminare?"

Ich erhielt einen Scheck über 1 Dollar. Im Mai verkaufte ich JCO ein Programm für 20.000 Dollar.

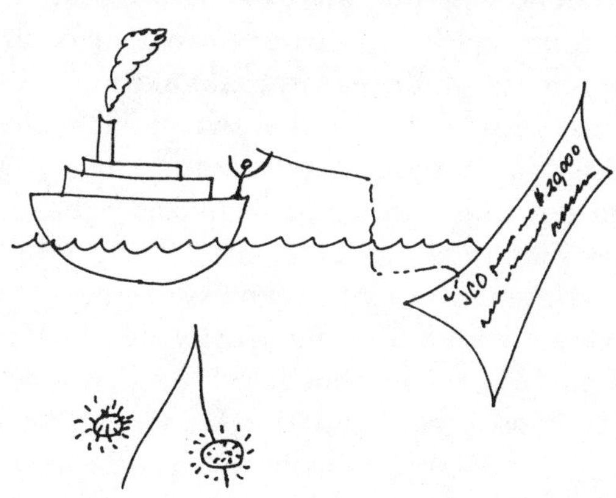

Während der ganzen Interaktion war ich in meinem Ressource-Zustand und reagierte schnell und nahezu ohne bewußtes inneres Kalkulieren. Es war keine Zeit, viele Antworten zu erwägen und eine auszuwählen. Die Fragen wurden schnell und barsch hervorgestoßen, und langes Warten auf die Antworten wäre nicht angegangen. Ich holte Fertigkeiten aus meinem Unbewußten heraus, schneller als mein Bewußtsein kalkulieren konnte. Mein Zustand der Exzellenz verwandelte ein geplantes „Scheitern" in einen Erfolg. Ich glaube, ich habe an diesem Tag gewonnen, weil ich in der Lage war, unbewußte Verhaltensweisen schnell wiederzufinden, die geeignete Reaktionen in einer schwierigen Situation darstellten.

Sie denken schnell in einem Ressource-Zustand.

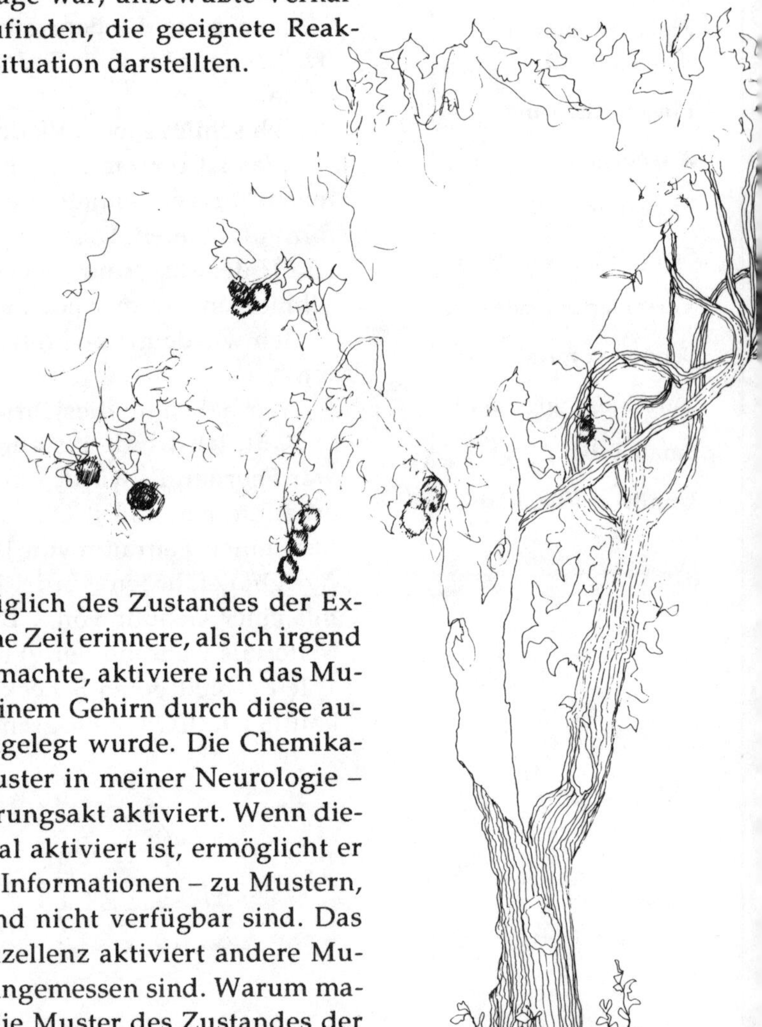

Ich glaube folgendes bezüglich des Zustandes der Exzellenz: Wenn ich mich an eine Zeit erinnere, als ich irgend etwas außergewöhnlich gut machte, aktiviere ich das Muster, das ursprünglich in meinem Gehirn durch diese außergewöhnliche Leistung angelegt wurde. Die Chemikalien – das raum-zeitliche Muster in meiner Neurologie – werden durch diesen Erinnerungsakt aktiviert. Wenn dieser Ressource-Zustand einmal aktiviert ist, ermöglicht er mir den Zugang zu anderen Informationen – zu Mustern, die mir im bewußten Zustand nicht verfügbar sind. Das Muster des Zustands der Exzellenz aktiviert andere Muster, die in diesem Moment angemessen sind. Warum machen die Chemikalien und die Muster des Zustandes der Exzellenz das? Ich weiß es nicht. Ich weiß, daß ich, indem ich in einen Ressource-Zustand gehe, viel effektiver beim Auswählen von Verhaltensweisen werde, die zur Erreichung meines Zieles führen werden.

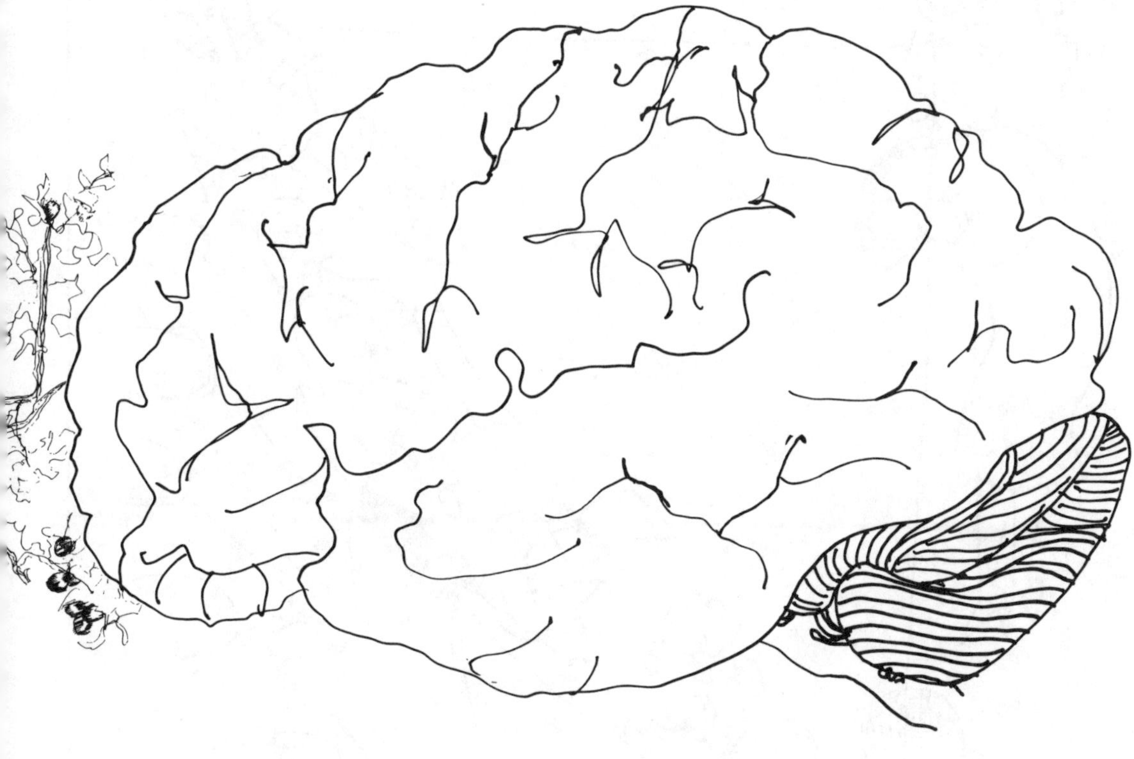

Die Verwendung des Stimulus-Response-Mechanismus zur Intensivierung Ihres Ressource-Zustandes bietet Ihnen ein sehr wirkungsvolles Mittel. Ein weiteres wirkungsvolles Mittel wird im nächsten Kapitel vorgestellt. Sie werden lernen, wie Reaktionsmuster verändert werden können, um Ihrem Gehirn eine Wahlmöglichkeit zu geben, wann Sie ein neues positives Reaktionsmuster an einem alten Stimulus festmachen, der eine negative Reaktion hervorrief. Ich nenne diesen Prozeß „Switching Marquees".

Umfragen bestätigen, daß die meisten Menschen mehr Angst vor einer Präsentation vor Publikum als vor dem Tod haben.

11 Switching Marquees[8]

Was machen Sie, wenn Ihre Reaktion auf einen Stimulus nicht so ausfällt wie Sie wollen? Angenommen, Sie machen ein Telefon-Verkaufsgespräch, und Ihr potentieller Kunde ist unverschämt und legt abrupt auf. Wie würden Sie reagieren? Würde Sie das aus dem Gleichgewicht bringen, so daß Sie an diesem Tag keine weiteren Anrufe mehr machen? Würden Sie Ihren nächsten Anruf aufschieben und Zeitung lesen – vielleicht die Stellenangebote? Würden Sie mit den Schultern zucken und zum nächsten Kunden übergehen? Wie auch immer Ihre Reaktion ist, ist es diejenige, die Sie in dieser Situation zeigen wollen?

Erinnern Sie sich an *Eccles'* Vergleich des Gehirns mit einer Theaterleuchtschrift? Wenn Sie erst einmal wissen, wie ein Ressource-Zustand zu schaffen ist, können Sie denselben Prozeß dazu verwenden, Ihr Reaktionsmuster zu ändern. Sie können wählen, welche Lichter angehen und welche nicht. Da Sie jede Reaktion, die Sie auf einen gegebenen Stimulus hin zeigen wollen, beleuchten können, können Sie von einer alten, negativen Reaktion zu einer neuen positiven wechseln. Falls Ihre Reaktion also nicht so ist, wie Sie es sich für eine bestimmte Situation wünschen, können Sie sie verändern.

Dieselbe Katze, neue Reaktion

VERÄNDERUNG EINER REAKTION

Eine meiner Klientinnen, Brenda, kam zu mir, damit ich ihr bei einer Reaktion helfe, die sie nicht mochte. Wann immer sie eine wichtige Präsentation vor dem oberen Managemant machen mußte, erstarrte sie zu Eis. Brenda war eine ausgeglichene, attraktive, gut angezogene Frau in den mittleren Dreißigern. Sie machte sowohl einen kompetenten als auch einen selbstsicheren Eindruck. Sie war gerade in eine höhere Führungsposition aufgestiegen – als einzige Frau, die in ihrer Firma diese Stufe erreicht hatte.

Nachdem Brenda und ich eine Weile geplaudert und den Rapport hergestellt hatten, fragte ich: „Was möchten Sie?"

„Ich muß am Montag eine Präsentation für die obere Führungsebene machen, und ich habe Angst davor."

„Wie fühlt sich ‚Angst' für Sie konkret an?" fragte ich.

„Meine Kehle wird eng. Ich kann keine Worte finden. Ich scheine nicht atmen zu können. Ich bin wie zu Eis erstarrt. Mir ist am ganzen Körper kalt."

Ich griff hinüber und berühte leicht Brendas linke Hand am Handrücken, während sie diese Beschreibung gab. Sie konzentrierte sich so sehr auf ihre Gefühle, daß sie die Berührung nicht zu bemerken schien. Falls sie sie bemerkte, dachte sie vielleicht, es wäre eine empathische Geste. Ich machte eine auswischende Bewegung mit meiner Hand, wie bei einer Tafel. „Okay. Lassen Sie dieses Gefühl beiseite und erzählen Sie mir von einem Zeitpunkt, als Sie irgend etwas sehr gut gemacht haben."

„Was denn?" Brenda klang leicht ungehalten. Sie fand es schwierig, auf meine Bitte zu reagieren, weil sie immer noch die physischen Auswirkungen der inneren Suche spürte, die so starke negative Eindrücke hervorgebracht hatte.

„Irgendein Zeitpunkt in Ihrer Erinnerung, als Sie irgend etwas sehr gut gemacht haben. Spielen Sie Tennis? Golf? Was können Sie wirklich gut?"

Nach einem kurzen Schweigen: „Ich bin eine wirklich gute Köchin."

„Gut. Erinnern Sie sich an einen Zeitpunkt, als Sie ein vorzügliches Gericht bereiteten und sich dessen bewußt waren; und irgend jemand sagte Ihnen, wie gut es war?"

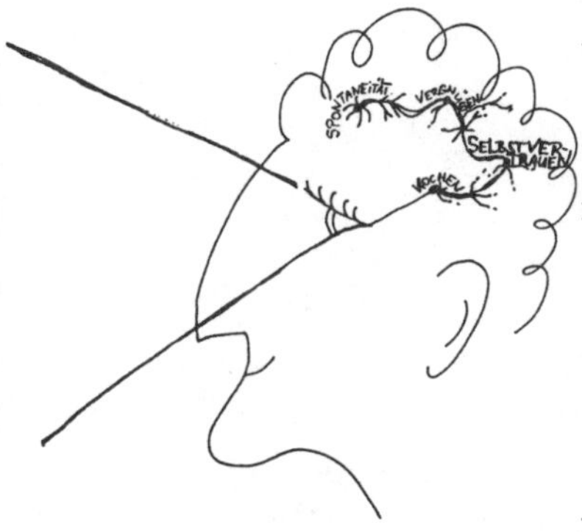

„Nicht irgend jemand – eine ganze Menge Leute."

„Können Sie sich deren Gesichtsausdruck vorstellen?" fragte ich.

Sie nickte.

„Können Sie hören, was sie sagen?"

Sie nickte.

„Können Sie sich an Ihre Gefühle erinnern?"

Während sie nickte, kam Farbe in ihr Gesicht, und ich plazierte zwei meiner Fingerspitzen sanft auf dem Handrücken ihrer rechten Hand. Sie bemerkte diese Berührung. Ich sagte: „Ich benutze den Stimulus-Response-Mechanismus. Ich werde eine neue Sequenz für Sie installieren, die nützlicher als Ihre alte Sequenz sein wird, sich ängstlich zu fühlen, wenn Sie eine Präsentation machen."

„Wie werden Sie das machen?" In ihrer Stimme lag kein Widerspruch, nur Neugier.

„Ich installiere neue Auslöser für einige alte Muster, die bereits in Ihrer Neurologie festgelegt sind. Dann werde ich einen Auslöser mit einer Reaktion verknüpfen, die Sie schon zeigen, so daß Sie Ihre Präsentation machen und die ganze Sache genießen können."

Ihr Ausdruck sagte: „Ich glaube Ihnen nicht."

Zuerst Pacing, dann Leading.

Ich traf ihren Gesichtsausdruck mit folgenden Worten: „Ich weiß, daß Sie dies nicht für möglich halten. Sie sind im Begriff zu lernen, etwas neu zu machen. Deswegen sind Sie hier, nicht wahr? Ich werde nichts weiter machen, als Ihnen eine neue Fertigkeit beizubringen. All die Arbeit werden Sie machen."

Brenda schaute erleichtert. Sie war willens, von mir zu lernen, aber nicht bereit, mich etwas mit ihr machen zu lassen. Ich stimmte ihr zu. Ich mag es auch nicht, wenn Menschen etwas mit mir machen. „Okay. Ich habe, denke ich, Auslöser für zwei verschiedene Reaktionen, die schon in Ihrem Gehirn und in Ihrer Neurologie festgelegt sind, installiert."

„Wann?"

„Oh, als Sie sprachen. Lassen Sie uns nun überprüfen, ob die Auslöser funktionieren." Ich griff hinüber und berührte den Handrücken ihrer linken Hand. Ihr Ausdruck wurde ähnlich dem negativen, erstarrten, den sie früher gehabt hatte.

„Ja, das ist darin enthalten. Haben Sie die erstarrte Reaktion bemerkt, die ängstliche, diejenige, die Sie loswerden wollen, wenn Sie die Präsentation machen?" Ich stellte Brenda nur deswegen diese Frage, damit sie wußte, daß der Auslöser installiert worden war. Ich hatte den Ausdruck schon vermerkt, und wußte, daß der Auslöser an eine bestimmte Reaktion gebunden war.

„Ja", antwortete sie, mit genügend Angst in ihrer Stimme, um zu bestätigen, daß die Reaktion stark war.

Ich machte dieselbe auswischende Geste mit meinen Händen, die ich früher gemacht hatte – die „Tafel"-Bewegung. Ich unterbrach Brendas Muster, damit sie nicht länger als unbedingt nötig in dem negativen Zustand blieb.

Sie können alle künftigen Attraktionen, die Sie wollen, auf Ihre Leuchtanzeige schreiben.

„Lassen Sie uns nun nachschauen, ob der andere Auslöser installiert ist." Ich griff hinüber und plazierte zwei Fingerspitzen auf dem Handrücken ihrer rechten Hand. Sofort änderte sich ihre Gesichtsfarbe, und ihr Gesicht wurde glatter.

„Erinnern Sie sich an das vorzügliche Gericht und an das Gefühl, irgend etwas wirklich gut zu machen?" fragte ich.

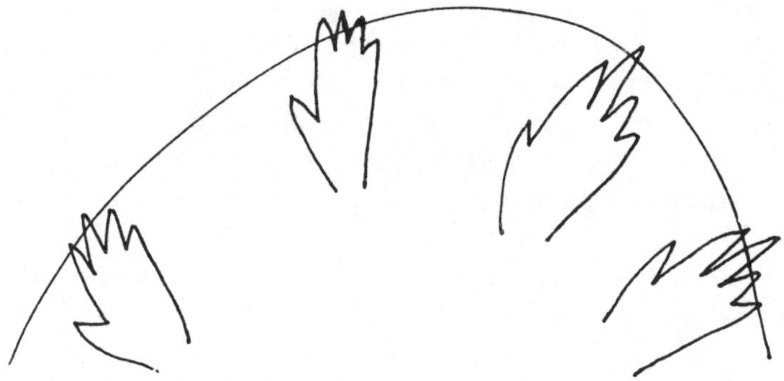

„Ja." Als Brenda dies sagte, zeigte ihr Ausdruck an, daß die Erinnerung in gewisser Weise intensiver geworden war; die Reaktion schien jetzt stark genug zu sein, um der negativen Reaktion entgegenzuwirken.

Vorher hatte ich geplant, Brendas Exzellenz-Reaktionen zu stapeln, weil ich nicht sicher war, ob die Erinnerung an das Koch-Erlebnis stark genug sein würde, den extrem negativen Gefühlen entgegenzuwirken, die sie bezüglich einer Präsentation hatte. Als ich jedoch ihre starke Reaktion sah, entschloß ich mich, diesen einen Schlüsselhinweis (cue-key) auszuprobieren. Ihre starke Reaktion machte mich zuversichtlich, daß das Muster gut installiert war. Die natürlichen Gehirnprozesse schienen zu funktionieren.

„Gut. Jetzt werden wir die Reaktionen verändern. Wir werden Ihnen eine Wahlmöglichkeit geben. Sie können sich entweder ängstlich oder kompetent fühlen, so wie Sie sich gefühlt haben, als Sie das Gericht kochten. Ich wette, daß Ihre Neuronen wählen werden, das ‚Koch'-Muster zu zünden. Ihre Gehirnzellen werden entscheiden, ob Sie sich gut oder schlecht fühlen, wenn Sie Ihre Präsentation machen."

Natürlich glaubte sie mir nicht. Ich hatte nicht erwartet, daß sie es tun würde. Ich hätte es an ihrer Stelle auch nicht geglaubt.

Anker los

Einige Leute kennen das Anlegen von Stimulus-Response-Mustern als Ankern, und Stimuli werden manchmal Anker genannt. Anker fühlen sich schwer an, und Ankern fühlt sich für mich noch schwerer an. Da die Veränderung alter Muster eine Erleichterung zu sein scheint – nicht eine Erschwerung – bevorzuge ich die folgenden neuen Begriffe:

Anker: *Schlüsselhinweise*
Ankern: *Leuchtanzeigen erleuchten (marqueeing)*
Integration von Ankern: *switching marquees*

„Okay", sagte ich. „Würden Sie bitte Ihre Augen schließen? Ich werde beide Hinweise auf einmal berühren. Sie passen auf, was passiert."

Ich berührte sie an jeder Hand gleichzeitig am Handrücken und der negative und der positive Ausdruck huschten deutlich in ihrem Gesicht hin und her, einer nach dem anderen, wie bei einer Leuchtanzeige, auf der zuerst ein Name aufleuchtet und dann ein anderer – zuerst ein Muster, dann das andere, dann wieder das erste. Nach 20 Sekunden gewann der positive Ausdruck, und ihre Augen öffneten sich zu einem überraschten Blick.

Sie sagte: „Sie werden es nicht glauben, wie das war."

Ich sah sie fragend an.

„Na ja, vielleicht werden *Sie* es. *Ich* kann es nicht glauben, wie es war."

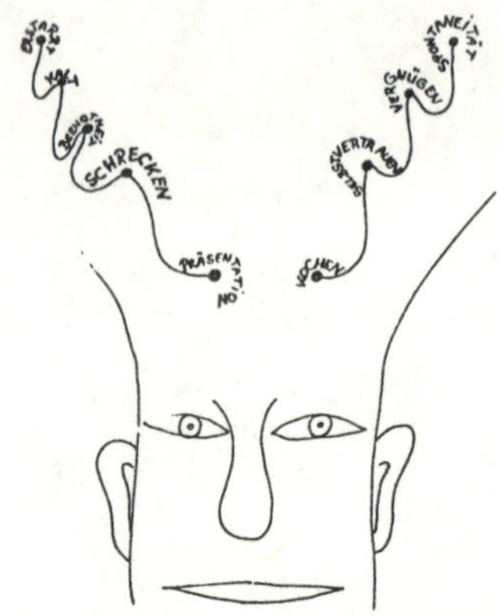

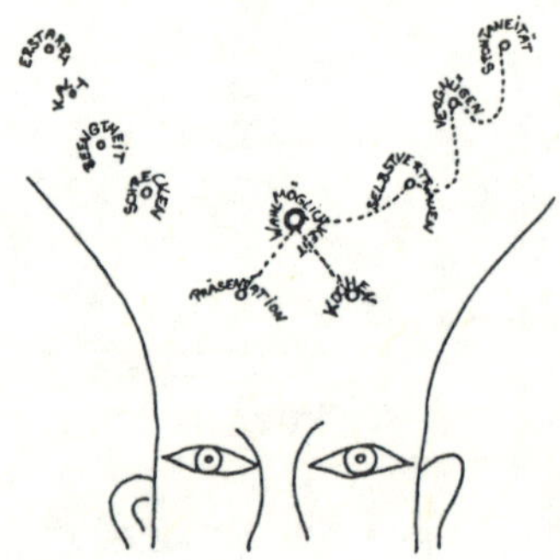

Stimulus-Responses
Präsentation – Selbstvertrauen,
Vergnügen,
Spontaneität

Ich wußte, daß Brenda einige Zeit brauchte, um ihr Gleichgewicht nach diesem intensiven Erlebnis wiederzugewinnen, deshalb sagte ich:

„Lassen Sie mich Ihnen von dem Marinekapitän erzählen, der eine Katze mit einer Ordonnanz verknüpfte. Der Kapitän war in einem Seminar, in dem ich gerade diese spezielle Fertigkeit unterrichtet hatte, die ich ‚Switching Marquees' nenne. Er wollte seine Gefühle von Verärgerung verändern, die er gegenüber einem bestimmten Unteroffizier empfand, der ihm zweimal pro Woche Bericht erstattete. Der Bericht des Mannes, der fünf Minuten hätte dauern sollen, dauerte immer 30 Minuten. Der Kapitän hatte es mit jedem Trick versucht, den er kannte, um die Präsentationen kürzer zu machen, aber nichts funktionierte. Da der Kapitän den Unteroffizier nicht ändern konnte, entschloß er sich, seine eigene innere Reaktion zu verändern."

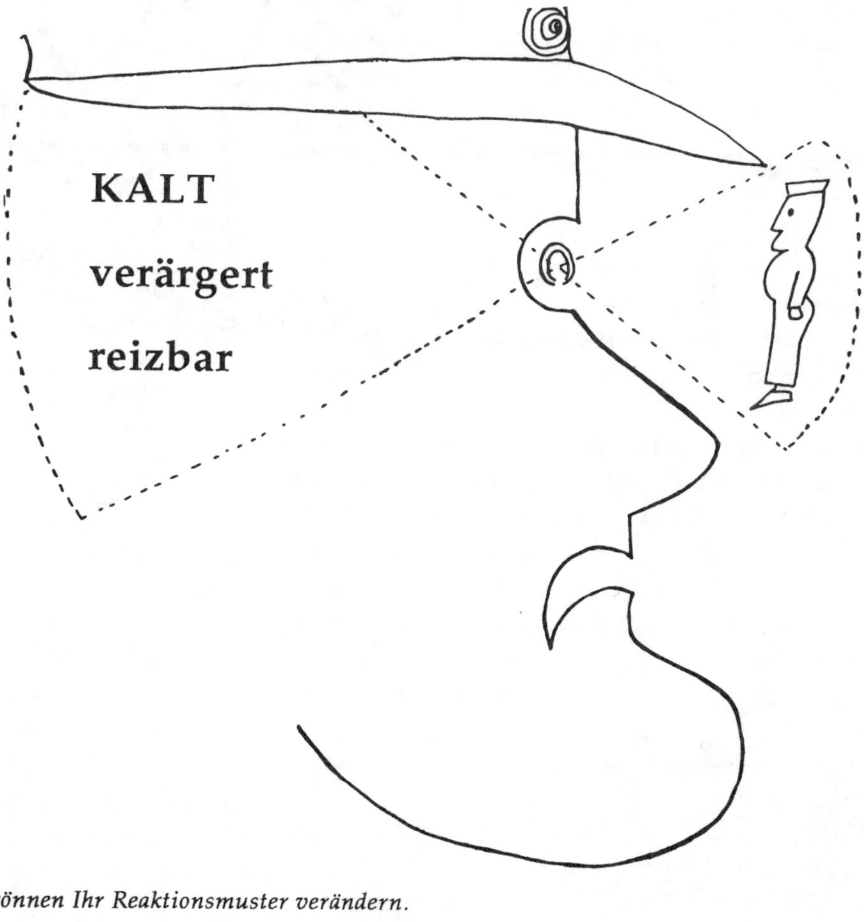

Sie können Ihr Reaktionsmuster verändern.

„Der Kapitän hatte eine Katze, die er mochte. Die Katze kam ihm jeden Abend an seiner Tür entgegen, wenn er vom Dienst kam. Der Kapitän setzte sich hin, streichelte die Katze und entspannte sich dabei. Der Kapitän entschloß sich, die ‚Katze-Entspannen'-Reaktion an der ‚Seemann-Verärgert'-Reaktion festzumachen. Es funktionierte fast zu gut. In der Tat so gut, daß mich sein Seminarpartner herbeirief, weil der Kapitän aufgeregt wurde."

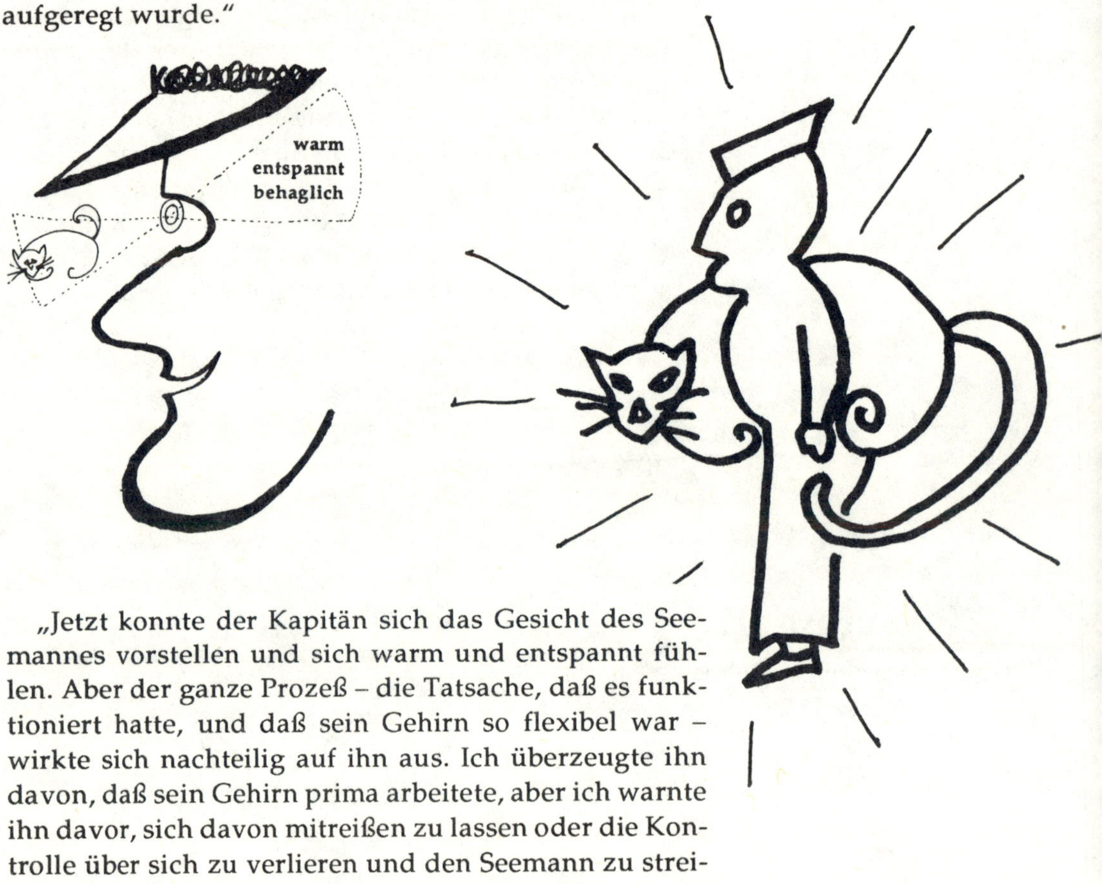

„Jetzt konnte der Kapitän sich das Gesicht des Seemannes vorstellen und sich warm und entspannt fühlen. Aber der ganze Prozeß – die Tatsache, daß es funktioniert hatte, und daß sein Gehirn so flexibel war – wirkte sich nachteilig auf ihn aus. Ich überzeugte ihn davon, daß sein Gehirn prima arbeitete, aber ich warnte ihn davor, sich davon mitreißen zu lassen oder die Kontrolle über sich zu verlieren und den Seemann zu streicheln."

Meine Geschichte hatte Brenda Zeit gelassen, sich zu erholen. Jetzt wußte sie, daß auch andere Menschen für dieses Erlebnis empfänglich waren – sogar rauhe Marineoffiziere.

„Aber was wird passieren, wenn ich die Präsentation am Montag mache?" fragte sie.

Passen Sie auf, wozu Sie sich zu verändern entschließen: diese Techniken funktionieren.

„Ich weiß es nicht sicher. Sie haben jetzt die Wahl zwischen zwei Reaktionen. Immer wenn wir eine Wahl haben, scheint unser Gehirn eher eine positive als eine negative

Reaktion zu wählen. Lassen Sie uns das überprüfen und sehen, welche Wahl Sie treffen. Können Sie sich vorstellen, wie Sie die Präsentation machen?"

Brenda sah innerlich Bilder. „Ja."

Ich fragte: „Was passiert?"

„Ich fühle mich okay. Aber ich mache es jetzt nicht wirklich. Ich stelle es mir nur vor."

„Das stimmt."

„Also werde ich nicht wirklich wissen, ob dies funktioniert hat oder nicht, bevor ich die Präsentation mache?" fragte sie.

„*Sie* wissen es womöglich nicht vorher", sagte ich. „Aber ich kann Ihnen jetzt sagen, es funktioniert. Ich kann Ihr Gesicht sehen, während Sie sich die Präsentation vorstellen, und der ängstliche Blick ist nicht mehr da. Lassen Sie uns in die Diele gehen, so daß Sie, während Sie an Montag denken, in den Spiegel schauen können. Vielleicht überzeugt Sie das."

Brenda stellte sich die Präsentation vor, und schaute währenddessen in den Spiegel, aber sie war immer noch nicht überzeugt, so daß wir übereinkamen, daß sie mich Montag abend anrufen würde. Als sie anrief, sagte sie, daß sie, zwar ohne Freude an der Präsentation, eine gute Leistung geboten hatte. Sie war in der Lage gewesen zu atmen, zu sprechen und selbständig zu denken. Sie hatte ihre übliche Angst nicht gespürt.

Ich schlug vor, daß Brenda ein weiteres positives Stimulus-Response-Muster zu dem „Gut-Kochen"-Muster dazufügen sollte, eines, das mit einer Erinnerung an totales Vergnügen verbunden war. Ähnlich wie beim Stapeln von Ressource-Zuständen, beschrieben in Kapitel 10, stärkt und bekräftigt das Hinzufügen eines weiteren positiven Stimulus-Response-Erlebnisses die guten Gefühle.

DEM GEHIRN EINE WAHL BIETEN

Indem sie den Stimulus-Response-Mechanismus nutzte – denselben Mechanismus, den *Pavlov* verwendete – konnte Brenda ihr Reaktionsmuster verändern. Sie hatte zwei Reaktionen gehabt, eine positive, eine negative – auf zwei verschiedene Stimuli. Nachdem sie die beiden Stimulus-Response-Muster miteinander verknüpft hatte, mußte sich ihr Gehirn zwischen den beiden Reaktionen entscheiden. Glücklicherweise wird das Gehirn, wenn ihm die Wahl gelassen wird, die Alternative auswählen, die sich besser anfühlt.

Diese Wahl hängt möglicherweise mit dem zusammen, was *Sigmund Freud* das ‚Lustprinzip' nannte. Das Gehirn zieht das Vergnügen dem Schmerz vor, wenn beide Reaktionen möglich sind. Wenn es erst einmal verbindende Muster gibt, ist das Muster, welches gewinnt, eher dasjenige, das Vernügen oder positive Gefühle hervorbringt, als dasjenige, das Schmerz oder negative Gefühle hervorbringt. Die negative Reaktion ist immer noch in den Neuronen des Gehirns festgelegt. Sie ist nicht verschwunden. Aber das positive Muster wird gewinnen, solange eine positive Reaktion mit demselben Stimulus verknüpft ist.

SWITCHING-MARQUEES

Wenn Sie dies bezüglich des Gehirns wissen, werden Sie in der Lage sein, diese Fertigkeit zu benutzen, um unerwünschte emotionale Zustände zu eliminieren; Sie werden in der Lage sein, die Leuchtschriften zu wechseln. Sie müssen nur jeden unerwünschten emotionalen Zustand mit einem erwünschten emotionalen Zustand verknüpfen, und der positive Zustand wird gewinnen. Sie werden immer noch die Ressourcen behalten, die Sie aufgrund dieser „negativen" Erlebnisse erworben haben, ebenso wie aufgrund jener Erlebnisse, für die Sie keinen geeigneten Gebrauch gefunden haben. Negative Erlebnisse sind wertvoll, egal, was auch immer gelernt wurde. Mit einer neuen Auswahl an Reaktionen muß jedoch die negative oder unerwünschte Reaktion nicht länger jedesmal in Gang kommen, wenn der Stimulus auftritt. Jetzt haben Sie eine Wahl.

Es gibt nur wenige wirklich negative Reaktionsmuster. Das meiste Erlernte ist potentiell nützlich. Es gibt jedoch unangemessene Reaktionen. Wechseln Sie zu angemessenen Reaktionen und das ganze Muster wird positiv.

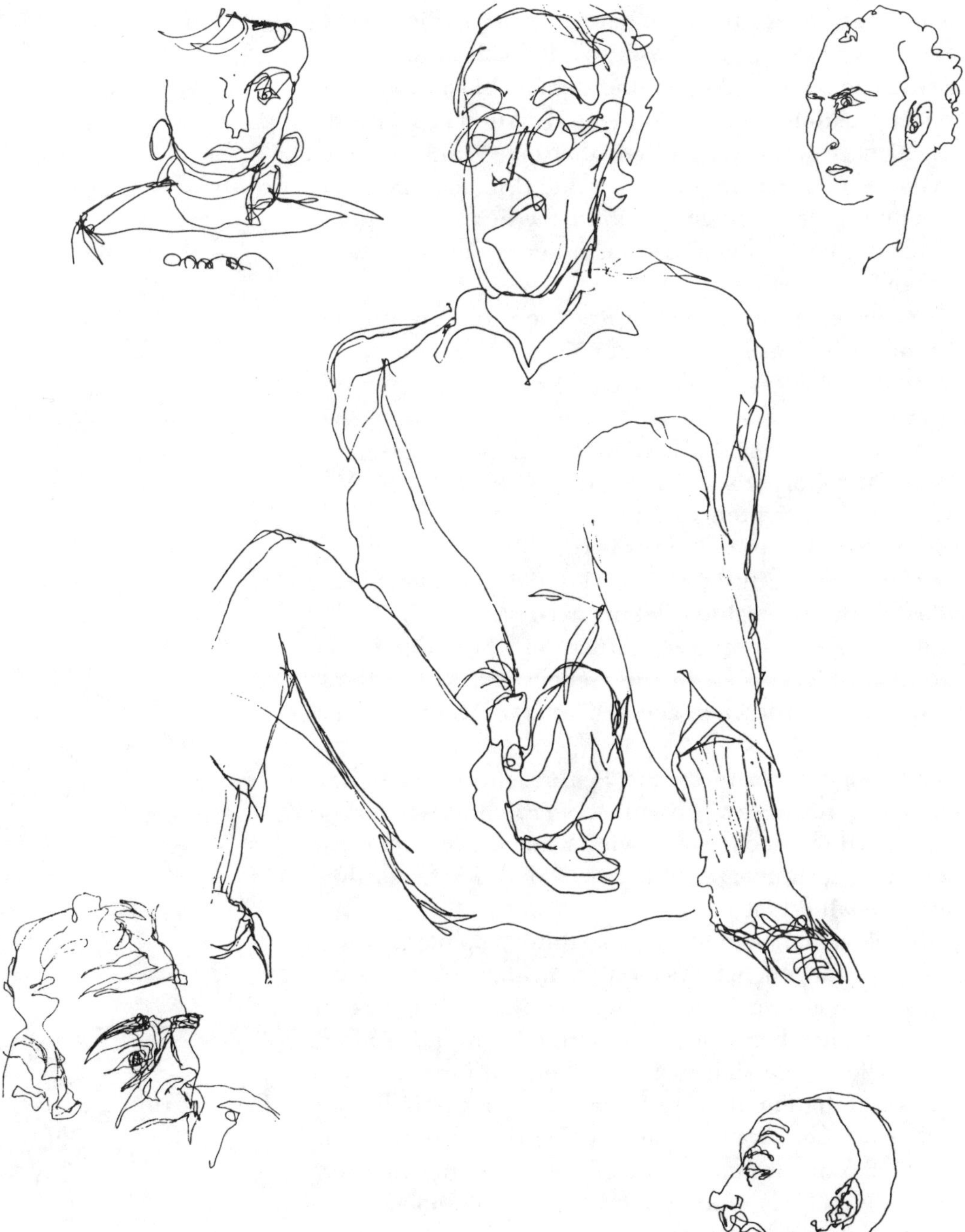

Switching Marquees ist für viele negative mentale Zustände nützlich.

WIE MAN LEUCHTSCHRIFTEN WECHSELT

Es folgt eine Methode, um ein positives Stimulus-Response-Muster an ein negatives zu hängen – so daß die positive Reaktion zur bevorzugten Wahlmöglichkeit wird:

1. Schließen Sie Ihre Augen und denken Sie an eine Zeit, als ein bestimmter Stimulus eine Reaktion auslöste, die Sie nicht mehr zeigen wollen, ohne eine Wahl zu haben.
2. Wenn Sie das ganze unerwünschte Erlebnis sehen, hören und fühlen können, berühren Sie sich selbst irgendwo mit einem Finger. (Sie installieren den kinästhetischen Schlüsselhinweis I.)
3. Denken Sie an eine andere Reaktion, die Sie für den Stimulus in Schritt 1 gerne zur Verfügung hätten.
4. Wenn Sie das ganze erwünschte Erlebnis sehen, hören und fühlen können, berühren Sie sich selbst irgendwo mit einem Finger, diesmal auf der entgegengesetzten Seite Ihres Körpers, so daß Sie die beiden Schlüsselhinweise separat halten können. (Sie installieren den kinästhetischen Schlüsselhinweis II.)
5. Berühren Sie Schlüsselhinweis I und überprüfen Sie, ob Sie das unerwünschte Erlebnis wiederaufrufen. Sobald Sie die Reaktion spüren, öffnen Sie Ihre Augen und kommen Sie zurück in die Gegenwart. Mit anderen Worten, unterbrechen Sie die unerwünschte Erinnerung.
6. Als nächstes berühren Sie Schlüsselhinweis II und überprüfen, ob Sie das erwünschte Erlebnis wiederaufrufen. Unterbrechen Sie wiederum die Erinnerung, wenn Sie sich überzeugt haben, daß der Schlüsselhinweis installiert ist.

   Falls einer der beiden Schlüsselhinweise nicht installiert ist, fangen Sie nochmal neu an, wobei Sie die sensorischen Einzelheiten intensivieren – das, was Sie im urspünglichen Erlebnis sahen, hörten und fühlten. Dissoziieren Sie sich nicht. Bleiben Sie innerhalb der Reaktion. Indem Sie Ihre Bilder klarer und die Farben heller machen, können Sie Ihre Gefühle intensivieren. Wenn Sie die Stimmen und Geräusche lauter machen, intensivieren Sie womöglich Ihre Gefühle noch mehr. Spielen Sie auch mit den Gerüchen und Geschmacksempfindungen der Erinnerung, bis das intensive Gefühl kommt, das Sie erreichen wollen. Überprüfen Sie dann jeden Schlüsselhinweis erneut, um sicher zu sein, daß Sie zwei Reaktionen erhalten.

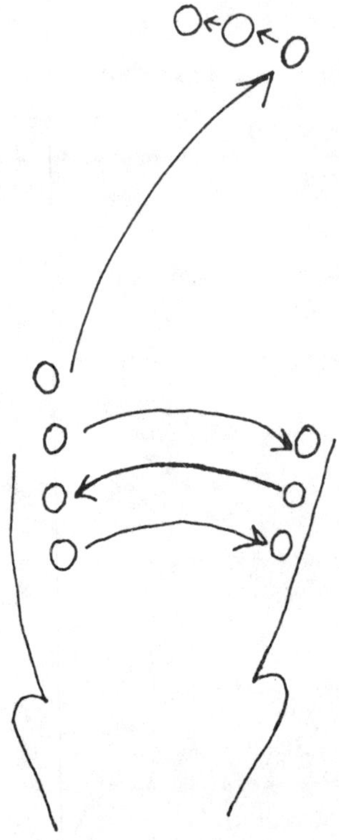

7. Berühren Sie nun beide Schlüsselhinweise gleichzeitig. Vielleicht möchten Sie Ihre Augen schließen, während Sie dies tun.

Verschiedene Menschen berichten über verschiedene Reaktionen bei Schritt 7. Viele sehen Bilder der beiden Erlebnisse wiederholt hin und her rasen, bis das positive Gefühl gewinnt. Für einige Menschen passiert nichts Dramatisches. In solchen Fällen ist manchmal eine Veränderung eingetreten, manchmal jedoch auch nicht. Dennoch können Sie sicher sein, daß die unerwünschte Reaktion nicht am Schlüsselhinweis II, dem positiven Stimulus, festgemacht worden ist.

sind etwas Spezielles
Wir haben einen in unserem Haus.

Manchmal funktioniert diese kinästhetische Veränderungstechnik nicht bei rein auditiven Menschen. Einen Weg, wie ich dieses Verfahren für sie nach Maß gestalte, ist die Verwendung von Geräuschen anstelle von Berührungen als Schlüsselhinweise. Ich habe einen kleinen Gong, um die unerwünschte Reaktion zu markieren, und einen anderen Gong für die erwünschte Reaktion. Das Anschlagen von beiden Gongs in Folge läßt den Prozeß funktionieren. Jedes Geräusch kann als Schlüsselhinweis verwendet werden (z. B. ein Pfiff und ein Klatschen). Nonverbale Geräusche scheinen bei auditiven Menschen effektiver als Worte oder Berührungen zu sein.

Auditive Menschen brauchen vielleicht besondere Schlüsselhinweise –
Gongs
Pfiffe
Klatschen
Musik

8. Um zu überprüfen, ob Sie die Leuchtschriften gewechselt haben oder nicht, stellen Sie sich einen Zeitpunkt in der Zukunft vor, an dem der Stimulus aus Schritt 1 vorhanden sein wird. Achten Sie darauf, ob Ihre neue Reaktion automatisch in Gang kommt. Sie sollte es tun. Falls Ihre neue Reaktion nicht in Gang kommt, stapeln Sie eine neue positive Reaktion auf die alte positive; und fangen Sie dann wieder mit Schritt 1 an.

Denken Sie daran, daß die positive, erwünschte Reaktion stärker, größer, besser und klarer sein muß als die negative, unerwünschte Reaktion; ansonsten wird der Wechsel nicht geschehen. Sie müssen vielleicht eine oder mehrere positive Reaktionen übereinander stapeln, um die Resultate zu erhalten, die Sie erreichen wollen.

Um ein starkes negatives Reaktionsmuster auszugleichen, können Sie positive, erwünschte Erlebnisse übereinander stapeln, bis die Summe all der positiven Erlebnisse das unerwünschte Muster aufwiegt. Installieren Sie Schlüsselhinweise für jedes einzelne erwünschte Erlebnis, und verknüpfen Sie dann alle, indem Sie alle gleichzeitig mit den Fingerspitzen berühren. Dann werden Sie ein starkes Reaktionsmuster bekommen, mit vielen positiven Gefühlen.

Die Fähigkeit, einen Ressource-Zustand jederzeit, wenn Sie ihn brauchen, zu installieren, und die Fähigkeit, jedes unerwünschte Muster in ein erwünschtes Muster zu verwandeln, sind sehr wirkungsvolle Fertigkeiten.

Negative Reaktion auf –

unordentliche Schreibtische

die Stimme des Ehemanns

Chefs

Schwiegermütter

Gemüse

Verkehrsstaus

Montagmorgen

Koffer –

sind der Switching Marquees-Technik erlegen.

CHANGE HISTORY

Change History ist eine Variation der Leuchtschrift-Technik, die Spaß macht und nachhaltige Resultate hervorbringt. *Change History* ist eine Methode, um Ihre Erinnerungen zu editieren – Ihre Erinnerungsfilme – und Ihnen das Happy End zu geben, das in der ursprünglichen Fassung gefehlt hat.

Es folgt eine Gedächtnisstütze, die Ihnen helfen soll, sich an die Schritte bei der Edition Ihrer eigenen Erinnerungsfilme zu erinnern:

C Check: Welche miteinander verwandten, schmerzlichen Erinnerungen können Sie sammeln?
H Holen Sie sich einen Freund, der Schlüsselhinweise installiert
A Arrangieren Sie eine Sequenz von Schlüsselhinweisen
N Notieren Sie für sich innerlich die Einzelheiten, die Sie *sehen, hören* und *fühlen*
G Gehen Sie auf die Suche nach anderen Ausgängen der Situation
E Entertainment gehört dazu: Amüsieren Sie sich gut

H Halten Sie den Freund dazu an, Schlüsselhinweise für positive Endungen zu suchen
I Installieren Sie positive Schlüsselhinweise mit Einzelheiten, die Sie *sehen, hören* und *fühlen*
S Sequenzen sollten zueinander passen (z. B. am linken Vorderarm und am rechten Vorderarm)
T Testen Sie sie, indem Sie negative und positive Schlüsselhinweise berühren
O Ordentlich der Reihe nach: jeweils ein Set auf einmal (linker Arm, rechter Arm), bis alle Erinnerungen editiert sind
R Reaktionen sind Ihre Geschichte und Ihre Gegenwart
Y Yeah! Ihre Erinnerungen sind nützlicher, wenn Sie sie so gestalten, daß sie mit Freude anzuschauen sind.

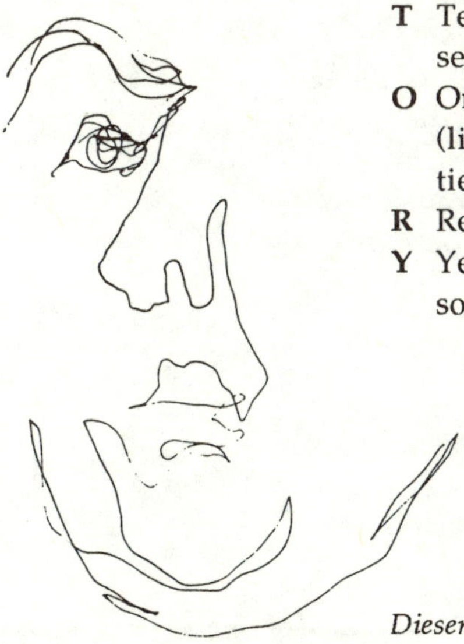

Dieser Mann braucht eine Veränderung.

Lassen Sie uns diese Schritte zur Edition des Gedächtnisses im Detail betrachten.

Check: Welche miteinander verwandten, schmerzlichen Erinnerungen können Sie sammeln? Jeder von uns hat schmerzliche Erlebnisse, die wir in unserem Gehirn mit Bildern, Klängen, Gerüchen, Geschmackserinnerungen und Gefühlen gespeichert haben. Wir vergessen indes, wenn wir uns an diese vergangenen Ereignisse erinnern, daß wir den Schmerz zu dem hinzugefügt haben, was bei den Bildern, Klängen, Gerüchen und Geschmacksempfindungen vorging.

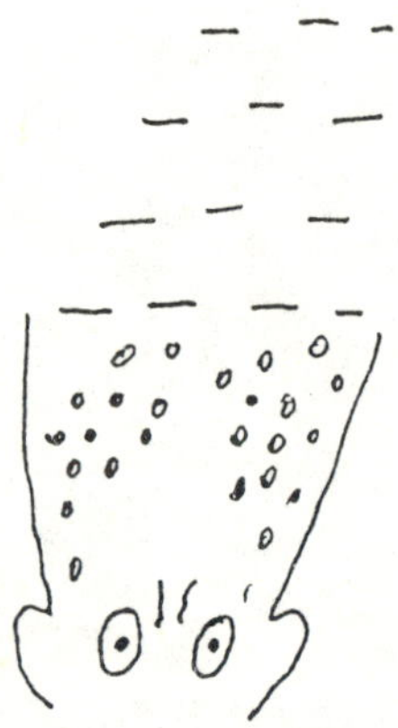

Ein Beispiel: Als Joe mit dem Verkaufen begann, erlebte er eine Reihe von Ablehnungen, mißlungenen Verkaufsversuchen, sogar einige brüske Abweisungen. Er hatte auch einige Erfolge. Die mißlungenen Verkaufsversuche schienen jedoch größere emotionale Auswirkungen zu haben als die Erfolge. Nach einer Weile bemerkte Joe, daß es ihm widerstrebte, den Telefonhörer aufzunehmen, um eine Verabredung für ein Verkaufsgespräch zu treffen. Er entdeckte, daß er sich eher mit Pseudoarbeiten beschäftigte als mit Verkaufsgesprächen.

Offensichtlich färbte Joes Geschichte auf sein gegenwärtiges Verhalten ab. Es war Zeit für ein *Change History*. Er erschien morgens um Punkt 9 Uhr. Er war bereit.

Holen Sie sich einen Freund, der Schlüsselhinweise installiert. Arrangieren Sie eine Sequenz von Schlüsselhinweisen. Notieren Sie für sich innerlich die Einzelheiten, die Sie *sehen, hören* und *fühlen*. Ich wies Joe an, sich an drei einzelne schmerzliche Erlebnisse in Verbindung mit dem Verkaufen zu erinnern. Wie er später berichtete, sah er vor seinem geistigen Auge das erste Büro, die erste abweisende Person, seine Aktentasche; dann hörte er die Stimmen; dann spürte er das Versagen. Während er sich diese sensorischen Einzelheiten wieder ins Gedächtnis rief, berührte ich einen Punkt auf seinem linken Vorderarm und sagte: „Gleich werden wir überprüfen, ob der Schlüsselhinweis installiert ist."

Ich wartete einen Moment und berührte dann den Punkt erneut, wobei ich auf seine Reaktion achtete. Er sagte: „Ja, das ist das Erlebnis. Ich fühle mich dabei immer noch mies. Ich hasse Versagen."

Ich erwiderte: „Finden Sie jetzt ein anderes schmerzliches Erlebnis."

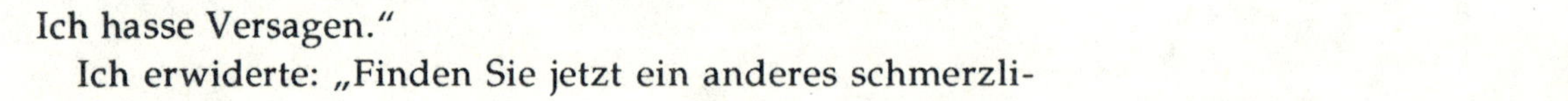

Während Joe sich an zwei andere Abweisungen erinnerte, etablierte ich zwei zusätzliche Schlüsselhinweise – einen in der Mitte seines unteren Vorderarmes, einen anderen auf seinem Handgelenk.

Gehen Sie auf die Suche nach anderen Ausgängen der Situation. Entertainment gehört dazu: Amüsieren Sie sich gut. Joe begann, an Verkaufsgespräche zu denken, die gut ausgegangen waren. Er spielte einige Erinnerungen an erfolgreiche Unternehmungen durch, die nicht mit Verkäufen verbunden waren: Lehrer, die seine Aufsätze lobten; Geliebte, die ihm erzählten, wie toll er sei; seinen Vater, der ihn für einen großartigen Sohn hielt. Er genoß seinen Erinnerungstrip und fühlte sich nach den positiven Filmen viel besser. Dann wählte er drei Erinnerungen aus, die eine gewisse Verbindung mit den etablierten negativen Schlüsselhinweisen hatten.

Halten Sie den Freund dazu an, Schlüsselhinweise für positive Endungen zu suchen. Installieren Sie positive Schlüsselhinweise mit Einzelheiten, die Sie *sehen, hören* und *fühlen*. Sequenzen sollten zueinander passen. Das erste Versagen, an das Joe sich erinnerte, resultierte daraus, daß er neu im Verkaufsgeschäft war und keine Liste von Klienten hatte. Er brauchte ein gutes Zeugnis seiner Glaubwürdigkeit in der Vergangenheit. Der positive Schlüsselhinweis, den er verwendete, um seine schmerzliche Erinnerung zu ändern, war eine andere, noch nicht so weit zurückliegende Szene, in der ein anderer Vertreter mit Bewunderung in der Stimme gesagt hatte: „Was mich wirklich beeindruckt, ist, daß Sie an die Chase Manhattan Bank verkauft haben."

Joe dachte an das Gesicht des Vertreters, an seine Stimme und seine Worte, und an sein eigenes Glühen vor Erfüllung, da er in der Tat einen beeindruckenden Verkauf getätigt hatte. Ich installierte diesen positiven Schlüsselhinweis auf Joes oberem rechten Vorderarm, gegenüber seinem negativen Partner auf dem linken Vorderarm.

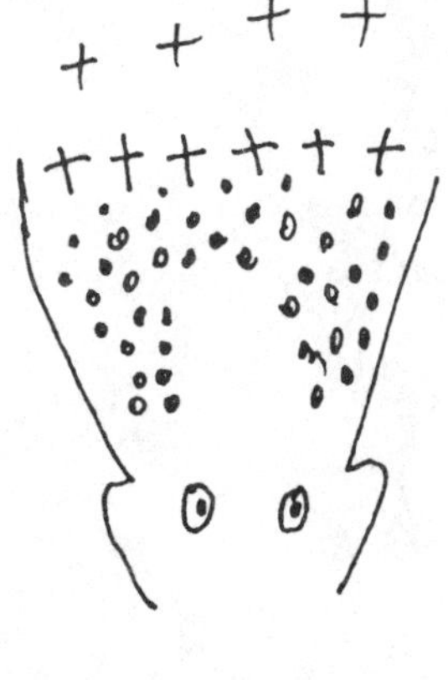

Joes nächstes schmerzliches Erlebnis war eines, in dem der Kunde überhaupt kein Interesse an seiner Präsentation gezeigt hatte, nur dagesessen und seine Langeweile kaum verborgen hatte, bis Joe fertig war. Seine positive Entsprechung dafür war eine nicht so lang zurückliegende Erinnerung an eine dreißigminütige Präsentation, die 3 Stun-

Es ist Ihre Wahl.

den gedauert hatte, gefolgt vom Lunch. Später unterzeichneten sie einen Vertrag. Während Joe sich an dieses positive Erlebnis erinnerte, installierte ich einen Schlüsselhinweis in der Mitte seines Vorderarmes.

Das letzte schmerzliche Erlebnis war eines, in dem Joe ein Produkt unter Preis angeboten hatte, so daß er im Grunde Geld verlor, in der Hoffnung auf zukünftige Geschäfte, die nie zustande kamen. Er wurde nicht nur zurückgewiesen, sondern gewaltig übervorteilt. Das positive Erlebnis als Gegenstück zu diesem negativen Erlebnis war ein Bild seiner Bilanz, und sein Steuerberater, wie er sagte: „Das war ein gutes Jahr für Sie", und das Gefühl der Befriedigung, das er hatte, weil sein Geschäft mit jedem Jahr erfolgreicher wurde. Ich installierte diesen Schlüsselhinweis auf Joes Hansgelenk.

Testen Sie sie, indem Sie negative und positive Schlüsselhinweise berühren. Ordentlich der Reihe nach: jeweils ein Set auf einmal. Ich testete jeden Schlüsselhinweis, um sicherzugehen, daß alle installiert waren. Dann berührte ich den ersten negativen und gleichzeitig den entsprechenden positiven. Joe lächelte. Als nächstes berührte ich den zweiten negativen zusammen mit dem entsprechenden positiven. Joe brummte. Dann überprüfte ich den dritten negativen und den dritten positiven Schlüsselhinweis. Joe lachte – es war zwar ein kleines Lachen, aber ein eindeutiges Lachen.

Joe sagte, er widerstehe dem Drang, zum Telefon zu gehen und eine Verabredung mit irgend jemandem für eine Verkaufspräsentation zu treffen. Wir waren nicht ganz fertig, aber Joe war bereit zu handeln. Ich entschied, daß wir fertig waren, er dankte mir und ging direkt in sein Büro, um seine Anrufe zu machen.

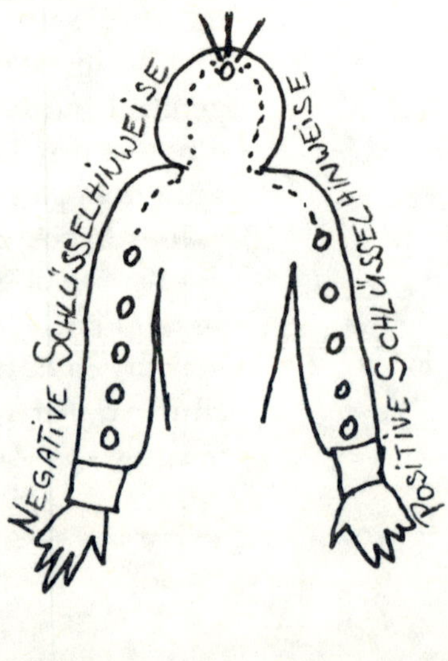

Reaktionen sind Ihre Geschichte und Ihre Gegenwart. Yeah! Ihre Erinnerungen sind nützlicher, wenn Sie sie so gestalten, daß sie mit Freude anzuschauen sind. Unser gegenwärtiges Verhalten hängt größtenteils sehr davon ab, wie wir uns selbst fühlen. Unsere Gefühle des Selbstwertes, des Selbstvertrauens und der Kompetenz basieren auf unseren Erinnerungen. Unsere Erinnerungen sind Konstruktionen dessen, was tatsächlich passierte; Auslöschung, Verzerrung und Generalisierung kommen in ihnen oft vor. Wir könnten in der Gegenwart genausogut von Erinnerungen aus operieren, die förderlich sind.

„Stop!" könnten Sie sagen. „Sitzen Sie da nicht einer Lüge auf, wenn Sie vorgeben, die Vergangenheit sei wunderbar gewesen, während sie furchtbar war?" In der Tat verändern Sie, wenn Sie die *Change History*-Technik benutzen, nicht die wesentlichen Komponenten – die Einzelheiten, die Sie sehen, hören, riechen und schmecken. Sie verändern die Art und Weise, wie Sie sich bezüglich dieser sensorischen Komponenten fühlen. In einigen Fällen sind Ihre vergangenen Gefühle nicht mehr hilfreich – wenn sie es je waren. Sie können Sie zu etwas Nützlichem machen, indem Sie der Beschreibung des Werdegangs neue Aspekte hinzufügen.

Diese Fähigkeit, das, was Sie jetzt wissen, zu dem hinzuzufügen, was Sie wußten, ist dann eine natürliche Fähigkeit, und eine, die ich schätze. Sie liefert uns eine ausgeglichenere Würdigung unseres eigenen Wertes. Wir sind vielleicht nicht perfekt, aber wir können lernen. *Change History* ist eine Methode, sowohl das Gelernte aus vergangenen Erlebnissen zu verwenden als auch das aus gegenwärtigen.

Die Veränderungsfertigkeiten, die bisher dargestellt wurden, gingen von einfachen zu fortgeschrittenen über. Im nächsten Kapitel wird die fortschrittlichste Technik von allen vorgestellt, die bei intensiven Ängsten und Phobien verwendet werden sollte. Wenn Brendas ängstliche Gefühle extrem gewesen wären, nahe an der Panik, hätte ich diese Technik für sie gewählt.

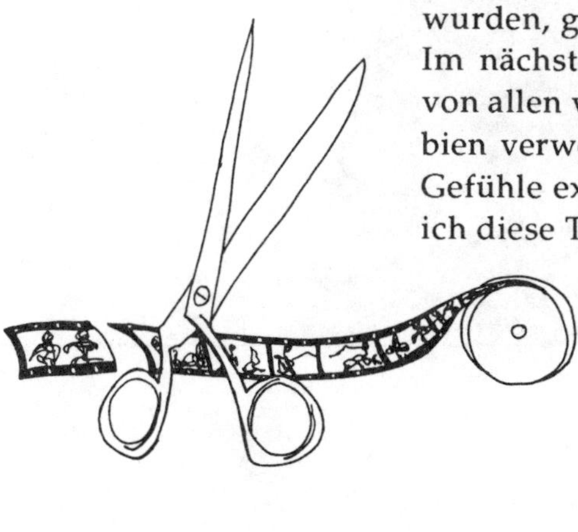

Löschen Sie Angst mit Feingefühl aus.

12 Verlernen von Furcht

Schlangen, Spinnen, Höhe, Wasser, Aufzüge, das Fliegen, Bären, Schläger, Publikum – dies sind nur einige der Stimuli, die starke Angstreaktionen und sogar Phobien bei Menschen hervorrufen. Wir können eine Angstreaktion auf einen Stimulus in Sekunden aufbauen, und dann reagieren wir jedesmal, wenn der Stimulus auftritt, mit derselben Reaktion. Es gibt jedoch eine Technik, die wir nutzen können, um diese Angstreaktion zu „verlernen", unabhängig davon, wie lange sie wirksam war. Und in den meisten Fällen dauert dieser Vorgang weniger als eine Stunde.

Die Technik – manchmal wird sie auch „dreistufige Dissoziation" genannt – ist so wirkungsvoll, und ihre Wirkung hängt in solchem Maß von einem erfahrenen, sensiblen Freund oder Berater ab, daß ich fast beschlossen hätte, sie in diesem Buch nicht zu behandeln. In der Tat überlegte ich mir die Sache zwei Jahre lang, während ich das Manuskript fertigstellte. Was mich schließlich dazu bewog, dieses Kapitel zu schreiben, war die schwächende, entkräftende Natur von starken Ängsten. Eine andere

Überlegung war, daß die Technik sehr oft gelehrt wird, und daß eine detaillierte gedruckte Version hilfreich sein könnte.

Es gibt viele Fragen dazu, warum dieser „Verlern"-Prozeß funktioniert. Vielleicht transportiert er das mittels eines Stimulus-Response-Prozesses Gelernte an eine andere Stelle des Gehirns und trennt den Angstteil des Gelernten während des Transports davon ab. Ich weiß nicht, warum diese Technik funktioniert, aber ich habe ihre Effektivität immer wieder gesehen. Sie können Ängste „verlernen" – sogar Ängste, die 10, 20 oder 30 Jahre existiert haben.

Während eines meiner Verhandlungsseminare brachte ein Teilnehmer seine Angst vorm Fliegen zur Sprache. Als Geschäftsführer einer Holdinggesellschaft mußte Bob zweimal im Monat Geschäftsreisen unternehmen. Er hatte unter seinen Kollegen eine informelle Umfrage veranstaltet und herausgefunden, daß zwei von dreien Angst vorm Fliegen hatten. Dennoch verbrachten diese Personen jeden Monat viele Stunden in Flugzeugen.

Als Bob über das Fliegen sprach, stand ihm der Schweiß auf der Stirn und über seinen Lippen. Ich fragte: „Fliegen Sie morgen abend wieder heim?"

„Ja", anwortete er, während er ein Taschentuch herausnahm, um sich über das Gesicht zu wischen.

„Würden Sie gerne Ihre Angst vorm Fliegen für immer loswerden?"

Er schaute ungläubig und sagte: „Na klar."

Ich drehte mich zum Kurs herum und fragte: „Wie viele von Ihnen haben Angst vorm Fliegen?"

Ich war wirklich überrascht, als alle Menschen im Raum ihre Hände hoben. Ich wich vom Lehrplan ab und setzte eine sofortige Gruppensitzung zum Thema Angst an.

Angst ist eine erlernte Reaktion. Als Heilmittel bietet sich an, die Reaktion zu verlernen.

Angst vor dem Unbekannten und Angst vorm Fliegen sind unnötig.

Das einzige andere Mal, als ich ein Business-Training unterbrach, um mit Angst umzugehen, war im World Trade Center in New York City. Ich leitete ein Seminar für die Citybank im 55. Stock, und eine Person war blaß geworden, als sie das erstemal den Kursraum betrat. Die Fenster im Raum erstreckten sich vom Boden bis zur Decke, mit einem Panoramablick auf Manhattan. Madelyn genoß den Ausblick nicht. Ich sagte zu ihr: „Ich merke, daß Sie es vermeiden, aus dem Fenster zu schauen. Stimmt irgend etwas nicht?"

Sie erwiderte mit verkniffenen Lippen: „Ich mag die Höhe nicht."

„Würden Sie das gerne ändern?" fragte ich.

„Könnte ich das?"

Wir flüsterten beide fast, so als ob Angst nicht in einem normalen Ton erörtert werden könnte.

„Ja," erwiderte ich; und dann machten wir es.

Einige Ängste, die im Geschäftsleben Probleme verursachen:

Angst vor:

Fragen	Mathematik
Präsentationen	Computern
dem Fliegen	Aufzügen
dem Erhalt von Arbeitsberichten	Menschenmengen
dem Abgeben von Leistungsberichten	Brücken
dem anderen Geschlecht	großen Höhen
	der Nummer 13

VERLERNEN EINER ANGSTREAKTION

Die Technik, die ich sowohl bei Bob als auch bei Madelyn verwendet habe, umfaßt sechs Grundschritte:

1. Suchen Sie sich einen getreuen Freund, der als Berater dienen soll.
2. Installieren Sie einen zuverlässigen Schlüsselhinweis.
3. Dissoziieren Sie sich (beobachten Sie die Angstreaktion wie in einem Film).
4. Spielen Sie Bilder und Geräusche immer wieder ab (in einem dissoziierten Zustand), bis die Angst weg ist.
5. Bauen Sie eine Kommunikation zwischen Ihrem Angstteil und Ihrem kreativen oder problemlösenden Teil auf.
6. Stellen Sie sich eine zukünftige Situation ohne die Angst vor.

Ich möchte nachdrücklich die Wichtigkeit eines getreuen Freundes betonen, der als verantwortungsvoller Berater dienen soll. Sicher zu sein, ist der Schlüssel zum ganzen Prozeß. Wenn Sie die Angst in Frage stellen wollen, dann versichern Sie sich, daß Sie einen Freund auswählen, mit dem Sie sich sicher fühlen. Keinen, bei dem das fraglich ist, sondern jemanden, dem Sie wirklich vertrauen.

Es ist wichtig, sich einen ruhigen Ort zu suchen, wo Sie beide nicht unterbrochen werden, während Sie diesen Prozeß durchgehen. Das Auslöschen oder „Verlernen" einer Angst greift tief in Verhaltensweisen ein, die außerhalb der bewußten Kontrolle liegen, und das versetzt die Person, die seine/ihre Angst in Frage stellt, in unbekannte innere Zustände. Diese inneren Zustände sind hilfreich bei der Umgestaltung von Ängsten; und die Person, die als Berater dient, muß in einer sensiblen, aufmerksamen Weise damit umgehen. (Ihr Berater sollte den Abschnitt „Ein Wort für Berater" weiter hinten in diesem Kapitel lesen, bevor er/sie mit Ihnen mithilfe dieser Technik arbeitet.)

Mentale Spiele können äußerste Beklemmung hervorrufen, aber das tun natürlich auch die Ängste. Ich denke, die Vorteile der Umgestaltung von Ängsten wiegen mehr als die Nachteile zeitweiliger Beklemmung. Aber ich möchte betonen, wie wichtig es ist, professionelle Hilfe in Anspruch zu nehmen, falls die Beklemmung zu groß wird, um damit fertig zu werden.

Um Beklemmung zu reduzieren, installieren Sie einen zuverlässigen, sicheren Schlüsselhinweis, bevor Sie mit dieser Technik beginnen.

Ängste auslöschen (Erase Fears)

Ich werde Ihnen eine detaillierte Version der Technik des „Verlernens" vorstellen; diese kann jedoch gekürzt und abgeändert werden, je nachdem, welche Personen miteinander arbeiten. Die wichtigen Konzepte und die Abfolge der Schritte auf Seite 226 liefern Ihnen eine Struktur, um kreativ und flexibel zu arbeiten. Sie können Ihre eigene Version um diese Schritte herum entwickeln. Denken Sie daran, Sie produzieren Ihren eigenen Film, also seien Sie so kreativ, wie Sie wollen.

Es folgt eine Gedächtnisstütze, um Ihnen zu helfen, sich an den Prozeß zu erinnern.[9]

E Etablieren Sie einen Schlüsselhinweis für einen sicheren, geschützten Ort
R Richten Sie sich, in Ihrer Vorstellung, einen Platz in einem Kino ein
A Aktivieren Sie Ihren kreativen Teil mit der Bitte, den Filmprojektor laufen zu lassen
S Starten Sie den Film mit Szenen des Stimulus und der Angstreaktion
E Erweitern Sie den Film, um sinnesspezifische Einzelheiten (*nur* solche des Sehens und Hörens) mit einzubeziehen, die zur Angst gehören

F Filmedition: Arrangieren Sie die Musik; inszenieren Sie die Abfolgen; wählen Sie die zwischen farbig und schwarz/weiß; verändern Sie die Geschwindigkeit – schneller, langsamer, Einzelbilder, etc.
E Erstellen Sie einen Film vor Ihrem geistigen Auge, der sich aus früheren Angstsituationen zusammensetzt
A Aktivieren Sie Ihren kreativen Teil mit der Bitte, sich im Film zu Ihrem jüngeren Selbst zu gesellen, und erzählen Sie dem Selbst, was Sie jetzt wissen, was Sie damals nicht wußten
R Reaktivieren Sie den Film immer wieder von neuem, bis die negative Belastung weg ist
S Steigen Sie ohne die Angst in die Zukunft (Future Pace)

Während wir diesen Prozeß in Einzelheiten durchgehen, lassen Sie uns annehmen, daß Sie die Person sind, die arbeitet, um eine Angst zu verlernen – Sie sind der Herausforderer – und der Freund, der Ihnen hilft, ist der Berater.

Etablieren Sie einen Schlüsselhinweis für einen sicheren, geschützten Ort. Ihr Berater sollte sich auf die Installierung eines Schlüsselhinweises (Erläuterung in Kapitel 11) verstehen. Der Berater bittet Sie, zu einem bestimmten vergangenen Erlebnis zurückzukehren, bei dem Sie sich sicher und geschützt gefühlt haben. Sie sollten den Ort sehen, die Geräusche der Geborgenheit hören, und sich sicher und behaglich fühlen, während Sie diese eine Erinnerung wachrufen. Auf der Höhe der Erinnerung berührt Ihr Berater Ihren Handrücken. Nach ein oder zwei Minuten berührt der Berater die Stelle erneut und fragt Sie, ob mit dem Schlüsselhinweis das Gefühl aufkommt, sicher und geschützt zu sein. Falls die Antwort „ja" lautet und die nonverbale Information (Gesichtsausdruck, Atmung, Körperhaltung) kongruent zum „ja" ist, können Sie zum nächsten Schritt übergehen. Falls die Antwort „nein" lautet, fahren Sie nicht mit dem Prozeß fort.

Richten Sie sich, in Ihrer Vorstellung, einen Platz in einem Kino ein. Ihr Berater bittet Sie, sich ein Kino vorzustellen, in dem Sie das einzige Publikum sind. Ihr Berater wartet und fragt dann, ob Sie das schaffen. Falls die Antwort „ja" lautet, machen Sie weiter. Falls die Antwort „nein" lautet, beenden Sie die Sache an dieser Stelle. Verwenden Sie diese Technik *nicht*.

Aktivieren Sie Ihren kreativen Teil mit der Bitte, den Filmprojektor laufen zu lassen. Ihr Berater bittet Sie, Ihrem kreativen Teil zu erlauben, zum Vorführraum hochzuschweben, um den Film zu starten. Wenn Sie sich nicht sicher sind, ob Sie einen kreativen Teil haben, probieren Sie es mit Ihrem problemlösenden Teil.

Starten Sie den Film mit Szenen des Stimulus und der Angstreaktion. Beginnen Sie, die Szenen für einen Film über Ihre Angst auszuwählen. Ihr kreativer Teil beschließt vielleicht, sofort zum zentralen Schlüsselerlebnis zu gehen, das die Angst begründete, oder er wählt das neueste Ereignis aus, das die alte Reaktion ausgelöst hat. Die Sequenz ist nicht wichtig. Ihr kreativer Teil läßt den Film über die Angst abspielen, solange Szenen auf der Leinwand erscheinen und noch irgendeine emotionale Belastung übrig ist.

Erweitern Sie den Film, um sinnesspezifische Einzelheiten (*nur* solche des Sehens und Hörens) mit einzubeziehen, die zur Angst gehören. Während sich die Erinnerung auf der Leinwand entwickelt, rufen Sie sich vielleicht seit langem vergessene Bilder und Geräusche ins Gedächtnis zurück. Diese Filmbilder und -geräusche aktivieren möglicherweise die Angst, und falls dies passiert, drückt Ihr Berater den Sicherheits-Schlüsselhinweis. Ihr Berater wünscht womöglich, den Sicherheits-Schlüsselhinweis während des ganzen Films zu aktivieren; er könnte ihn auch nur berühren, wenn eine emotionale Reaktion dies erfordert.

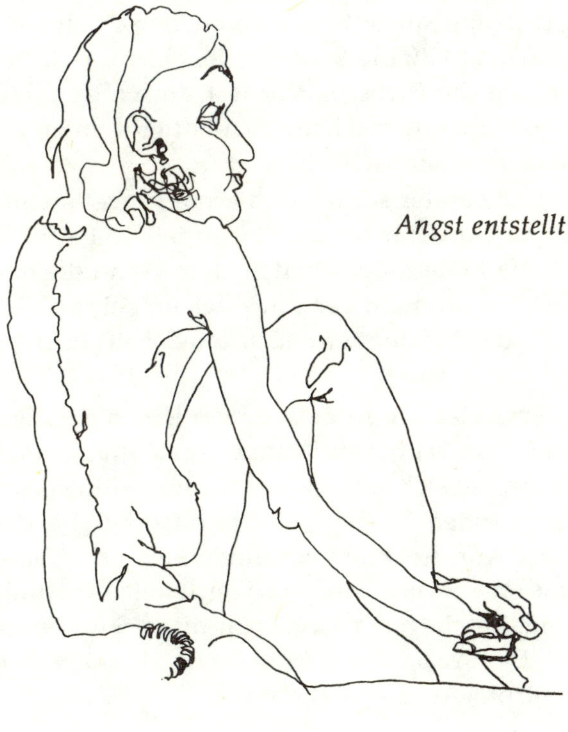

Angst entstellt

„Du bist sicher. Dies ist nur vorgetäuscht. Dies ist nicht real. Du tust so, als ob du einen Film anschauen würdest."

Der Berater sollte auf alle Anzeichen von Angst oder Unruhe im Herausforderer achten, während der Film läuft. Zusätzlich zur Aktivierung des Schlüsselhinweises für Sicherheit und Behaglichkeit, kann der Berater dem Herausforderer verbal versichern: „Du bist sicher. Wir tun so, als ob wir einen Film anschauen. Dies ist nicht real. Du bist sicher. Du fühlst dich behaglich. Du tust nur so, als ob."

Filmedition: Arrangieren Sie die Musik; inszenieren Sie die Abfolgen; wählen Sie die zwischen farbig und schwarz/weiß; verändern Sie die Geschwindigkeit – schneller, langsamer, Einzelbilder, etc. Ihr Berater kann Variationen vorschlagen. Beispielsweise: „Wenn du ein klares Bild auf der Leinwand hast, willst du vielleicht damit herumspielen. Würdest du die Handlung beschleunigen wollen – dann stelle den Film auf schnellen Vorlauf? Oder füge Musik hinzu – eine Marschkapelle, ein Streichquartett? Laß die Szene vielleicht rückwärts laufen, oder ändere die Farben? Würdest du einige Szenen gerne zu Einzelbildern machen, zu Photographien, so daß du sie studieren kannst?"

Der Berater sollte bei diesem Prozeß nicht hetzen. Der Herausforderer braucht eventuell 10 bis 30 Minuten, um all die Filmszenen abzuspielen. Wenn die emotionale Belastung rund um den Film sich erst einmal verringert hat, geht der Berater zum nächsten Schritt über.

Erstellen Sie einen Film vor Ihrem geistigen Auge, der sich aus früheren Angstsituationen zusammensetzt. Wenn Sie sich infolge des Schlüsselhinweises sicher fühlen, werden Sie die Bilder und Geräusche, die vorher mit Ihrer Angstreaktion verbunden waren, in einer neuen Art und Weise erleben. Sie werden herausfinden, daß die Angst nicht mehr länger an diese Situationen gebunden ist. Der Ausfall von Angst scheint eine Veränderung der Neurologie zu bewirken.

Aktivieren Sie Ihren kreativen Teil mit der Bitte, sich im Film zu Ihrem jüngeren Selbst zu gesellen, und erzählen Sie dem Selbst, was Sie jetzt wissen, was Sie damals nicht wußten. Ihr Berater schlägt vor, daß Ihr kreativer Teil aus dem Vorführraum herunterschwebt und Ihnen im Publikum beisteht. Stellen Sie sich dann vor, wie Ihr kreativer Teil den Gang hinunterkommt und in den Film geht. Während Sie Ihren kreativen Teil beobachten, wie er im Film handelt, lassen Sie alle Szenen laufen, die dafür geeignet erscheinen. Bitten Sie dann Ihren kreativen Teil, Ihrem jüngeren Selbst im Film alle Lerninhalte zu erzählen, die für dieses Selbst nützlich zu wissen sein würden. Ihr kreativer Teil will vielleicht Ihr jüngeres Selbst umarmen und diesem Selbst versichern, daß es einen Verbündeten hat.

Der Berater kann die Kommunikation zwischen den Teilen ermutigen. Beispielsweise: „Bevor du dein jüngeres Selbst verläßt, möchtest du ihm vielleicht irgend etwas sagen, was du gelernt oder verlernt hast. Und denke daran, ein wenig Angst ist nützlich, deshalb bewahre dir ein realistisches Ausmaß an Angst, um deine Sicherheit zu gewährleisten. Laß deinen kreativen Teil entscheiden, wie viel Angst nützlich ist und wann."

Reaktivieren Sie den Film immer wieder von neuem, bis die negative Belastung weg ist. Wenn Ihr Berater spürt, daß die emotionale Belastung rund um die Angst verscheucht ist, schlägt er/sie vor, daß Ihr kreativer Teil zurückkommt, um sich mit Ihnen im Kinosessel zu vereinigen. Wenn Ihr kreativer Teil erst einmal im Inneren zurück ist, sind Sie zum letzten Schritt bereit.

Steigen Sie ohne die Angst in die Zukunft (Future Pace). Um sicherzugehen, daß die Technik funktioniert hat, bittet Sie der Berater, sich selbst in die Zukunft zu versetzen und sich eine Szene vorzustellen, die ähnlich derjenigen ist, in der die Angst in der Vergangenheit aufgetreten wäre. Wenn der Prozeß erfolgreich abgeschlossen wurde, wird nur eine leichte Angst in der imaginären zukünftigen Szene vorhanden sein.

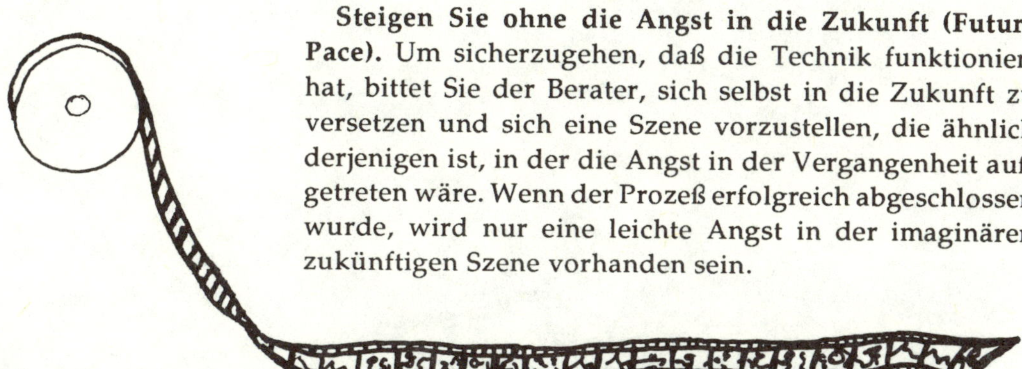

Stellen Sie sich eine Zukunft ohne Angst vor.

Der Berater sollte die Reaktionen des Herausforderers auf die Zukunftsszene beobachten, um zu bestimmen, ob das Verlernen vollkommen ist. Ein gelöstes Lächeln ist ein sicheres Zeichen, und eine vollständige Entspannung, während der Zukunftsfilm läuft, ist ein weiterer guter Indikator.

Meine Ängste scheinen zusammen gespeichert zu sein. Als ich meine Angst vor dem Skifahren reduzierte – durch Unterrichtsstunden – reduzierte ich auch andere lästige Ängste, wie z. B. die Angst vor Zwischenrufern in einem Seminar, oder davor, einen Fehler zu machen.

Warnung: Stellen Sie sicher, ein *vernünftiges* Ausmaß an Angst zu bewahren. Große Höhen, Bären, Klippen, Schlangen und ähnliche Objekte sind ein wenig gefährlich, deshalb ist ein vernünftiges Ausmaß an Angst nützlich. Diese Technik des „Verlernens" ist so wirkungsvoll, daß sie alle Angst auslöschen kann, und ein bißchen Angst ist zum Überleben erforderlich.

Falls eine starke Angst aus irgendeinem Grund immer noch vorhanden ist, müssen Sie und Ihr Berater womöglich zu Schritt 2 zurückgehen (sich vorzustellen, Sie sitzen in einem Kino) und die Schritte nochmals durchgehen. (Dies ist normalerweise nicht nötig.)

Wenn Sie – der Herausforderer – erst einmal die Sequenz vollendet haben, sollten Sie mit Ihrem Berater zusammen bleiben, bis Ihr innerer Zustand sich normal anfühlt. Sie sollten nicht schnell auf die Straße gehen und wegfahren. Sie wollen vielleicht darüber sprechen, was in dem Film passiert ist – vielleicht auch nicht. Auf alle Fälle sollten Sie sich entspannen, während Ihr Bewußtsein all das neu Erlernte integriert (eine halbe Stunde oder mehr). Stellen Sie sicher, daß Sie einen normalen Denk-/Wachzustand wiedergewonnen haben, bevor Sie wieder mit Ihrem regulären Pensum anfangen. Ihr Berater kann eine Ressource sein dabei, dieses Erlebnis zum Abschluß zu bringen und Sie auf Ihren Wiedereintritt in die alltägliche Welt vorzubereiten.

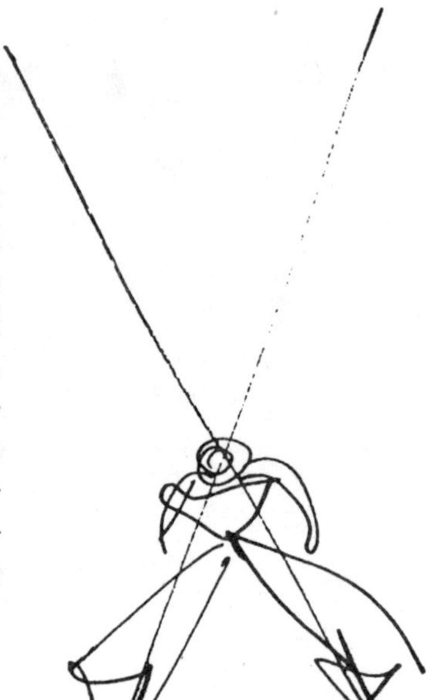

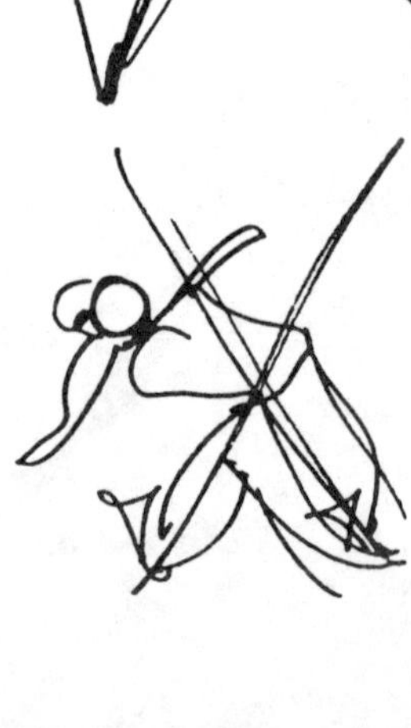

EIN WORT FÜR DIE BERATER

Sie haben eine ganz besondere Rolle in diesem Prozeß des „Verlernens"; Ihr Freund vertraut Ihnen, daß Sie ihm/ihr helfen, eine starke Reaktion in Frage zu stellen, die störend ist und möglicherweise quälend. Weil die inneren Zustände, die mit dieser wirkungsvollen Technik geschaffen werden, ebenfalls sehr stark sein können, sollten Sie auf alle extremen oder problematischen Reaktionen achten. Zum Beispiel:

Tränen. Bis zu zehn Minuten sind Tränen des Herausforderers in Ordnung. Nach zehn Minuten sollten Sie eingehend auf Zeichen für Hysterie achten und den Sicherheits-Schlüsselhinweis aktivieren – falls nötig, sogar neue, stärkere Schlüsselhinweise installieren. Der Herausforderer kann sich Ressource-Zuständen aus ruhigen, friedlichen Zeiten in der Vergangenheit zuwenden. Sie können Worte wählen, um dem Herausforderer zu helfen, sich an die Bilder und Geräusche dieser sicheren Zeiten zu erinnern, und damit sein/ihr Gefühl von Sicherheit und Behaglichkeit intensivieren.

Extreme Unruhe. Falls der Herausforderer extrem unruhig wird und nicht auf seinen/ihren Schlüsselhinweis reagiert, beenden Sie den Prozeß. Richten Sie eine Reihe von neuen, sicheren, behaglichen Erinnerungen ein, etablieren Sie dafür Schlüsselhinweise auf der Haut und bringen Sie den Herausforderer in einen guten emotionalen Zustand. Vielleicht wollen Sie es zu einem anderen Zeitpunkt noch einmal probieren; womöglich zieht es der Herausforderer vor, professionelle Hilfe für den Umgang mit seiner/ihrer Angst in Anspruch zu nehmen.

Flache Atmung. Falls der Herausforderer anfängt, sich zu verspannen, falls seine/ihre Atmung flach wird, erinnern Sie ihn/sie daran, tiefe Atemzüge zu machen.

Tiefe Träumerei. Warten Sie. Lassen Sie den Herausforderer in seiner/ihrer eigenen Geschwindigkeit jeden Schritt durchlaufen. Vielleicht wollen Sie ein Signal etablieren – wie z. B. ein Nicken –, das anzeigen soll, daß er/sie jeden Schritt des Prozesses vollendet hat.

Unfähigkeit, klar zu visualisieren. Einige Menschen haben Schwierigkeiten, klare Bilder auf der Leinwand zu sehen, obwohl sie in der Lage sind, sich vorzustellen, wie sie in einem Kinosessel sitzen und einen Film anschauen. Die Technik funktioniert dann immer noch, solange sie *einige* Bilder sehen können. Der Berater kann verschiedene Möglichkeiten vorschlagen, wie die Filmszenen schärfer gemacht werden können, indem er Fragen stellt. Beispielsweise: „Was trägst du in der Szene? Was für Farben siehst du? Welche Jahreszeit ist es? Erinnerst du dich an irgendwelche Gerüche? Erinnerst du dich an die Menschen, die da waren? Kannst du irgendwelche Worte oder Geräusche hören?"

Denken Sie daran, innerhalb des Grundschemas kreativ und flexibel zu sein. Nutzen Sie die Information der sechs Schritte auf Seite 226 so, daß die Reaktion hervorgerufen wird, die Sie möchten. Einige Herausforderer wollen viele Teilpersönlichkeiten in ihren Filmen sehen; einige nur eine. Arbeiten Sie mit dem Herausforderer, bis er/sie ziemlich frei von Angst rund um das Schlüsselerlebnis ist. Stellen Sie dann sicher, daß genügend Angst für eine vernünftige Reaktion auf den Stimulus zurückbleibt.

Dissoziation

Dissoziation ist eine mentale Übung, die für bestimmte Veränderungstechniken nützlich ist.

Einstufige Dissoziation: Sie schauen sich einen Film über Ihre Vergangenheit an.

Zweistufige Dissoziation: Sie sitzen in einem Kino und schauen sich einen Film über Ihre Vergangenheit an.

Dreistufige Dissoziation: Sie sitzen in einem Kino, schauen sich einen Film an, und schicken Ihr kreatives Selbst in den Vorführraum, um nützliche Szenen auszusuchen.

Kreativität + Flexibilität = Erfolg

ANGEMESSENE ANGST

Meine größte Sorge bei der Präsentation dieses Prozesses ist, daß er zu gut funktioniert. Der Herausforderer könnte all die Angst rund um den ursprünglichen Stimulus herum auslöschen, und das kann gefährlich sein. Ich hörte von einem Fall, in dem diese Technik so gut funktionierte, daß eine Person, die Höhenangst gehabt hatte, anfing, auf Brüstungen von zehnstöckigen Gebäuden zu balancieren. Löschen Sie daher nicht alle Angst aus. Ein wenig Angst bewirkt eine gewisse Vorsicht, die bei Bären, Schlangen, Klippen usw. nützlich ist. Bewahren Sie sich ein vernünftiges Ausmaß an Vorsicht, während Sie die schwächende Angst eliminieren.

Als ich diese Technik vor ungefähr acht Jahren erlernte, war ich skeptisch. Ich war sowohl in traditioneller, als auch in Gestaltpsychologie ausgebildet, und ich glaubte immer noch *Freud*s Warnung, daß eine tiefe Veränderung Zeit brauche – viel Zeit. Als Lernende praktizierten wir die Technik wechselseitig, mit einigen verblüffenden Erfolgen, aber ich war immer noch skeptisch. Während ich an einer interdisziplinären Konferenz im Fachbereich Pädagogik an der University of California in Santa Barbara teilnahm, entschloß ich mich, die Technik bei einem Anfängerpublikum auszuprobieren. Auf der Konferenz zog ich ein Poster heraus mit der Aufschrift: „Angstauslöschung und persönliche Veränderung: 15 Minuten, 1 Dollar." (Ich stiftete die Summe der Gruppe, die die Konferenz sponserte.)

Eifersucht scheint auf der Angst vor Zurückweisung zu basieren.

Ich lernte, daß Menschen, die 1 Dollar für persönliche Veränderung bezahlen, anspruchsvoller sind als jene, die 100 Dollar bezahlen. Außerdem lernte ich, daß diese angstauslöschenden Techniken normalerweise funktionieren. Ungefähr 18 Menschen meldeten sich für 15 Minuten. Ihre Themen reichten von Bulimie über Eifersucht bis zur Angst vor Bären. Einige Themen erforderten mehr als 15 Minuten, aber wir erreichten normalerweise in weniger als einer Stunde Einsichten und Veränderungen. Bei der graduierten Studentin, die an Bulimie litt, war die Angst vor Zurückweisung der Auslöser. Eifersucht hat dieselbe Grundangst. Die Auslöschung der extremen Angst vor Bären, die ein Student hatte, machte Spaß und dauerte nur 15 Minuten.

Paul und die Bären

Mein Student war ungefähr 23 Jahre alt, gutaussehend und trug ein buntkariertes Hemd – Paul Bunyan. Nennen wir ihn also Paul. Ich spielte einfach nur mit neuen angstlöschenden Techniken herum, ohne irgend etwas davon allzu ernst zu nehmen. Als Paul sagte, er hätte eine Bärenphobie, dachte ich, er hätte sich durch meine muntere Stimmung anstecken lassen und nähme mich auf den Arm. Nachdem 3 von den 15 Minuten vergangen waren, erkannte ich, daß es ihm sehr ernst war.

An dieser Stelle fragte ich: „Wo finden Sie Bären, vor denen Sie Angst haben können? Gehen Sie in den Zoo?"

Paul sah wütend aus. „Nein, ich fahre zum Camping in die Sierra."

„Gibt es richtige Bären in der Sierra?"

„Wetten, daß es dort richtige Bären gibt."

„Oh, wenn Sie diese Angst vor Bären haben, warum fahren Sie dann zum Camping?"

„Ich bin mein Leben lang zum Camping gefahren. Ich liebe die Wildnis. Ich mag nur keine Bären, und da sie nachts auf die Campingplätze kommen, kann ich nie schlafen."

„Sie bleiben die ganze Nacht über wach?"

„Die ganze Nacht."

„Sie schließen Ihre Augen nicht – nicht einmal für fünf Minuten?"

„Nicht einmal für eine Minute."

„Wielange sind Sie normalerweise beim Camping?"

„Eine Woche."

„Das ist eine lange Zeit ohne Schlaf. Wir haben nur mehr sieben Minuten. Gehen wir an die Arbeit."

Indem wir zusammen arbeiteten, waren wir in der Lage, die extreme Angst zu eliminieren, die Paul während des Campings schlaflos gehalten hatte. Ein Jahr später, auf der nächsten Konferenz, sagte er, daß er das Camping nun, seit er schlafen konnte, zweifellos mehr genießen könne.

Lernen in einem Durchgang

Angst vor Bären, Brücken, großen Höhen, Vergewaltigung, der Dunkelheit, dem Verlassen des Hauses, dem Fliegen, dem Autofahren, Ratten, Spinnen und Schlangen halten die Menschen nachts wach.

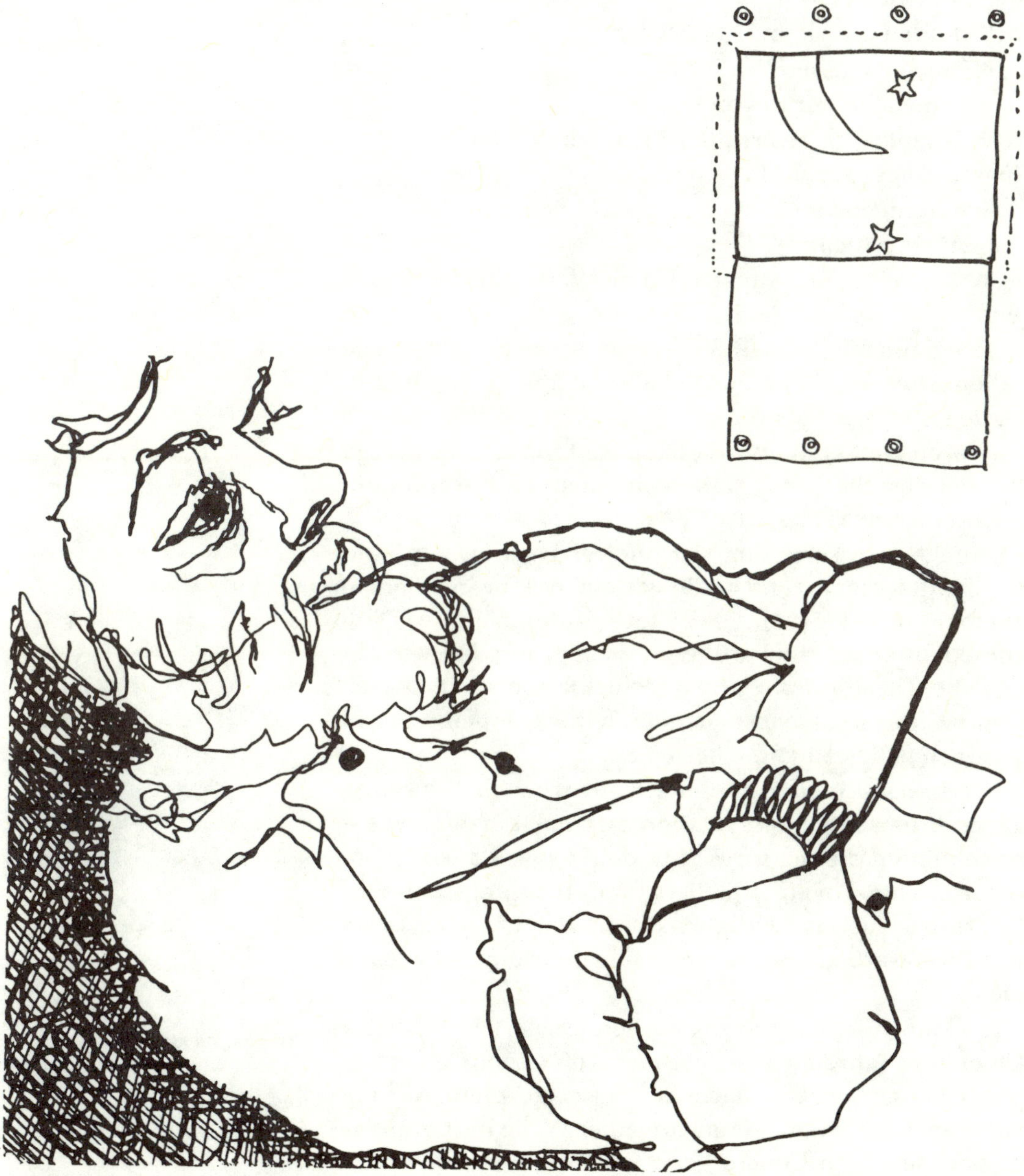

Nahe beim Wasser

Als ich begann, meine Seminare in der Wirtschaft anzubieten, war einer meiner ersten potentiellen Klienten ein Weiterbildungsreferent von Lockheed. Er hatte nie von NLP gehört, war aber einverstanden, mit mir einen Termin zu vereinbaren.

Nach 15 Minuten hatten wir den Rapport noch nicht ganz etabliert. Dann sagte er irgend etwas über seine Angst vor Gewässern.

„Vor allen Gewässer?" fragte ich.

„Nein, vor Flüssen."

„Erzählen Sie mir davon."

„Was gibt es da zu erzählen? Ich habe schon immer vor Flüssen Angst gehabt."

„Schwimmen Sie?"

„Natürlich nicht."

„Würden Sie Ihre Angst vor dem Wasser gerne loswerden?"

„Ich glaube nicht, daß Sie irgend etwas bei dieser speziellen Angst tun können. Ich habe sie immer gehabt, und werde sie immer haben."

„Wären Sie bereit, zum letzten Zeitpunkt zurückzugehen, bei dem Sie in der Nähe von einem Fluß waren, und beschreiben, was passierte?"

Seine Augen schlossen sich und er begann, von einer Familienfeier zu erzählen, die vor einem Jahr in einem an einem Fluß gelegenen Park stattgefunden hatte. Dann lenkte ich ihn zu einer früheren Erinnerung. Ich verwendete die Theaterdissoziation nicht, da ich es in diesem Kontext für unpassend erachtete. Ich war eine Beraterin, die einen neuen Klienten besuchte.

Mit diesem Klienten konnte ich gut arbeiten. Eine einfache oder einseitige Dissoziation war das einzige, was er brauchte, um die meiste Zeit in dem Prozeß ausreichend sicher zu sein. An einer Stelle, als er etwas ängstlich wurde, erinnerte ich ihn lediglich daran, daß er sicher in seinem Büro wäre und seine eigenen Erinnerungen beobachtete.

Wir kamen schließlich zu dem Schlüsselerlebnis zurück. Als er fünf Jahre alt war, hatten er und sein Cousin auf einem Baumstamm in flachem Wasser gespielt. Auf einmal wurde der Baumstamm von einer Welle ins tiefe Wasser gerissen. Sein Cousin geriet in Panik, und bevor die

Einige Experten sagen, es gibt nur zwei Emotionen: Liebe und Angst. Wenn die Angst gelöscht würde, was bliebe übrig?

Erwachsenen sie erreichen konnten, hatte er ihn gepackt und unter Wasser gezogen. Bis zum jetzigen Zeitpunkt hatte der Klient eine Amnesie für das ganze Erlebnis gehabt. Nachdem er sich daran erinnern konnte, von seinem Onkel herausgezogen worden zu sein, erlebte er die unkontrollierbare Angst nicht mehr.

Er öffnete seine Augen, schaute mich an und sagte: „Ich glaube, beim CVJM gibt es das ganze Jahr über Schwimmunterricht."

Danach hatten wir zweifellos Rapport.

Es ist befriedigend, in der Lage zu sein, den Menschen zu helfen, ihr Leben zu verbessern, indem man ihnen neue Denkfertigkeiten und neue Verhaltensmöglichkeiten zur Verfügung stellt. Das Schlimmste an Ängsten ist, daß sie Sie einschränken. Sie verursachen Qualen, ja, aber die Qual ist gering, wenn man an all die möglichen Handlungen denkt, die durch die Angst ausgeschaltet werden. Diese beschnittenen und nicht erlebten Möglichkeiten sind eine wahre Tragödie.

Das Leben ohne Angst zu Leben, ist ein Geschenk, das es wert ist, es sich selbst zu machen.

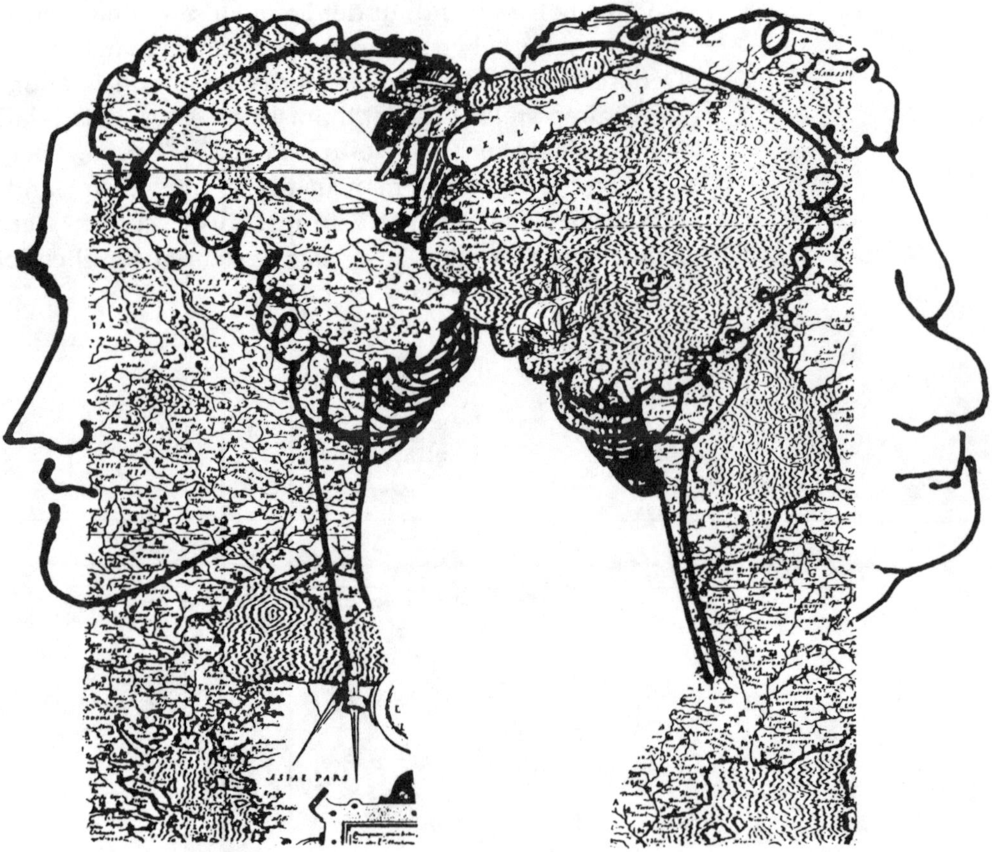

Wenn wir unser Gehirn auf kreative Art benutzen, um Realitäten zu überlappen, wird die Zielkombination selbstverständlich und fast unvermeidlich. Sie haben die Werkzeuge, die Sie für diese Kreativität brauchen. Sie brauchen nur den Werkzeugkasten zu öffnen.

Schlußbemerkung

Wenn Sie wissen was Sie wollen, und wissen, daß Sie es wahrscheinlich nicht erreichen, es sei denn, die Energie der anderen Person ist mit der Ihren verbunden, wenn Sie sensibel gegenüber visuellem und auditivem Feedback sind und dieses Feedback in den Fluß Ihrer Worte integrieren können, dann ist die Kommunikation ein Erfolg, oftmals eine Freude, manchmal ein Spitzenerlebnis. Schlimmstenfalls wird die Kommunikation eine intensive Herausforderung, die an Ihre tiefsten Reservoirs an Identität und Intentionen appelliert.

Vielleicht ist dies mehr, als wir vom Kommunikationsprozeß erwarten sollten, und vielleicht sogar mehr, als Sie wollen. In diesem Fall haben Sie eine Wahl. Sie können es sich immer leichter machen – und zu Small Talk wechseln. Viele Menschen scheinen jedoch den ganzen Tag mit Small Talk zu verbringen. Mit einem anderen Menschen durch Worte, den Gesichtsausdruck, die Körperhaltung und durch Gesten in Verbindung zu treten, bringt eine eigene

Erregung und Energie mit sich. Wenn Sie diese Art von Kommunikation einmal erlebt haben, werden Sie ihren Wert erkennen und nach ihr suchen.

Natürlich eignen sich nicht alle Arbeitsinteraktionen für diese Art von Intensität. Andererseits sind sich immer mehr Menschen bewußt, daß acht Stunden pro Tag eine lange Zeit sind, wenn man sie in der öden Wüste oberflächlicher Kommunikation verbringt. Ein oder zwei Oasen voller bedeutsamer Beziehungen zu Kollegen sind fast eine Notwendigkeit für eine optimale Leistung. Außerdem entsteht der vielschichtige kooperative Rahmen, der für eine erfolgreiche Zusammenarbeit in Arbeitsgruppen oder einem Projektteam notwendig ist, aus richtiger Kommunikation und nicht aus Small Talk. Interne Streitereien und verdeckte Botschaften können durch Zuhören, Verständnis und indem man auf die tieferen Bedürfnisse der anderen eingeht, unterbunden werden. Wenn Sie erst einmal in einem Ressource-Zustand sind, kann Ihre Kommunikation therapeutisch sein.

Wie viele von uns erfahren haben, ist oftmals ein Freund der beste Psychiater.

Konflikte scheinen fast unvermeidlich zu sein, wenn Menschen zusammenarbeiten, und dennoch können solche Konflikte gelöst werden, indem erkannt wird, daß wir alle eine „korrekte" Landkarte der Realität haben. Innerbetriebliche Konflikte – die die Erträge jeden Monat um Tausende, vielleicht sogar um Millionen verringern – können ziemlich leicht gelöst werden, wenn wir erst einmal bereit sind, die Landkarte der anderen Person zu erkunden, mit dem Ziel des Überlappens. Wenn Sie auf Ihrer eigenen Landkarte beharren, werden Sie ein starkes Gefühl haben, im Recht zu sein, und wenig anderes. Wenn Sie mit Ihren Kollegen in Frieden leben und gleichzeitig im Geschäftsleben erfolgreich sein wollen, werden Sie sich gegenseitig überlappende Landkarten auf kreative Art erkunden und Ziele kombinieren.

Die Prozeßfertigkeiten, die in diesem Buch präsentiert wurden, werden Sie in die Lage versetzen, Ihr Gehirn feinabzustimmen, so daß Ihnen der Tag Befriedigung, ein Ziel und die Verwirklichung Ihres eigenen Potentials bringen wird. Menschen, die Prozeßfertigkeiten kennen, die die wirkliche Bedeutung verbaler und nonverbaler Botschaften in einer Kommunikation wahrnehmen können, und erkennen können, wann sich Prozesse verändern, können in geeigneter Weise reagieren. Firmen, die Menschen als ihren größten Aktivposten einstufen, und die ihre Leute ermutigen, Prozeßfertigkeiten zu erlernen, werden weiterhin nicht nur in geeigneter, sondern in optimaler Art auf eine sich verändernde Umgebung reagieren. Diese Firmen werden den weltweiten Wettbewerb und das wirtschaftliche Milieu der 90er Jahre überleben.

Seien Sie sich bewußt, daß jeder von uns mächtiger ist und mehr Einflußmöglichkeiten hat, als wir glauben. Diese persönliche Stärke während unserer geschäftlichen Interaktionen positiv zu nutzen, kann gemeinschaftliche, städtische, staatliche, vielleicht nationale und weltweite Auswirkungen haben. Viele Menschen haben ihre persönliche Stärke bereits entdeckt und nutzen sie täglich. Wenn Sie sich zu ihnen gesellen, werden Sie herausfinden, daß Ihre Energie auf neue Ebenen ansteigt, daß Ihre Interaktionen befriedigender und Ihre Arbeit bedeutungsvoller wird. Ich wünsche dies jedem von Ihnen.

Te – zur richtigen Zeit am richtigen Platz zu sein, in der richtigen geistigen Verfassung – hängt von Ihnen ab. Die Fertigkeiten und die Wahlmöglichkeit – sie sind nun die Ihren.

Nachwort

Das folgende ist eine Metapher, mit der ich Sie entlassen will. Ich hörte sie zum erstenmal von *Leslie Cameron-Bandler*. Vielen Dank, Leslie.

Vor langer, langer Zeit in einem fernen Land wollte sich ein Lehrer zur Ruhe setzen. Während eines langen Lebens als Lehrer hatte er viele Anhänger gewonnen. Er spürte, daß er ihnen einen Nachfolger schuldig war – jemanden, der seine Arbeit fortsetzen würde.

Er hatte jeden Tag auf dem leicht geneigten Abhang eines Berges mit einem schneebedeckten Gipfel gelehrt. Er saß nahe der Mitte des Abhangs, auf einem Podium unter einem Baldachin, da die Sonne oftmals heiß vom Himmel brannte. Seine Schüler kamen und saßen auf dem Gras unterhalb des Podiums.

An diesem Tag schaute der Lehrer auf einzelne Schüler, mit dem Gedanken, seinen Nachfolger auszuwählen. Schließlich verließ er das Podium und ging hinaus ins Publikum. Er tippte einem Schüler auf die Schulter und gab ihm ein Zeichen, ihm zu folgen. Er hatte den Schüler ausgewählt, der immer pünktlich und aufmerksam war, normalerweise viele Fragen stellte und eine gute Wahl darzustellen schien.

Der Schüler folgte seinem Meister auf das Podium. Sein Verhalten war anders als sonst, während er den Abhang hinaufstieg. Er ging stolz – ein bißchen zu stolz. Als er auf die Schüler herabsah, war sein Ausdruck voller Befriedigung darüber, gewählt worden zu sein. Der Meister wartete. Der Schüler schaute nach oben zum Baldachin. Hinter dem Baldachin, vor der Klasse verborgen, war eine riesige Vorrichtung, ähnlich einem gigantischen Lochstreifen, auf dem folgende Botschaft stand: „Stelle jede Frage, die du stellen willst, und ich werde antworten."

Der Schüler machte ein langes Gesicht. Er sah den Meister voller Enttäuschung und Entsetzen an. Die ganze Zeit über hatte er nie seinen Glauben in Frage gestellt, daß der Meister all die Antworten wußte. Jetzt erkannte er auf einmal, daß eine Maschine die Antworten geliefert hatte. Der Meister bemerkte seinen Ausdruck und bedeutete ihm, zum grasbedeckten Abhang zurückzukehren.

Am nächsten Morgen wählte der Meister einen anderen Schüler aus, mit ihm auf dem Podium zu sitzen. Dieser Schüler schien nicht sehr stolz zu sein: eigentlich schien er fast zu bescheiden zu sein. Der Anblick der Maschine machte ihn sprachlos. Der Meister schickte ihn schweren Herzens den Abhang hinunter.

Am dritten Morgen dachte der Meister bei sich: „Ein Leben voller Unterrricht, und wer hat die elementarsten Lektionen gelernt?" Er war sehr müde und entmutigt. Er warf noch einmal einen Blick auf die Schüler und ging schließlich hinunter, um einem rebellischen, nicht auf seiner Linie liegenden, tagträumerischen Neuling auf die Schulter zu tipppen – einem Schüler, der unverschämte Fragen stellte, spät kam, früh ging, und immer erstaunt zu sein schien, sich selbst auf dem grasbedeckten Abhang wiederzufinden.

Dieser Schüler ging mit einem äußerst neugierigen Blick zum Podium hinauf. Sein Gang war derselbe, mit dem er jeden Tag ging. Er setzte sich unter den Baldachin, schaute lang und ernst zu seinem Lehrer, und warf dann einen flüchtigen Blick nach oben. Beim Anblick der Botschaft auf der Maschine lächelte er übers ganze Gesicht, atmete tief durch und sagte: „Welche Frage hat mein Meister niemals gestellt?"

Bei diesen Worten verschwand der Meister.

Anhang
Eine Parts Party

Anfang der siebziger Jahre machte ich am Esalen Institut das erstemal Bekanntschaft mit dem Konzept der Parts Party. Mehrere Seminarleiter verwendeten die Idee auf verschiedene Arten, und ich nahm an, daß die Technik aus *Fritz Perls'* Arbeit in der Gestaltpsychologie entstanden war. Ein Kollege hielt *Virginia Satir* für die Schöpferin der Parts Party. Ich kenne gerne die Ursprünge guter mentaler Techniken, aber ich war noch nicht in der Lage, die genannte bis zu ihrer Quelle zurückzuverfolgen. Auf jeden Fall danke ich der Person oder Gruppe, die diese nützliche und aufschlußreiche Technik geschaffen hat.

Einige von Ihnen kennen die Parts Party vielleicht bereits; ich gab ein Beispiel in *Influencing with Integrity.* Dieses Konzept ist so zentral für das Wissen über uns selbst und so wesentlich für das Erreichen von Kongruenz, daß ich es hier nochmals kurz umreißen möchte. Ich verwende diese Technik bei neuen Konfliktsituationen, und ich bin ständig überrascht davon, was ich lerne.

Wählen Sie zuerst eine Zeit, in der Sie für ungefähr eine Stunde ungestört sein können. Als nächstes machen Sie eine Liste von all den Teilen Ihrer Persönlichkeit, die zu einem bestimmten Punkt oder Thema gehört werden wollen. Es folgt eine meiner Listen, die aus einem Behaglichkeits-/Herausforderungs-Konflikt herrührt, den ich habe. Diese grundlegende Dichotomie zeigt sich immer wieder in meinem Verhalten – so wie Ihre Dichotomien sich in Ihrem Verhalten zeigen.

Behaglichkeitsteile
Dr. Sicherheit
Frau Sparsamkeit

Herausforderungsteile
Frau Neue Erfahrungen
Frau Risiko
Fräulein Geld Unwichtig

Blockfreie Teile
Frau Ziellose Kreativität
Frau Überfluß/Zeitverschwendung

Das Thema dieser Parts Party ist, zu entscheiden, wie viel von meinem Geld und meinem Arbeitstag der neuen Marketingfirma zuteil wird, die ich aufbaute. Sollte ich bis zum letzten Pfennig alles investieren, oder sollte ich etwas Geld zurückbehalten für den Fall, daß die Firma Schiffbruch erleidet? Was die Arbeitszeit betrifft, so „verschwenden" wir alle, obwohl Zeit begrenzt ist, ein wenig davon. Zu wissen, wieviel man verschwenden kann, und wie der Rest Ihrer Zeit aufzuteilen ist, ist sehr nützlich bei der Entwicklung eines kongruenten Verhaltens bei der Arbeit.

Für diese Party beschloß ich, daß die eingeladenen Teile genau erörtern sollten, wie viel Geld und wie viel von meiner Arbeitszeit ich darauf verwenden sollte, mich behaglich zu fühlen, wie viel ich darauf verwenden sollte, etwas in Angriff zu nehmen, und wie viel zum „Verschwenden".

Ich beschloß, einen neuen Teil zu schaffen, der der Konfliktmanager sein sollte. („Wer ist zuständig?" ist eine Frage, die Sie für sich selbst entscheiden müssen. Sie können einen alten Teil Ihres Selbst wählen, dem Sie vertrauen, oder einen neuen schaffen.)

Ich rief die Versammlung in meinem Speisezimmer zur Ruhe, nachdem ich alle Türen geschlossen hatte. Ich stellte mir dann vor, wie jeder Teil in einem eleganten Sitzungssaal der Jahrhundertwende voller gediegener, antiker Möbel saß – ein Sitzungssaal aus einem früheren Zeitalter, als Sie die Erfolgsleiter hinaufkletterten und oben blieben. Ich schaute mich um und dachte: „Meine Teilpersönlichkeiten sind eine seltsam aussehende Truppe. Ich bin froh, daß niemand außer mir hier ist und sie sehen kann. Paß auf, sie diskutieren schon."

Dr. Sicherheit, mit einem dunkelblauen Wollkostüm, einer weißen Bluse und niedrigen Absätzen bekleidet, sprach laut, so als ob sie Angst hätte, nicht genügend Zeit zum Reden zu haben. „Keine Risiken mehr. Riskiere überhaupt kein Geld. Halte dich daran, was funktioniert. Genie ist sicher, solange sie damit fortfährt, das zu machen, was sie immer getan hat. Keine Veränderungen."

Frau Risiko, auffällig durch ihr tief ausgeschnittenes Kleid, unterbrach: „Langweilig, langweilig, langweilig. Du bist langweilig. Deine Ideen sind nicht motivierend. Warum solltest du morgens aufstehen, wenn du dieselbe alte sichere Sache Stunde um Stunde machen wirst? Ich brauche Genies ganzes Geld, und alles, was sie leihen kann, und ich brauche mindestens 80 Prozent ihres Arbeitstages für riskante Unternehmungen. Falls wir untergehen, wird sie schon einen Weg heraus finden."

Der Konfliktmanager bemerkte: „Wir haben zwei entgegengesetzte Standpunkte. Wer möchte noch gehört werden?"

„Ich bin auf der Seite von Dr. Sicherheit", sprang Frau Sparsamkeit ein. „Genie hat kein Extrageld zum Spielen, und wir brauchen 100 Prozent ihrer Zeit, nur um unsere Sicherheit zu erhalten." Frau Sparsamkeit hatte ein Kostüm aus weichem Stoff an, das mindestens zehn Jahre alt und am Gesäß abgetragen war.

„Ich schließe mich Frau Risiko an", verkündete Frau Neue Erfahrungen. „Aber zusammen müssen wir 100 Prozent ihres Geldes und ihrer Zeit haben – nicht nur 80 Prozent. Wir müssen sie motiviert halten." Ihr lila, grün und orangefarbener Sweater war auffällig über ihren gestreiften Strumpfhosen drapiert.

„Das sind 200 Prozent", der Konfliktmanager addierte die Zahlen gedankenvoll. „Laßt uns vernünftig sein. Wir haben nur 100 Prozent zur Verfügung."

Frau Ziellose Kreativität warf ihr akademisches, wallendes Gewand ab, so daß ihr Bikini zum Vorschein kam und sagte: „Du brauchst meine Hilfe, Konfliktmanager. Alles, was du tust, ist, das Offensichtliche zu konstatieren. Du brauchst neue Denkfertigkeiten, neue Ansätze. Ich denke, ich habe eine Verbündete in Frau Überfluß/Zeitverschwendung. Wenn du uns einen Moment Zeit zu einer Konferenz gibst, denke ich, daß wir zu einer Lösung kommen können."

Frau Überfluß/Zeitverschwendung fiel mit erstaunter Stimme ein: „Ich wußte nicht, daß du so über mich denkst, Ziellose Kreativität, aber danke für deine Unterstützung. Ja, ich denke, wir können dies lösen. Bei 7 Teilen hier, die alle 100 Prozent von ihrer Zeit haben wollen, können wir vielleicht geradewegs in kreativer Art und Weise 7 durch 100 Prozent teilen. Oder muß es 100 Prozent durch 7 heißen? Das kann ich mir nie merken." Frau Überfluß/Zeitverschwendung hatte ein weißes Chiffonetwas an, das bei jeder Brise flatterte.

Dr. Sicherheit schlug mit der flachen Hand so auf den Tisch, daß jeder einen Satz machte. „Sie muß erfolgreich sein, und erfolgreich sein heißt Sicherheit. Keine Risiken mehr. Keine Viertelmilliondollar-Videos mehr – egal, wie kreativ sie sich fühlt. Das ist ein teures Medium. Konzentrieren wir uns aufs Geld. Ich bin sicher, Frau Sparsamkeit stimmt mir zu. Sie ist eine vernünftige Person."

Fräulein Geld Unwichtig zuckte mit den Schultern. „Meine Ablehnung könnte nicht größer sein."

Der Konfliktmanager verzog das Gesicht und sagte: „Aber 700 Prozent sind nicht verfügbar. Der einzig vernünftige Vorschlag, den ich bis jetzt gehört habe, kommt von Frau Ziellose Kreativität. Wieviel Zeit brauchst du für deine Konferenz?"

„Fünf Minuten."

„Gut, das machen wir", sagte der Konfliktmanager.

Fünf Minuten später verkündeten Frau Ziellose Kreativität und Frau Überfluß/Zeitverschwendung ihren Plan: „Genie kann 60 Prozent ihres Arbeitstages darauf verwenden, Videos zu verkaufen, und sie kann 100 Prozent ihres Geldes dafür einsetzen – aber es wird nichts geliehen. Dieser Plan wird für Frau Sparsamkeit Geld und für Dr. Sicherheit Sicherheit bringen. Das Verkaufen steckt voller neuer Erfahrungen und ist oftmals riskant, so daß dieser Plan euch beide ebenfalls befriedigen sollte", sagten sie zu

Frau Neue Erfahrungen und Frau Risiko. „Fräulein Geld Unwichtig wird einverstanden sein mit 100 Prozent des Geldes, nicht wahr? Dann können die verbleibenden 40 Prozent der Zeit von meiner Partnerin und mir genutzt werden. Wir werden Genie motiviert halten, frei von Spannung und voller Energie."

Am Schluß stimmten alle dem Vorschlag von Frau Ziellose Kreativität und Frau Überfluß/Zeitverschwendung zu, so offensiv er auch war. Dr. Sicherheit und Frau Sparsamkeit stimmten schließlich zu, als darauf hingewiesen wurde, daß das Verkaufen eine Gelegenheit für neue Einnahmen eröffnete, und daß es kreative Bestrebungen waren, die das Geschäft überhaupt erst in Gang brachten.

Nun ein kurzer Überblick, wie Sie Ihre eigene Parts Party durchführen können:

1. Machen Sie eine Liste der wesentlichen Teile
2. Stellen Sie eine Themenliste auf
3. Berufen Sie eine Versammlung ein
4. Ernennen Sie einen Konfliktmanager
5. Verhandeln Sie und kommen Sie zu einer Übereinkunft

Falls Sie aufgrund all dieser Diskussionen und Übungen entdecken, daß Sie viele Teilpersönlichkeiten haben, die darum ringen, sich zu äußern, freuen Sie sich darüber. Sie haben Tiefe. Sie sind interessant. Sie sind komplex.

Anmerkungen

1 im Original „Dovetailing"; „dovetail" bedeutet „Schwalbenschwanz"; Begriff aus der Holzverarbeitung: Verbindung von zwei Holzteilen durch trapezförmige, ineinandergreifende Teile (Anm. d. Übers.)

2 im Original: to highlight = hell erleuchten, ein Schlaglicht werfen auf (Anm. d. Übers.)

3 „fluff" heißt „Flaum" oder „Flocke"; gemeint sind damit relativ inhaltslose Sätze, die wie Wolkenflaum das Wesentliche umhüllen (Anm. d. Übers.)

4 im Original „shuttle"; das heißt auch „Weberschiffchen" (Anm. d. Übers.)

5 im Original: „to walk around" ist auch ein Begriff beim Militär und bedeutet dort „Weitermachen!" (Anm. d. Übers.)

6 im Original: „Congruence means you do not have to worry about your slip showing – Freudian or silk." (Anm. d. Übers.)

7 im Original: „he's doing fine", im übertragenen Sinn auch: „er macht es gut" (Anm. d. Übers.)

8 „Wechsel der Leuchtschriften" (Anm. d. Übers.)

9 Als Grundlage für die Gedächtnisstütze dient die engl. Bezeichnung „erase fears" (Anm. d. Übers.)

Glossar

Als-ob-Technik – eine Methode zur Erreichung eines Zieles, bei der vorgegeben wird, es sei schon eingetreten.

Auditive Menschen – Menschen, die in erster Linie ihre Ohren zur Wahrnehmung der Welt benutzen und die bei den Informationen, die ihr Verhalten bestimmen, auf gesprochene Worte, Klänge oder Geräusche angewiesen sind.

Augenbewegungsmuster – die Augenbewegungen, die anzeigen, daß eine Person Bilder, Klänge oder Gefühle verwendet, um in der Welt „einen Sinn zu entdecken", und um sich an vergangene Erlebnisse zu erinnern.

Brainstorming – eine Technik, um aus Ihren üblichen Denkmustern auszubrechen und kreativ zu denken.

Change History Technik – eine Reihe von mentalen Schritten, um aus Erinnerungen, die kontinuierlich negative Auswirkungen haben, solche mit einem positiven oder sogar numinosen Einfluß zu machen.

Dissoziierter Zustand – eine Technik, um bestimmte Momente oder Erinnerungen zu erleben, während spezifische sensorische Einzelheiten getilgt werden.

Dovetailing – die Kombination von Zielen, um eine Einheit zu bilden; die Abstimmung (matching) von Zielen, um eine win/win-Lösung durch kreatives Problemlösen zu erreichen.

Energie – 1. Lebenskraft oder Stärke beim Handeln.
2. Vitalität und Intensität des Ausdrucks.
3. die Fähigkeit zu handeln oder zur Vervollständigung.
4. Aktivität.
5. Arbeitsfähigkeit.

Engramm – ein stabilisiertes neurologisches Muster.

Essenz – die intrinsische Natur einer Person; ihr Innerstes; das „wirkliche Selbst", im Gegensatz zu den Rollen, die Sie spielen.

Fertigkeiten der linken Gehirnhälfte – Sprache und logisches, analytisches, sequentielles Denken werden als Fertigkeiten der linken Gehirnhälfte angesehen.

Fertigkeiten der rechten Gehirnhälfte – Erkennen von Gesichtern und Stimmen, räumliche Unterscheidungsfähigkeit, Mustererkennung und holistische, alles-auf-einmal-umfassende Einsichten werden als Fertigkeiten der rechten Gehirnhälfte angesehen.

Fertigkeiten zur Prozeßgestaltung – die Fähigkeit, die eigentliche Bedeutung sowohl verbaler als auch nonverbaler Botschaften in einer Kommunikation zu erkennen und darauf zu reagieren.

Flexibilität – in einer Situation mehr als eine Wahlmöglichkeit zu haben, sich zu verhalten.

Fluff – die unwichtigen Worte, die benutzt werden, um die Bruchstücke der wirklichen Bedürfnisse und Wünsche in der Kommunikation zu verbergen.

Gegensätze – Teilpersönlichkeiten mit gegensätzlichen Eigenschaften (z.B. guter Junge – schlechter Junge).

Generalisierung – der Gehirnprozeß, mit dessen Hilfe wir Schlüsse ziehen oder von besonderen auf universelle Anwendungen kategorisieren.

Gestaltpsychologie – die Disziplin, die sich aus dem Studium der Wahrnehmungen, Bedürfnisse, Glaubenssysteme und dem daraus folgenden Einfluß auf menschliches Verhalten entwickelt hat.

Gewohnheitslernen – eine Form von Stimulus-Response, die einfacher ist als kognitives Lernen, und die stabilisiert wird. Gewohnheitslernen nutzt kürzere Schaltungen und weniger Komponenten als komplexes Lernen.

Identifikation – ein mentaler Prozeß, durch den wir uns selbst eng mit jemand anderem assoziieren, um dessen Eigenschaften zu übernehmen und zu erwerben.

Innerer Zustand – das emotionale Klima, das im Bewußtsein zum jeweiligen Zeitpunkt vorherrscht.

Integrität – ein Zustand der Vollständigkeit, des Ungeteilt- und Unbeeinträchtigtseins als auch der Aufrichtigkeit.

Introjekte – unbewußte Regeln, die das Verhalten kontrollieren.

Introjektion – der Prozeß der Erwerbung von Introjekten.

Kinästhetische Menschen – Menschen, die sich durch ihre Erlebnisse „fühlen". Kinästhetische Menschen sortieren sowohl externe als auch interne Stimuli mit Hilfe ihrer Gefühle, und sie verwenden ihre Gefühle, um ihre Lebensentscheidungen zu treffen.

Kognitives Lernen – eine komplexe Reihe aus neurologischen Reaktionen, die mehrere verschiedene Teile des Gehirns betreffen, und aus Assoziationen zu diesen Reaktionen, die stabilisiert wird.

Konflikte – Mißverständnisse in der Kommunikation, die das Resultat nicht-kreativer Denkmuster sind.

Kongruenz – ein konsolidierter, unbeeinträchtigter Zustand; wenn alle Teile einer Person in Richtung auf sein/ihr Ziel zusammenarbeiten.

Kreatives Problemlösen – ein vierstufiger Prozeß:

1. die Abklärung Ihres erwünschten Zustandes in sinnesspezifischen Begriffen,
2. Brainstorming,
3. die Nutzung von Beurteilungen, um Prioritäten zu setzen, hinsichtlich möglicher Handlungswege,
4. die Ausführung mit Feedback an Kontrollpunkten.

Landkarte der Realität – die Repräsentation des Universums jeder Person, basierend auf seinen /ihren individuellen Wahrnehmungen und Erlebnissen.

Linguistik – das Studium der Natur und Struktur der menschlichen Sprache.

Marqueeing – Aufbau einer geplanten Reaktion für einen spezifischen Stimulus oder Schlüsselhinweis. Im Neurolinguistischen Programmieren wird dies Ankern genannt.

Metapher – ein einfacher oder komplexer Vergleich verschiedener Objekte oder Situationen mit intrinsischen Elementen, die analog zu einem gegenwärtigen Zustand und auch zu einem gewünschten Ziel sind.

Mischung (scramble) – eine Technik, um negative und positive Erlebnisse zu mischen, bis das positive Erlebnis als Auslöser für den aktuellen inneren Zustand die Oberhand gewinnt.

Modale Operatoren – ein linguistischer Begriff für Regeln (Gebote, Erlaubnisse, etc.).

Muster – eine neurologische Reaktion, die das Potential zur Habituation hat oder schon stabilisiert ist.

Musterunterbrechung – das Aufbrechen eines neurologischen Musters vor der Vollendung.

Negative Kommunikation – jede Kommunikation, die eine von beiden Parteien in einem Zustand zurückläßt, der nicht ressourcevoll ist (z.B. sich deprimiert, unzulänglich, schuldbewußt, leer fühlend).

Neurolinguistik – das Studium von Sprache, Neurologie und menschlichem Verhalten und den entsprechenden Interaktionen.

Neurolinguistisches Programmieren – eine Disziplin, die auf dem Gedanken basiert, daß die Neurologie, die Sprache und das Verhalten zueinander in Beziehung stehen und durch bestimmte Interventionen verändert werden können; eine Disziplin, die auf Studien von Meistern verschiedener Gebiete basiert.

Ökologie – die Beziehung zwischen Organismen und ihrer Umgebung.

Paralinguistik – die Disziplin, die sich mit allen Aspekten der Kommunikation beschäftigt: dem Kontext oder des Settings der Interaktion, der nonverbalen Kommunikation, usw.

PEGASUS – ein Akronym für ein bestimmtes Konferenzgestaltungsschema, das die Besprechungszeiten verkürzen und hochwertige Ergebnisse liefern wird.

Persönlichkeit – die dynamische Psyche, die das Individuum konstituiert und beseelt und sein/ihr Erleben des Lebens einzigartig macht.

Positive Kommunikation – jede Interaktion, die alle Teilnehmer voller Energie zurückläßt, sich ressourcevoll fühlend, geschätzt und bestätigt für ihre Beiträge.

Rapport – ein Prozeß des Aufbaus und der Aufrechterhaltung einer Beziehung gegenseitigen Vertrauens und Verständnisses zwischen zwei oder mehr Parteien; im Geschäftsleben beinhaltet Rapport Vertrauen in die Kompetenz des anderen für die vorliegende Aufgabe.

Reframing – eine Technik, um die eigene Perspektive zu verändern, so daß neue Möglichkeiten wahrgenommen werden.

Ressource-Zustand – das Sinneserlebnis, das mit einem Zeitpunkt verbunden ist, als die Person sich selbstsicher, voller Energie und kompetent fühlte.

Schlüsselhinweis – ein Stimulus, der absichtlich mit einer bestimmten Reaktion oder mit bestimmten Reaktionen verbunden wurde.

Schlüsselworte und -sätze – die wichtigen verbalen Komponenten des Kommunikationsprozesses.

Sensorische Einzelheiten – die Bilder, Gefühle, Klänge, Gerüche und Geschmacksempfindungen, die unsere Realität und unsere Erinnerungen erschaffen.

Sensorische Schärfe – die Fähigkeit, mehr zu hören und mehr zu sehen als die Durchschnittsperson.

Sinnesspezifisch – mit Bezug auf das, was eine Person sieht, hört, fühlt, schmeckt und riecht.

Stimulus-Response – eine Verbindung zwischen einem Erlebnis und einer nachfolgenden Reaktion; der natürliche Lernprozeß, den Ivan Pavlov nachwies, als er das Klingeln einer Glocke mit der Speichelsekretion bei Hunden verband.

Stimulus-Response-Lernen – Stabilisierung einer neurologischen Reaktion oder von neurologischen Reaktionen, so daß der geeignete Input in die Schaltung dieselbe Reaktion wieder hervorrufen wird. Manchmal genutzt, um auch Assoziationen in die Reaktionen mit einzubeziehen.

Stimulus-Response-Muster (Stimulus-Response plus Assoziationen) – Stabilisierung einer neurologischen Reaktion oder von neurologischen Reaktionen, plus Assoziationen, so daß der geeignete Input in die Schaltung dieselbe Reaktion wieder hervorrufen wird.

Strategie – ein Denkprozeß mit einer Intention; oft enthält er eine Entscheidungskomponente, die einen Vergleich darstellt, um eine Wahl treffen zu können.

Switching Marquees – eine Technik, um negative Reaktionen auf einem neurologischen Niveau in positive Reaktionen zu verwandeln.

Synergy – die Tätigkeit von zwei oder mehr Organismen, die gemeinsam handeln, um eine Wirkung zu erreichen, zu der jedes Individuum einzeln nicht fähig ist.

Syntonics – die Disziplin effektiver Geschäftskommunikation, basierend auf den Prinzipien und Fertigkeiten von Neurolinguistik, Gestaltpsychologie und Systemtheorie.

Teile – siehe Teilpersönlichkeit.

Teilpersönlichkeit – ein gut entwickeltes Muster von Reaktionen um eine oder mehrere Verhaltensweisen gebündelt, die in ihrer Erscheinung konsistent sind, wenn sie von bestimmten Stimuli aktiviert werden.

Unterlegenheit – der mentale Zustand, in dem Sie so handeln, als ob Sie weniger intelligent, weniger talentiert, oder weniger erfolgreich sind als Ihr Kommunikationspartner.

Überlegenheit – der mentale Zustand, in dem Sie so handeln, als ob Sie besser, klüger oder erfolgreicher sind als Ihr Kommunikationspartner.

V.A.K.O.G. – Akronym für visuell, auditiv, kinästhetisch, olfaktorisch und gustatorisch; die sensorischen Einzelheiten, die wir verwenden, um unsere Erlebnisse als Erinnerungen zu speichern.

Visuelle Menschen – Menschen, die vorwiegend ihre Augen zur Wahrnehmung der Welt benutzen, und die ihren Bildern als Basis für Entscheidungen vertrauen.

Wahrnehmungen – von einem oder mehreren Sinnessystemen gesammelte Informationen, die vom Gehirn verarbeitet werden.

Ziel – ein spezifisches, positives, sinnesspezifisches, erwünschtes Resultat.

Bibliographie

Anatomie, Physiologie und Neurologie

Calvin, William H. & George A. Ojemann. *Inside the Brain*. New York: New American Library, 1980.

Eccles, J. C. *Facing Reality*. New York: Springer Verlag, 1970.

Eccles, J. C. & Daniel N. Robinson. *The Wonder of Being Human: Our Brain and Our Mind*. Boston: New Science Library, 1985.

Diagram Group. *The Brain, A User's Manual*. New York: G.P. Putnam's Sons, 1982.

Hecaen, Henry & Martin L. Albert. *Human Neuropsychology*. Melbourne, Florida: Robert E. Krieger, 1986.

Heilman, Kenneth M. & Edward Valenstein, eds. *Clinical Neuropsychology*. New York: Oxford University Press, 1985.

Lashley, K. S. *Neuropsychology of Lashley*. New York: McGraw-Hill, 1960.

Mesulam, M. M., *Principles of Behavioral Neurology*. Philadelphia: Davis, 1985.

Mitchell, G.A.G. *The Essentials of Neuroanatomy*. Edinburgh: Churchill Livingstone, 1971.

Ornstein, Robert & Richard F. Thompson. *The Amazing Brain*. Boston: Houghton Mifflin, 1984; dt.: *Unser Gehirn: das lebendige Labyrinth*. Reinbek: Rowohlt, 1986.

Sherrington, D.S. *Man on His Nature*, London: Cambridge University Press, 1940.

Brain Skills

Adams, James L. *Conceptual Blockbusting: A Guide to Better Ideas*. New York: W.W. Norton, 1974.

de Bono, Edward. *de Bono's Thinking Course*. New York: Facts on File Publications, 1982.

—, *The Happiness Purpose*. Middlesex, England: Penguin Books, 1979.

—, *Lateral Thinking: Creativity Step by Step*. New York: Harper and Row, 1970.

—, *New Think*. New York: Avon Books, 1967.

—, *Opportunities*. Middlesex, England: Penguin Books, 1980.

—, *PO: Beyond Yes and No*. Middlesex, England: Penguin Books, 1973.

McKim, Robert. *Experiences in Visual Thinking*. Monterey, Calif.: Brooks/Cole, 1972.

Smith, Adam. *Powers of Mind*. New York: Ballantine Books, 1975.

Business

Blanchard, Kenneth & Spencer Johnson. *The One-Minute Manager*. New York: William Morrow, 1982; dt.: *Der Minuten-Manager*. Reinbek: Rowohlt, 1983.

Brandt, Steven C. *Entrepreneuring*. Reading, Mass.: Addison-Wesley, 1982.

Cooper, Ken. *Body Business*. New York: Amacom, 1979.

Crosby, Philip B. *The Art of Getting Your Own Sweet Way*. New York: McGraw-Hill, 1982.

Deal, Terrence E. & Alan Kennedy. *Corporate Cultures*. Reading, Mass.: Addison-Wesley, 1982.

de Bono, Edward. *Six Thinking Hats: An Essential Approach to Business Management*. Boston: Little, Brown, 1985.

—, *Tactics: The Art and Science of Success*. Boston: Little Brown, 1984; dt.: *Taktiken und Strategien erfolgreicher Menschen:* München: mvg.

Drucker, Peter F. *The Changing World of the Executive*. New York: Truman Talley Books, 1982.

—, *Concept of the Corporation*. 2nd ed. New York: Mentor Books, 1983.

—, *The Effective Executive*. London: Heinemann, 1967.

—, *Management Tasks, Responsibilities, Practices*. New York: Harper and Row, 1973.

—, *People and Performance: The Best of Peter Drucker on Management*. New York: Harper and Row, 1977.

Dyer, William G. *Team Building: Issues and Alternatives*. Reading, Mass.: Addison-Wesley, 1977.

Greiner, Larry & Robert O. Metzger. *Consulting to Management*. Englewood Cliffs, N.J.: Prentice-Hall, 1983.

Huseman, R., M. Lahiff & J.D. Hatfield. *Business Communication: Strategies and Skills.* Hinsdale, Illinois: Dryden Press, 1981.

Katz, D. & R. Kahn. *The Social Psychology of Organizations,* 2nd ed. New York: Wiley, 1978.

Laborde, Genie Z. *Influencing with Integrity: Management Skills for Communication and Negotiation.* Palo Alto, Calif.: Syntony, 1984.

—, „Productive Policies – Business Procedures Which Reflect the Bank's Personality in the Marketplace." *The Southern Banker,* May 1984.

Levinson, Harry. *Executive.* Cambridge, Mass.: Harvard University Press, 1968.

—, „Gut Feelings Are Still the Basis for Executive Decisions." *Levinson Letter.* July 15, 1977.

Mager, Robert F. & Peter Pipe. *Analyzing Performance Problems.* Belmont, Calif.: Pitman Learning, 1970.

McCarthy, John J. *Why Managers Fail ... and What to Do About It.* 2nd ed. New York: McGraw-Hill, 1978.

Munter, Mary. *Guide to Managerial Communication.* Englewood Cliffs, N.J.: Prentice-Hall, 1982.

Naisbitt, John & Patricia Aburdene. *Reinventing the Corporation: Transforming Your Job and Your Company for the Information Society.* New York: Warner Books, 1985.

Peters, Thomas, J.& Robert H. Watermann, Jr. *In Search of Excellence: Lessons from America's Best Run Companies.* New York: Harper and Row, 1982.

Williams, Frederick. *Executive Communication Power: Basic Skills for Managemant Success.* Englewood Cliffs, N.J.: Prentice-Hall, 1983.

Pädagogik

Averch, Harvey, et al. *How Effective Is Schooling? A Critical Review and Synthesis of Research Findings.* Final Report to the President's Commission on School Finance. Santa Monica, Calif.: Rand Corporation, 1971.

Bandura, Albert & Robert Jerry. „Role of Symbolic Coding and Rehearsal Processes in Observational Learning." *Journal of Personality and Social Psychology,* vol. 26, no. 1, 1973.

Brown, George, I. *Human Teaching for Human Learning: An Introduction to Confluent Education.* New York: Viking, 1971.

—, ed. *The Live Classroom: Innovation Through Confluent Education and Gestalt.* New York: Viking, 1975.

Brown, George I. & Mark Phillips & Stewart Shapiro. *Getting It All Together: Confluent Education.* Bloomington, Indiana: Phi Beta Kappa Educational Foundation, 1976.

Linguistik

Birdwhistell, Ray L. *Kinesics and Context: Essays on Body Motion Communication.* Philadelphia: University of Pennsylvania Press, 1970.

Hall, Edward T. *The Silent Language.* Garden City, N.Y.: Doubleday, 1973.

Verschiedenes

Bach, Richard. *Illusions.* New York: Dell, 1977.

Castaneda, Carlos. *Tales of Power.* New York: Simon and Schuster, 1974.

Grinder, John T. & S.H. Elgin. *A Guide to Transformational Grammar: History, Theory, Practice.* New York: Holt, Rinehart & Winston, 1973.

Heinlein, Robert A. *Stranger in a Strange Land.* New York: Berkeley Publishing, 1968.

Laborde, Genie Z. & Hazel Beatrous. *Tranquilizers for His Cup.* New York: Doubleday, 1961.

Machlin, Evangeline. *Speech for the Stage.* New York: Theatre Arts Books, 1980.

Verhandlungsgeschick

Calero, Henry & Bob Oskam. *Negotiate the Deal You Want.* New York: Dodd, Mead, 1983.

Fisher, Roger & William Ury. *Getting to Yes.* Boston: Houghton Mifflin, 1981.

Huthwaite Research Group Limited. *The Behavior of Successful Negotiators.* London: 1976/78.

Nierenberg, Gerard I. *Fundamentals of Negotiating.* New York: Hawthorn Books, 1973.

Raiffa, Howard. *The Art and Science of Negotiation.* Cambridge, Mass.: Harvard University Press, 1982.

Neurolinguistisches Programmieren (NLP)

Bailey, Rodger, „Neurolinguistics: Information Processing in the Human Biocomputer" *J. C. Penney Forum,* November 1982.

Bandler, Richard & John Grinder. *Frogs into Princes.* Moab, Utah: Real People Press, 1979; dt.: *Neue Wege der Kurzeit-Therapie.* Paderborn: Junfermann ^{9}1991.

—, *Patterns of the Hypnotic Techniques of Milton H. Erickson, M.D.,* vol. 1. Cupertino, Calif.: Meta Publications, 1976 (dt. Ausgabe in Vorbereitung – Junfermann 1992).

—, *Reframing.* Utah: Real People Press, 1982, dt.: *Reframing.* Paderborn: Junfermann ^{4}1990.

—, *The Structure of Magic*, vols. 1 and 2. Palo Alto, Calif.: Science and Behavior Books, 1975, 1976; dt.: *Metasprache und Psychotherapie* (Bd. 1), *Kommunikation und Veränderung* (Bd. 2). Paderborn: Junfermann [6]1990 (Bd. 1), [6]1991 (Bd. 2).

Bandler, Richard, John Grinder & Virginia Satir. *Changing with Families*. Palo Alto, Calif.: Science and Behavior Books, 1976; dt.: *Mit Familien reden*. München: Pfeiffer, 1978.

Cameron-Bandler, Leslie. *Solution* (formerly, *They Lives Happily Ever After*). San Rafael, Calif.: FuturePace, 1985; dt.: *Wieder Zusammenfinden*. Paderborn: Junfermann, [5]*1991*.

DeLozier, Judith & John Grinder. Turtles All the Way Down. Santa Cruz, Calif.: Grinder, DeLozier and Associates, 1987.

Dilts, Robert. „Let NLP Work for You." *Real Estate Today*, February 1982.

Dilts, Robert, Leslie Cameron-Bandler, Richard Bandler, John Grinder & Judith DeLozier. *Neuro-Linguistic Programming*, vol. 1. Cupertino, Calif.: Meta Publications, 1980; dt.: *Strukturen subjektiver Erfahrung*. Paderborn: Junfermann [4]1991.

Douglis, Carole. „The Beat Goes on." *Psychology Today*, November 1987.

Farrelly, Frank & Jeff Brandsma. *Provocative Therapy*. Cupertino, Calif.: Meta Publications, 1978; dt.: *Provokative Therapie*. Heidelberg: Springer, 1986.

Goleman, Daniel. „People Who Read People." *Psychology Today*. July 1979.

Gordon, David. *Therapeutic Metaphors*. Cupertino, Calif.: Meta Publications, 1978; dt.: *Therapeutische Metaphern*. Paderborn: Junfermann, [3]1990.

Gordon, David & Maribeth Meyers-Anderson. *Phoenix: Therapeutic Techniques of Milton H. Erickson, M.D.* Cupertino, Calif.: Meta Publications, 1981; dt.: *Phoenix*. Hamburg: Isko Press.

Grinder, John & Richard Bandler. *The Structure of Magic*, vol. 2. Palo Alto, Calif.: Science and Behavior Books, 1976: dt.: *Kommunikation und Veränderung*. Junfermann: Paderborn, [6]1991.

—, *Trance-Formations*. Moab, Utah: Real People Press, 1981; dt.: *Therapie in Trance*. Stuttgart: Klett-Cotta, 1984.

Laborde, Genie Z. „Don't Eat the Menu." *New Realities*, vol. IV, no. 4. December 1981.

—, „Neuro-linguistic Programming." *New Realities*, vol. IV, no. 1. April 1981.

—, „Neurolinguistics: Reading Between the Lines." *Real Estate Business*, Spring 1985.

Laborde, Genie Z. & Bruce Dillman. „The Structure of Charisma: Playing with Power and Matches." *New Realities*, vol. IV, no. 4. December 1981.

Lankton, Steve. *Practical Magic*. Cupertino, Calif.: Meta Publications, 1979.

Maron, Davida. „Neurolinguistic Programming: The Answer to Change?" *Training and Development Journal*, October 1979.

McCaskey, Michael B. „The Hidden Messages Managers Send." *Harvard Business Review*, November/December 1979.

Moine, Donald J. „A Psycholinguistic Study of the Patterns of Persuasion Used by Successful Salespeople." Dissertation, University of Oregon, 1981. Ann Arbor, Mich.: University Microfilms International, 1982.

Zientara, Marguerite. „IBMer Tells How to Handle a Primadonna." *Computerworld*, November 15, 1982.

Philosophie

Buber, Martin. *The Way of Man*. Secaucus, N.J.: Citadel, 1973.

Brugh, Joy. *Joy's Way*. Los Angeles: J.P. Tarcher, 1979.

Field, Reshad. *Steps to Freedom*. Putney, Vermont: Threshold Books, 1983.

Fromm, Erich. *The Art of Loving*. New York: Harper and Row, 1956; dt.: *Die Kunst des Liebens*. Stuttgart: DVA.

Fuller, Buckminster. *I Seem to Be a Verb*. New York: Bantam, 1970.

Hoff, Benjamin. *The Tao of Pooh*. Middlesex, England: Penguin Books, 1983.

Mishkin, Mortimer & Tim Appenzeller. „The Anatomy of Memory." *Scientific American*. June 1987.

Moss, Richard. *The Black Butterfly: Western Approaches to Personal Growth*. Boston: New Science Library, 1981.

Wilber, Ken. *Up from Eden: A Transpersonal View of Human Evolution*. Garden City, N.Y.: Anchor Press/ Doubleday, 1981; dt.: *Halbzeit der Evolution*. Bern: Scherz, 1987.

Wing, R.L. trans. *The Tao of Power: Lao Tzu's Classic Guide to Leadership, Influence, and Excellence*. Garden City, N.Y.: Doubleday, 1986.

Psychologie

Assagioli, Roberto. *Psychosynthesis*. New York: Viking, 1971; dt.: *Handbuch der Psychosynthese*. Freiburg: Aurum, 1978.

Auerswald, Edgar. „Thinking About Thinking About Mental Health." In *American Handbook of Psychiatry*. vol. 2, 2nd ed. Gerald Caplans, ed. New York: Basic Books, 1974.

Barron, Frank. *The Shaping of Personality: Conflict, Choice and Growth*. New York: Harper and Row, 1979.

Baumgardner, Patricia. *Legacy from Fritz*. Palo Alto, Calif.: Science and Behavior Books, 1975.

Bentov, Itzhak. *Stalking the Wild Pendulum: On the Mechanics of Consciousness*. New York: Bantam Books, 1977.

Berelson, Bernard & Gary Steiner. *Human Behavior: An Inventory of Scientific Findings*. New York: Harcourt Brace and World, 1964.

Bialer, I. „Conceptualization of Success and Failure in Mentally Retarded and Normal Children." *Journal of Personality*. vol. 29, 1961.

Brown, Judith R. *Back to the Beanstalk*. La Jolla, Calif.: Psychology and Consulting Associates Press, 1979.

Crandall, V.C., W. Katkovsky & V.J. Crandall. „Children's Belief in Their Control of Reinforcement in Intellectual-Academic Achievement Situations." *Child Development*, vol. 36, 1965.

Dement, William. *Some Must Watch While Some Must Sleep*. San Francisco: W.H. Freeman, 1972.

Downing, Jack. *Gestalt Awareness: Papers from the San Francisco Gestalt Institute*. New York: Harper and Row, 1976.

Downing, Jack & Robert Marmorstein, eds. *Dreams and Nightmares*. New York: Harper and Row, 1973.

Enright, John. *Enlightening Gestalt: Waking Up from the Nightmare*. Mill Valley, Calif.: Pro Telos, 1980.

Fagan, Joen & Irma Shepherd, eds. *Gestalt Therapy Now*. New York: Harper Colophon Books, 1970.

Freud, Sigmund. *Jenseits des Lustprinzips*, GW Bd 13. Frankfurt: S. Fischer.

—, *Das Unbehagen in der Kultur*, GW Bd. 14. Frankfurt: S. Fischer.

—, *Das Ich und das Es*, GW Bd. 13. Frankfurt: S. Fischer.

—, *Die Zukunft einer Illusion*. Frankfurt: Fischer-Tb. 6054.

—, *Der Mann Moses und die monotheistische Religion*. Frankfurt: Fischer-Tb. 6300.

—, *Neue Folge der Vorlesungen zur Einführung in die Psychoanalyse*. GW Bd. 15. Frankfurt: S. Fischer.

—, *Die Traumdeutung*, GW Bd. 2/3. Frankfurt: S. Fischer.

—, *Abriß der Psychoanalyse*. Frankfurt: Fischer-Tb. 6043.

—, *Totem und Tabu*, GW Bd. 9. Frankfurt: S. Fischer.

Gaines, Jack. *Fritz Perls Here and Now*. Millbrae, Calif.: Celestial Arts, 1979.

Hampden-Turner, Charles. *Maps of the Mind*. New York: Macmillan, 1981.

Huxley, Laura Archera. *You Are Not the Target*. North Hollywood, Calif.: Wilshire Book, 1972.

Janov, Arthur. *The Primal Scream*. New York: Dell, 1971; dt.: *Der Urschrei*. Frankfurt: Fischer-Tb. 6286.

Jones, Ernest. *Papers on Psycho-Analysis*. London: Bailliere, Tindall and Cox, 1950.

Jung, C.G. *Der Mensch und seine Symbole*. Olten: Walter, 1968.

—, *Seelenprobleme der Gegenwart*. Zürich: Rascher, 1931.

—, *The Portable Jung*. New York: Penguin, 1976.

—, *Vom Werden der Persönlichkeit*. GW 17. Olten: Walter, 1972.

Klein, Melanie, P. Hermann & R.E. Money-Kyrle. eds. *New Horizons in Psycho-Analysis*. New York: Basic Books, 1955.

Laborde, Genie Z. „Comparing Certain Theories and Therapies of Freud and Perls." *Gestalt Journal*, Spring 1979.

—, „ An Exploration into the Practicability of Using Confluent Approaches in Increasing Awareness of Introjects." Doctoral dissertation, University of California at Santa Barbara, 1976.

Laborde, Genie Z. & George I. Brown. Die Bedeutung des Introjektionskonzepts für die integrative Erziehung. *Integrative Therapie* 1 (1981) 3-13, Paderborn: Junfermann.

Laing, R.D. *The Divided Self*. New York: Pantheon Books, 1969: dt.: *Das geteilte Selbst*. München: dtv.

—, *The Politics of Experience*. New York: Balantine Books, 1968; dt.: *Phänomenologie der Erfahrung*. Frankfurt: edition Suhrkamp 314.

—, *Self and Others*. New York: Penguin Books, 1972; dt.: *Das Selbst und die Anderen*. Reinbek: Rowohlt-Tb. 7105.

Laing, R.D. & A. Esterson. *Sanity, Madness and the Familiy*. New York: Penguin Books, 1970.

Lawrence, D.H. *Psychoanalysis and the Unconscious: Fantasia of the Unconscious*. New York: Viking, 1921.

Lichtenstein, E. & W. Craine. „The Importance of Subjective Evaluation of Reinforcement in Verbal Conditioning." *Journal of Experimental Research in Personality*. vol. 3, 1969.

Lilly, John C. *Programming and Metaprogramming in the Human Biocomputer*. New York: Bantam, 1972.

Maslow, Abraham. *Toward a Psychology of Being*. New York: Van Nostrand Reinhold, 1968: dt.: *Psychologie des Seins*. München: Kindler, 1973.

McClain, E.W. & H.B. Andrews. „Self-Actualization Among Extremely Superior Students." *Journal of College Student Personnel*, 1972.

Meissner, W.W. „Notes on Identification Ill: The Concept of Identification." *Psycho-Analytic Quarterly*. vol. 41, 1972.

Menninger, Karl. *The Human Mind*. New York: Knopf, 1937.

—, *A Psychiatrist's World*. New York: Knopf, 1937.

Moustakas, Clark E. *Loneliness and Love*. Englewood Cliffs, N.J.: Prentice-Hall, 1972.

Ornstein, Robert E., ed. *The Nature of Human Consciousness*. New York: Viking, 1974.

Perls, Frederick. *Ego, Hunger, and Aggression*. New York: Vintage Books, 1967: dt.: *Das Ich, der Hunger und die Aggression*. Stuttgart: Klett-Cotta.

—, *The Gestalt Approach and Eye-Witness to Therapy*. Palo Alto, Calif.: Science and Behavior Books, 1973; dt.: *Grundlagen der Gestalttherapie*. München: Pfeiffer, 1976.

—, *Gestalt Therapy Verbatim*. Toronto: Bantam, 1971; dt.: *Gestalttherapie in Aktion*. Stuttgart: Klett, 1974.

—, *In and Out of the Garbage Pail*. Toronto: Bantam, 1972.

Piaget, Jean. *The Psychology of Intelligence*. London: Routledge and Kegan Paul, 1950.

Polster, Erving & Miriam Polster. *Gestalt Therapy Integrated*. New York: Vintage Books, 1973; dt.: *Gestalttherapie*. München: Kindler, 1975.

Shepard, Martin. *Fritz: An Intimate Portrait of Fritz Perls and Gestalt Therapy*. New York: E.P. Dutton, 1975.

Stafford-Clark, David. *What Freud Really Said*. New York: Schokken Books, 1971.

Stoller, Frederick H. *Encounter*. San Francisco: Jossey-Bass, 1970.

Wilber, Ken. *The Spectrum of Consciousness*. Wheaton, Illinois: Theosophical Publishing, 1977: dt.: *Das Spektrum des Bewußtseins*. München: Scherz, 1987.

Wolman, Benjamin, ed. *The Handbook of Clinical Psychology*. New York: McGraw-Hill, 1965.

Soziologie

Berger, Peter & Thomas Luckmann. *The Social Construction of Reality*. New York: Grove Press, 1966; dt.: *Die gesellschaftliche Konstruktion der Wirklichkeit*. Frankfurt: Fischer, 1970.

Campbell, Joseph. *The Hero with a Thousand Faces*. Princeton, N.J.: Princeton University Press, 1972.

Gottesfield, H. & G. Dozier. „Changes in Feelings of Powerlessness in a Community Action Program." *Psychological Reports*, vol. 24, no. 1, 1963.

Hampden-Turner, Charles. *Radical Man: The Process of Psycho-Social Development*. Garden City, N.Y.: Anchor Books, 1971.

Kuhn, Thomas, S. *The Structure of Scientific Revolution*. Chicago: University of Chicago Press, 1962; dt.: *Die Struktur wisssenschaftlicher Revolutionen*. Frankfurt: Suhrkamp.

Leonard, George. *The Transformation*. New York: Delacorte, 1972.

McLuhan, Marshall & Quentin Fiore. *The Medium Is the Massage*. New York: Random House, 1967.

Pearce, Joseph Chilton. *Exploring the Crack in the Cosmic Egg*. New York: Julian Press, 1974.

Thompson, William I. *At the Edge of History*. New York: Harper and Row, 1972.

Systemtheorie

Bertalanffy, Ludwig Von. *Robots, Men, and Minds: Psychology in the Modern World*. New York: George Braziller, 1967.

Maltz, Maxwell. *Psycho-Cybernetics*. New York: Pocket Books, 1969.

Satir, Virginia. *Peoplemaking*. Palo Alto, Calif.: Science and Behavior Books, 1972; siehe: *Kommunikation – Selbstwert – Kongruenz*. Paderborn: Junfermann, [2]1991.

Training und Entwicklung

Broadwell, Martin M. & P. Carol Broadwell. „Reaching for Rapport." *Training,* September 1987.

Feuer, Dale. „Training Budgets." *Training,* October 1986.

Gordon, Jack. „Where the Training Goes." *Training,* October 1986.

—, „The Woo Woo Factor." *Training,* May 1985.

Kinlaw, Dennis C. & Donna R. Christensen. „Management Education: The Wheat and the Chaff." *Training,* December 1986.

Kimmerling, George F. „Workers at Risk, Train Effectively." *Training and Development Journal,* April 1985.

Ludwig, John & Diane Menendez. „Effective Communication Through Neurolinguistics." *Training and Development Journal,* March 1985.

O'Brien, Roger, T. „Using Jung More (And Etching Him in Stone Less)." *Training,* May 1985.

Sachwortregister

A
Als-ob-Strategie 52
Angst 22
angemessene 232, 234f
auslöschen 227-232
ausschalten 239
bei mentalen Spielen 226
übermitteln 22
unterschwellig 22
Verlernen von 223-239
Ängste auslöschen 227-232
Gedächtnisstütze für 227
Anker 207
Anspannung, Zustand der 24f
Atem
flache Atmung beim Auslöschen von Angst 233
Matching des 8, 33f
Auditive Menschen 6, 9, 191f
spezielle Schlüsselhinweise für 215f
Auflösen von Konflikten 15

Augenbewegungen 9

B
Babies, Kongruenz 97
Bevorzugtes Sinnessystem 6f, 9
Bewußtsein 109, 113, 191f
über Introjekte 107
Blitzfertigkeiten 19-37
einzelne 23-32
Brainstorming 4
Bulimie 235

C
Change History 217-221
Charakter 16
Chemische Boten 157
Columbus-Metapher 86f

D
Dilemma 108f
Direkter Vergleich 83
Dissoziation 168, 223, 234
beim Auslöschen von Ängsten 226, 234, 238f
Dissoziierter Zustand 168

E
Eifersucht 235
Gegenmittel gegen 187
Eltern, Introjekte von 104f
Energieniveau 26-28
Engramme 133f, 156-161, 167
Entschuldigen 66, 71-75
Gegenmittel 74
Entspannende Geräusche 24f
Entspannungs-Zustand 24f
Erfolg, Inkongruenz und 104
Erlebnisse, erfolgreiche 205
Mangel an 192-194
und Change History 217, 219
Erlebnisse, negative 29-32
Es 128
Esalen Institute 249
Exzellenz
als Gewohnheit 189-194
Kreis der 169, 174f, 177-199
Zustand der 195

F

Fertigkeiten
  Aufzählung 5-16
  für erfolgreiche Interaktionen 79
  Kommunikation als eine erlernte 1-7
  siehe auch Blitzfertigkeiten
Film, beim Auslöschen von Angst 226-231
Flexibilität 16, 43
Fliegen, Angst vor dem 224
Fluff 30
Fragen 246f
  zur Klärung 10-13
  zur Zielkombination 47-53
Freudsche Fehlleistungen 111
Future Pace, beim Auslöschen von Ängsten 227, 231

G

Gedächtnis
  angenehme Erinnerungen 217, 221
  Kurzzeit- 135f
  Langzeit- 135, 137-139
  schmerzliche Erinnerungen 217-220
Gefühle, als Information 192
Gegenmittel gegen negative
  Kommunikationsmuster 63, 66f, 69, 72, 74f
Gehirn
  eine Wahl bieten 212
  Hemisphären 99-101
  siehe auch linke Gehirnhälfte,
  rechte Gehirnhälfte
  als Leuchtanzeige 164f
  siehe auch Leuchtanzeige
  Erkenntnisse über das 133-157
  Struktur und Zusammenhänge 138, 143, 145-151
Generalisierungen 12f, 183
Geschäftsabschluß 54
Gestaltpsychologie 100
Gewohnheit, und Exzellenz 189-194
Glaubwürdigkeit, Kongruenz und 112

H

Heiterkeit, Kongruenz und 113-115
Höhenangst 225
Hormonales Puzzle 148
Hormonsystem 148

I

Identifikation, Teilpersönlichkeit und 104-108
  Influencing with Integrity 13, 195, 249

Information, Optionen und 11f
Inkongruenz 96, 99-101
Erfolg und 104
Innere Tonbänder kontrollieren 22, 23-25
negative 22, 23-25
Vorstellung von 22-28
Innere Zustände 19-25, 78, 190
Integrität, Kongruenz und 110
Interaktionen, Energieniveau und 26-28
Introjekte 104-108
Bewußtwerden von 107
Kongruenz und 106
von Eltern 104f
Introjektion, Teilpersönlichkeiten und 104-108
Intuition 100, 109
Irrelevanz 47, 51

K

Kinästhetische Menschen 6
Erkennen von 9
Klagen 64-67, 72
Gegenmittel gegen 67, 74
Tadeln und 64
Kognitive Psychologie 144
Kognitives Gedächtnislernen 135, 140f, 164
Kommunikation
Gestalt der 5
kongruente 68f, 95-115
siehe auch Kongruenz
Mischen der 28-35
negative 57-59
nonverbale 5, 10
positive 57, 70
Prozesse in der 199
Sabotage der 99f
Schritte zur 2
Schritte zur erfolgreichen 79
unterschwellige 22
Kommunikationsmuster, negative 57-79
Kompetenz 8
Komplexe Metapher 85-87
Konditionieren 152-155
Konferenzen
kurze 13f
Relevanz von 14
Vorgehensweise in 13-15
Ziele der 13f
Zusammenfassung 14

Konfliktauflösung
durch Zielkombination 40-42
Party zur 249-253
Konflikte
Behaglichkeit/Herausforderung 250
des Bewußtseins 113
Teilpersönlichkeiten und 104, 108
Überwindung der 15, 40-42, 249-253
Kongruente Kommunikation 68f, 95-115
Kongruenz 16f, 93, 95-115
Auswirkung auf Kommunikation 110
Energie und 113-115
Frieden im Geist und 110
Glaubwürdigkeit und 112
Heiterkeit und 113-115
Integrität und 110
Introjekte und 106
Management und 112
persönliche Macht und 115
Ziele und 109f
Körperhaltung, Veränderung der 36
Körperhaltungs-Spiegeln 32f
Krankheit, Absicht hinter der 128-130
Kreative Teile beim Auslöschen von Ängsten 226-231
Kreis
Blumenkreis 176-181
der Exzellenz 169, 174f, 177ff
in Aktion 172-176
Vorstellung, als ein Schlüsselhinweis 169f
Kritischer Moment 36f
Kurz-Konferenzen 13f

L
Landkarten der Realität 83f, 188, 196f
Lernen
einfaches 135-143
Erkenntnisse über das 133-161
Forschung über das 133-161
Gewohnheitslernen 139
kognitives Gedächtnis 140, 142f
komplexes 135-143
Stimulus-Response 135
Verlernen (von Furcht) 223-239
Leuchtanzeige
Gehirn als 164f, 206, 212
Methoden des Wechselns 214-216
wechseln 201, 203-222
Linke Gehirnhälfte 5, 99
Lustprinzip, nach Freud 22, 186, 212

M

Macht, persönliche, und Kongruenz 115
Manipulatives Denken 8
Manipulatives Verhalten 37
  Muster-Unterbrechung 76f
MEINDEINUNSER-Standpunkt 45-47
Mentale Spiele, Beklemmung bei 226
Metaphern
  als Gedächtnishilfe 90
  einfache 82f
  Kommunizieren mit 79, 81-93
  komplexe 85-87
  Reaktion auf 93
  Standpunkt- 84
Mischung, mischen 28-35
  Beispiel 32-35
  physiologische Veränderung durch 31
  Strategie 31
Muster
  aktivieren 200
  negative 57-79
  Stimulus-Response- 158-160
  verändern 163f
  Verhaltensmuster 76
Muster-Unterbrechung 51, 76f

N

Negative Erlebnisse, Mischung 29-32
Negative Kommunikation
  Erkennen 70
  Gewohnheit 28
  Muster 57-79
Negative Muster 57-59
Negative Reaktion, Stimuli für 216
Negatives Verhalten, Gegenmittel gegen 63, 67, 69, 72, 74f
Neurolinguistisches Programmieren 4, 195, 197, 199, 238
Neuronen 152
  Interkommunikation der 157
  Reaktionen der 164
Neurophysiologie 140, 145-151
Neurotransmitter 157
Nonverbale Kommunikation 5, 10

O

Ökologie-Check, bei Reframing 121, 124
Optionen
  in Konfliktfällen 15
  Information und 11f

P

Pacing, dann Leading 206
Parallele Elemente in Metaphern 88-91
Parts Party 249-253
PEGASUS
  Gedächtnishilfe 13
  Konferenzgestaltungsschema 13f
Persönlichkeit 101
  Teile der 250
  siehe auch Teilpersönlichkeiten
Physiologische Veränderung 31
Polaritäten 102, 107
  siehe auch Teilpersönlichkeiten
Positive Erlebnisse 29-52
Positive Kommunikation erkennen 70
Problemlösender Teil beim Auslöschen von Angst 226ff
Prozeß erkennen 198
Psychologie, Verhaltens- versus kognitive 144f

R

Rahmen, neuer 117-131
  siehe auch Reframing
Rapport
  aufbauen 29
  bei der Zielkombination 49
  in einer Mischung 33-35
  kein Rapport und 199
  steigern 8
  Techniken 45
  Verlust von 7
Reaktion
  bei Change History 217-221
  bei Metaphern 93
  negative 216
  geplante, Generalisierung 182f
  Ressource-Zustand als eine geplante 166, 167-181
  Veränderung 204-211
Realität 83
  Landkarten der 188, 196f
Rechte Gehirnhälfte 5, 99
Reframing 106-131
  Blitz- 119
  einfache 118
  Gedächtnishinweise zur Abfolge der Schritte 121
  im Verkaufsgespräch 119
  komplexe 118
  Prozeß des 121-128
  Verwendung 130
Regeln 12

Relevanz von Konferenzen 14
Ressource-Zustand 160, 163-183
  Abfolge zum Aufbau 170
  als geplante Reaktion 166f
  Aufbau 167-181, 192-194
  Aufbau, Beispiele 172-176, 176-181
  Intensivierung 201
  Probleme beim Aufbau 192-194
  schnelles Denken 200
  Stapeln 185-201
  überprüfen 22
  Zielkombination 175
Resultate, zielen auf 4

S

Schlüsselelemente, parallele 88-93
Schlüsselhinweis 166-169
  für auditive Menschen 215f
  für ein Change History 217-219
  zum Auslöschen von Ängsten 226-230, 233
Schlüsselworte/-sätze 29f, 32
Schuld 62f, 66-71
  Gegenmittel gegen 69, 74
Sekten 110
Sensorische Bewußtheit 10
Sensorische Schärfe
  bei Konferenzen 4
  entwickeln 10
Sinnesspezifische Daten 4-7, 40, 168
  bei Change History 217-219
  beim Auslöschen von Ängsten 226f, 229
Sinnessystem 6f
  bevorzugtes 6f, 9
  Fühlen 6
  kinästhetisches 6
„Sollen" und „nicht sollen" 106
Sprache übernehmen (matching) 7
Standpunkt-Metaphern 84
Stimme, beim Rapport 8
Stimulus-Response
  Rückschau 167
  Wahl 212
Stimulus-Response-Lernen (Gewohnheitslernen) 139, 141, 164
  beim Auslöschen von Angst 226-229
  Konditionieren 152f
  unnatürliche Kopplungen 153-155
Streifenhügel 139
Stuck-State 171, 199

Switching Marquees 201, 203-221
  Methoden 214-216
Synergie 42, 51
Syntonics 4

T
Tadeln 72
  Gegenmittel gegen 63, 74
  Klagen und 64
  mentaler Zustand des 62f
Te 37
Teilpersönlichkeiten
  beim Auslöschen von Ängsten 226, 227-231
  bei Krankheit 129-131
  beim Reframing 122-128
  Personifikation des kreativen Teils 123f, 126
    problemlösenden Teils 123f, 126f
    Risiken-eingehenden-Teils 127
    Versagen-beim-Verkaufen-Teils 125-127
  siehe auch Polaritäten
Teilpersönlichkeiten 101-104
  archetypische 127
  auf einer Parts Party 251
  Komponenten 104ff
Tränen beim Auslöschen von Angst 233
Träumen, beim Auslöschen von Angst 233

U
Übereinstimmung des Zieles 14
Überlegenheit 60f
  Gegenmittel gegen 74
  mentale Verfassung 59f
Übersetzen der sinnesspezifischen Sprache 7
Unbewußte 81f, 109
  im Zustand der Exzellenz 195
Unbewußte Reaktionen verstehen 10
Unnatürliche Kopplungen 153-155
Unterlegenheit 61
  Gegenmittel gegen 74
  mentale Verfassung 60f
Unterschwellige Angst 22

V
Veränderung 36f, 235
Verbergen, Strategie 47, 51f
Vergleich
  direkter 83
  mit vagen Worten 13

Verhalten
  Dichotomien im 250
  neues, durch Reframing 123f
Verhaltensänderungen, Theorie über 145f
Verhaltensmuster 76
Verhaltenspsychologie 144
Verkäufer, Kongruenz und 96
Verlernen von Furcht 223-239
  Abfolge der Schritte 226-232
Verzauberter Webstuhl 132, 134
Visualisieren, Schwierigkeiten beim 234
Visuelle Menschen 6
  erkennen 9
Visuelle Orientierung 33
Visuelle Präsentation 13

W
Wachsamkeit 24
Wahl 208
  bei Stimulus-Response 212
Wasser, Angst vor 238f
Widerstand beim Mischen 35
Win-Lose 53
Win-Win 47, 49
Wortwahl, vage 10-13

Z
Ziel, Resultat und 4f
Ziele
  Bewegung hin zu 199
  bewußte 109
  des Zielkombinationsprozesses 47-53
  firmenorientierte/persönliche 45, 47, 50
  formulieren 4
  Konflikt über 43-47
  Kongruenz und 109f
  Resultate und 4f
  Übereinstimmung über 14
  unbewußte 109
  von Konferenzen 13f
  Widerspruch/Einverständnis 109f
  Zielkombination 40-42

Zielkombination 2-4, 37, 39-55, 78, 199
Abschluß einer 47, 52
Fragen zur 42-53
Frustration über 47, 53
für Geschäftsabschluß 54
für Ressource-Zustand 175
Philosophie der 103
Rapport bei 47, 49
Unfairneß bei 47, 53
vergessen 43-47